徐州市流通领域
现代供应链体系建设研究

◎张 兵 著

吉林大学出版社
·长春·

图书在版编目（CIP）数据

徐州市流通领域现代供应链体系建设研究 / 张兵著. —
长春：吉林大学出版社，2021.5

ISBN 978-7-5692-8418-8

Ⅰ.①徐… Ⅱ.①张… Ⅲ.①商品流通－供应链管理
－体系建设－研究－徐州 Ⅳ.① F724

中国版本图书馆 CIP 数据核字 (2021) 第 109039 号

书　　名	徐州市流通领域现代供应链体系建设研究 XUZHOU SHI LIUTONG LINGYU XIANDAI GONGYINGLIAN TIXI JIANSHE YANJIU
作　　者	张　兵　著
策划编辑	李承章
责任编辑	安　斌
责任校对	单海霞
装帧设计	刘　丹
出版发行	吉林大学出版社
社　　址	长春市人民大街 4059 号
邮政编码	130021
发行电话	0431-89580028/29/21
网　　址	http://www.jlup.com.cn
电子邮箱	jdcbs@jlu.edu.cn
印　　刷	湖南省众鑫印务有限公司
开　　本	710mm×1000mm　1/16
印　　张	17.5
字　　数	260 千字
版　　次	2021 年 5 月　第 1 版
印　　次	2021 年 5 月　第 1 次
书　　号	ISBN 978-7-5692-8418-8
定　　价	200.00 元

版权所有　翻印必究

前　言

"供应链是指围绕核心企业，从配套零件开始到制成中间产品及最终产品、最后由销售网络把产品送到消费者手中的一个由供应商、制造商、分销商直到最终用户所连成的整体功能网链结构。"（根据国家标准《物流术语》(2006)）

2017年，国务院发布《关于积极推进供应链创新与应用的指导意见》（国办发〔2017〕84号），其中将供应链的概念明确为："供应链是以客户需求为导向，以提高质量和效率为目标，以整合资源为手段，实现产品设计、采购、生产、销售、服务等全过程高效协同的组织形态。"（国务院发布《关于积极推进供应链创新与应用的指导意见》（国办发〔2017〕84号））

2017年，供应链正式上升为国家战略。随着这一战略地位的明确，国家出台了一系列政策，支持供应链项目建设。

2017年8月，商务部、财政部颁布《关于开展供应链体系建设工作的通知》中，计划在天津、上海、重庆、深圳等17个城市开展全国首批供应链体系建设与试点示范。

2018年4月，商务部、工业和信息化部、生态环境部、农业农村部、人民银行、市场监管总局、银保监会、中国物流与采购联合会联合印发《商务部等8部门关于开展供应链创新与应用试点的通知》，计划在全国范围内开展供应链创新与应用城市试点和企业试点。以试点为契机，积极探索具有中国特色的供应链发展技术和模式，推动试点城市完善重点产业供应链体系，探索供应链治理新机制新模式，促进经济转型升级；推动试点企业加强与供应链上下游企业的协同和整合，实现产业降本增效、供需匹配和绿色发展。

2018年6月，商务部、财政部颁布《关于开展2018年供应链体系建设工作的通知》，计划在北京、石家庄、南京、徐州等18个城市开展全国第二批供应链体系建设与试点示范。重点围绕供应链"四化"(标准化、智能化、协同化、绿色化)目标，以"五统一"(统一标准体系、统一物流服务、统一采购管理、统一信息采集、统一系统平台)为主要手段，充分发挥"链主"企业的引导辐射作用、供应链服务商的一体化管理作用，加快推动供应链各主体各环节设施设备衔接、数据交互顺畅、资源协同共享，促进资源要素跨区域流动和合理配置，整合供应链、发展产业链、提升价值链，加快发展大市场、大物流、大流通，实现供应链提质增效降本。

2019年5月，财政部、商务部颁布《财政部办公厅 商务部办公厅关于推动农商互联完善农产品供应链的通知》(财办建[2019]69号)，计划在18个省市(自治区)，连续两年，每年为每个省市(自治区)提供1亿资金，进一步加强农商互联，完善农产品供应链，提高农产品流通效率，促进农民增收和乡村振兴，满足农产品消费升级需求

2018年的国家流通领域供应链体系试点建设，重点围绕供应链"四化"(标准化、智能化、协同化、绿色化)的建设目标，以"五统一"(统一标准体系、统一物流服务、统一采购管理、统一信息采集、统一系统平台)为主要手段，结合各地优势产业，聚焦3~5条供应链，每条供应链选取2~6家承担主体，按照"整链申报、整链评审、整链支持、整链验收"的方式开展试点工作。

本书在总结分析国内外相关文献研究资料的基础上，阐述供应链建设机理及国家供应链建设经验，对徐州市的流通领域供应链建设内容、成果等做了具体分析，并对流通领域现代供应链体系建设与城乡高效配送的融合发展做了具体阐述。全书共分10章。第1章、第2章对流通领域供应链研究背景、国内外研究现状及供应链的相关理论做了介绍，是全书的铺垫。第3章对徐州市流通领域现代供应链体系现状进行了全面介绍。第4章分析了国内外流通领域现代供应链体系建设优秀成果。第5章分析了徐州市流通领域现代供应链体系建设存在的问题。第6章对徐州市流通领域现代供应链体系建设问题提出了具体解决措施。第7章介绍了徐州市流通领域现代供应链体系建设成效。第8章介绍

了徐州市流通领域现代供应链体系建设的优秀案例。第9章介绍了徐州市流通领域现代供应链体系建设与城乡高效配送的融合发展。第10章是结论与展望。全书由张兵同志撰写完成。

张兵同志作为徐州市流通领域现代供应链体系建设试点项目的"专家委员会"的成员，全程参与了该项目的申报评审、专业辅导、项目验收、项目回头看的全过程。

感谢徐州市商务局张颖局长、李少华副局长、流通业发展处刘兆和处长、汪学平副处长和李大江同志，感谢徐州工程学院人文学院的吴云副院长，感谢徐州市流通领域现代供应链体系建设试点企业，在本书写作及出版过程中给予的支持和帮助。

张 兵

2020年12月

目 录

第1章 绪论 ·· 1
   1.1 研究背景与研究意义 ·· 1
   1.2 国内外研究现状综述 ·· 2
   1.3 研究目的、内容及方法 ·· 14

第2章 供应链相关理论 ··· 17
   2.1 供应链的发展 ·· 17
   2.2 供应链的概念 ·· 20
   2.3 现代供应链的概念 ·· 21
   2.4 流通领域现代供应链体系建设的内容 ································ 21
   2.5 流通领域现代供应链建设的内容 ······································ 22

第3章 徐州市流通领域现代供应链体系现状 ································· 24
   3.1 徐州市基本情况 ··· 24
   3.2 徐州市物流业发展现状 ·· 25
   3.3 徐州市流通领域现代供应链体系现状 ································ 27

第4章 国内外现代供应链体系建设优秀成果分析 ·························· 29
   4.1 国外案例 ·· 29
   4.2 国内的案例 ··· 34

第5章 徐州市流通领域现代供应链体系建设的问题分析 ················· 39
   5.1 企业流通领域现代供应链的整体意识淡薄 ························· 39

5.2 徐州市流通领域现代供应链基础较薄弱 ………………………… 39

第6章 徐州市流通领域现代供应链体系建设的问题解决措施 ……… 42
6.1 流通领域现代供应链体系建设知识的普及与培训 …………… 42
6.2 链主企业供应链链条的梳理 …………………………………… 43
6.3 试点企业的申报、指导与培育 ………………………………… 46
6.4 供应链"五统一"手段的具体实施 …………………………… 49
6.5 供应链"四化"目标的切实实现 ……………………………… 52
6.6 政府主导促进流通领域现代供应链体系建设 ………………… 55

第7章 徐州市流通领域现代供应链体系建设成效 …………………… 56
7.1 徐州市流通领域现代供应链体系建设的情况 ………………… 56
7.2 徐州市流通领域现代供应链体系建设的数据分析 …………… 56
7.3 徐州市流通领域现代供应链体系建设的经济效益 …………… 57
7.4 徐州市流通领域现代供应链体系建设的社会效益 …………… 58

第8章 徐州市流通领域现代供应链体系建设的优秀案例 …………… 60
8.1 上下游高效协同的药品供应链体系建设应用项目案例
　　——上药控股徐州股份有限公司 ………………………… 60
8.2 鑫通餐饮供应链 ………………………………………………… 70
8.3 快消品供应链体系建设项目案例
　　——徐州库派同程物流有限公司 ………………………… 87
8.4 流通领域现代供应链建设案例
　　——江苏百盛润家商贸有限公司 ………………………… 96
8.5 药品生产企业流通供应链项目案例
　　——江苏万邦生化医药集团有限责任公司 ……………… 104
8.6 基于物联网的信息化冷链供应链案例
　　——江苏省精创电气股份有限公司 ……………………… 112

8.7 流通领域现代供应链建设案例
　　——江苏君乐宝乳业有限公司 ·················· 123
8.8 快消品现代供应链体系建设案例 ·················· 132
　　——徐州旭旺超市有限公司 ·················· 132
8.9 快消品供应链
　　——徐宁苏宁 ·················· 146
8.10 徐州农特产电商供应链项目建设
　　——徐州汇尔康食品有限公司 ·················· 178
8.11 基于智慧 MSCM 轮胎生产服务一体化供应链建设 ·················· 193
　　——江苏江昕轮胎有限公司 ·················· 193

第9章 徐州市流通领域现代供应链体系建设与城乡高效配送的融合发展 203
9.1 徐州市城乡高效配送的现状 ·················· 203
9.2 徐州市城乡高效配送的特点及问题分析 ·················· 207
9.3 徐州市城乡高效配送项目建设的具体措施 ·················· 208
9.4 流通领域现代供应链体系建设推动城乡高效配送发展 ·················· 211

第10章 绪论与展望 214
10.1 结论 ·················· 214
10.2 本研究的主要创新点 ·················· 217
10.3 研究展望 ·················· 218

附录 ·················· 219
附录1 徐州市流通领域现代供应链体系建设实施方案 ·················· 219
附录2 徐州市流通领域现代供应链体系建设专项资金管理办法 ·················· 228
附录3 徐州市流通领域现代供应链体系建设项目申报指南 ·················· 233
附录4 验收细则 ·················· 242

参考文献 ·················· 261

第1章 绪　　论

1.1 研究背景与研究意义

1.1.1 研究背景

英国学者马丁·克里斯多夫认为,"21世纪的竞争不是企业和企业之间的竞争,而是供应链和供应链之间的竞争"。

美国是最早把供应链发展上升为国家战略的国家。在2012年,美国发布了《全球供应链国家安全战略》,其目标一是促进商品高效和安全的运输,二是培养一个有弹性的全球供应链。

《全球供应链国家安全战略》的发布,标志着在全球经济一体化的市场竞争环境下,现代物流开始进入供应链管理时代,各个国家已经将供应链平台的竞争作为国家竞争的主要内容。

2017年10月13日,国务院办公厅发布了《关于积极推进供应链创新与应用的指导意见》(以下简称《意见》),首次将供应链的创新与应用上升为国家战略,这既是一直强调降本增效的物流业获得跨越式发展的机遇,也是农业、制造业和服务业全面形成产业生态链从而获得全球竞争优势的机遇。

2017年,供应链正式上升为我国的国家战略。如今已进入供应链竞争时代。

2018年6月,商务部、财政部颁布《关于开展2018年供应链体系建设工作的通知》,要求以供应链"五统一"为主要手段,以"四化"(为主要目标,充分发挥"链主"企业的引导辐射作用、供应链服务商的一体化管理作用,加快推动供应链各主体各环节设施设备衔接、数据交互顺畅、资源协同共享,促进资源要素跨区域流动和合理配置,整合供应链、发展产业链、提升价值链,加快发展大市场、大物流、大流通,实现供应链提质增效降本。

2019年，席卷全球的"2019新型冠状病毒"疫情给全世界的经济带来了巨大冲击。疫情带来了全球产业链的重新布局，也带来了对全球供应链的重构。

2020年12月，中央经济工作会议强调，将增强产业链、供应链自主可控能力作为2021年8项重点任务之一。

徐州市是国家流通领域现代供应链体系建设试点城市，对徐州市的供应链建设情况进行调研梳理，有利于发现徐州市流通领域现代供应链体系存在的问题，提出合理的对策与建议，并给出具体的架构。

1.1.2 研究意义

研究徐州市流通领域现代供应链体系建设发展情况，跟踪调查徐州市流通领域现代供应链体系建设情况，提炼出徐州市流通领域现代供应链体系建设的发展模式，对提高徐州市试点企业的供应链水平，促进相关企业供应链意识的提升，以"五统一"(统一标准体系、统一物流服务、统一采购管理、统一信息采集、统一系统平台)为主要手段，以"四化"(标准化、智能化、协同化、绿色化)为主要目标，以"链条"建设带动"网络"建设，以"流通供应链"带动"生产供应链"，以徐州市供应链整体水平的提升带动淮海经济区的供应链水平的整体提升。

通过徐州市的流通供应链建设，延长产业链，提升价值链。另外，徐州市作为国家试点城市，徐州市流通领域现代供应链体系建设的经验、成果及模式也可作为国内同类城市流通领域现代供应链体系建设的范本。

1.2 国内外研究现状综述

供应链概念最早起源于20世纪50年代，70年代逐步发展为物料需求计划。80年代，迈克尔波特通过对多家企业研究考察，发现企业为了在行业内拥有核心影响力，往往采取"纵向一体化"策略，如对其他企业进行投资、兼并、控股等[1-2]。90年代，Stevens、Evens、Phillip等学者从不同角度赋予了供应链含义，强调了成熟的供应链体系对于多方价值链的提升具有至关重要的作用[3-4]。Stevens 指出，供应链是充分利用信息流、资金流等，将供应商、制造商、分销商、零售商以及消费者串联成链的管理模式[5-6]。Cooper 等认为供应链是源头供应商企业的核心经营过程的集成，向终端消费者提供产品、信息和服务[7]。Walker 等将供应链看作一条完整的网链，链上的各企业实体分工合作，利益共享，共同完成一种或多种产品的生产与配送过程[8-9]。王影、张纯认为供应链管理在不同行业、不同视角、不同需求下，由于市场环境、行业特征及层级的差异，供应链管理机制与评价指标体系将有所差异，但其供应链管理理念是一致的[10]。李维安强调了供应链体系建设与企业传统的管理体系建设是完全不同的管理模式，供应链体系建设有其独特的结构性特征，它的建设往往呈现出动态的、前沿的、指引企业健康发展的趋势[11]。何明珂、王文举指出，供应链的发展是社会经济不断发展的产物，科学地认识供应链，巧妙运用供应链管理理念，将供应链思维渗透到社会发展的各行各业，对于提升我国的国际竞争力至关重要[12]。

20 世纪以来，伴随着互联网技术、电子商务技术、信息技术的不断发展，人们对流通领域的产品理念、效率等的要求不断转变，而这一消费者行为的转变对供给商、零售商等的管理和经营产生了重大挑战。在经济全球化背景下，企业间的竞争关系不再局限于个体间的竞争，供应链与供应链之间的竞争日益激烈。如何做好各要素最优化配置，实现规模效应的最大化成为国内外学者普遍关注的热点问题，做好流通领域现代供应链体系建设，对于提升服务质量、强化信息共享、延伸产业链具有重大意义。

1.2.1 供应链体系建设研究

供应链体系的建设是一项复杂的系统工程，正确地认识供应链、研究供应链体系的建设过程与注意事项，是推动供应链体系的成功运营的先决条件。

2000 年，于海东、叶怀珍深入剖析了供应链体系建设的必要过程，将其分为四个步骤，分别是目标确定、合作企业筛选、框架构建、实施与评价，并利用 AHP 方法论证了构建供应链体系的局部选择重要因素[13]。尹柳营、杨志红论述了供应链体系建设应遵循的基本原则,过程中发现了供应链体系建设隐藏的重要问题——长鞭效应。通过对整个构建过程的分析研究,指出了管理者应加大投入力度,改善供应链系统组织结构,促进链上各企业的共享合作、协调发展[14]。Douglas Lambert 在 Fundamental Of Logistic Management(《物流管理》)一书中提出,完整的供应链体系必定会在一定程度上产生规模效益,团体并肩作战,创造更大的竞争优势[15]。Charles Fine 在 Clock Speed(《时钟速度》)一书中阐述了供应链体系的建设是企业提升核心竞争力的重要手段,避免供应链环节上出现漏洞、实时监控并做好应急措施,是有效供应链体系的体现[16]。杜丹丽认为企业高效供应链体系的建设首要的是分析企业自身的定位,了解其面临的竞争形势,把握企业的生存现状;其次应分析企业供应链体系建设的必要性与可行性,确定供应链体系建设的预期设想,明确企业在整条链上的功能定位;最后,应在供应链基本结构确定的基础上,筛选最优技术方法进行链条的全盘设计,并对其进行绩效评价分析[17]。

Goffin 等学者研究发现,传统的供应链体系建设理念所包含的范围有一定的局限,评价标准不够宽广,他们补充了品质记录、实施程度、TQM 认知、财务的稳定性、及时生产交货能力及售后服务弹性等多种采购决策评价指标,争取将供应链体系建设得更加科学、稳固[18]。Robert J. 等指出,供应链体系中各成员之间存在紧密的利益、风险共享关系,为了企业的整体利益,各成员必须对供应链体系的建设达成共识,彼此之间深度信任,敞开合作[19]。范体军、胡清淮对比研究了国内外学者提出的有关供应链体系建设的理论模型及各种算法,学习它们的基本思想,并在此基础上提出了 MIP 模型与有界变量广义上界算法,极大地简化了供应链体系建设的复杂程度,适用性较强[20]。Vonderembase 和 Tracey 指出,供应链体系建设的内涵应进一步拓展,其中供应商的选择阶段对于整个供应链体系的建成运营具有重要影响,必须建立明确的供应链选择与评价标准,严格把关,促使绩效考核客观公正[21]。2013 年,沈钰琳认为将现代信息技术应用于供应链体系建设是未来供应链发展的必然趋势,并创造性地运用物联网技术指导产品生产的各个环节,为后期学者的供应链体系建设研究提供了很好的思路[22]。

为了进一步提升供应链体系建设的可靠性、稳定性，使其更加适应企业的未来发展形势，2017年，Maldonado-Macias A.设计了定量与定性相结合的进行供应商选择的数学模型，为提升企业的供应链体系建设的客观性做出了重要贡献，定性与定量相结合的方法，既考虑了数学推断的客观性，又结合了专家学者的经验知识，对于推动企业的良性健康发展具有重要的指导意义[23]。赵玮深入研究了汽车行业的供应链体系建设的相关内容，运用新兴计算机工具，优化某大型汽车制造集团的供应链体系建设，结果表明该体系对于降低企业的库存反应时间、提升经济效益等具有良好的效果[24]。王学龄强调了汽车行业的供应链体系建设必须切合实际需求，具备一定的动态调整特征，做到全员参与、全环节把关，力争将供应链体系建设做到最优，强化企业在国际上的影响力，为企业的发展壮大提供强有力的战略支持[25]。此外，Rajesh、Ravi尝试对供应链体系建设中的供应链选择模型开展敏感性分析，观察其他各因素的微小变化对于某特定指标因素的影响，找出影响模型结果的关键指标因素，为后期的研究做好铺垫[26]。Pitchipoo等基于灰色关联度理论，结合企业的具体特征，寻求对企业最有利的供应商进行合作，为企业的供应链体系优化提供依据[27]。

1.2.2 供应链协同优化研究

制约供应链效益的关键因素是链上各企业之间的协同，协同也是供应链企业的生命。做好供应链的协同优化，能够在有限的资源条件下，发挥出最大的综合效益[28]。

Sergio等尝试设计了Agent模型，基于Java算法开发了供应链决策平台，并利用实际案例予以验证，结果表明该平台能够为企业的运营决策提供便捷[29]。胡文斌、王少梅通过分析协调决策系统中各指标因素与决策目标之间的关系，基于UML理论，构建了多Agent（LLMAS）模型，解决了企业间资源信息共享的问题[30]。付金龙等将供应链企业之间的协同划分为内部、外部协同，研究了协同对于整个供应链企业的影响,更好地给管理人员提供决策支持[31]。Liu 和 Wang 将内部数据/知识库、BDI 内核、角色能力及谈判模型等整合设计,构建了供应链协同与集成模型,经过验证,该模型在协同运作与操作重复性等方面具有明显的优势[32]。赵涛等从理论的角度出发,深入全面地论述了供应链协同的含义,指出了供应链协同优化的相关理论基石,为后来学者指明了方向[33]。綦永挂等阐述了决策问题的特征,构建了基于决策理论的层次模型,结合网络系统实际需求,提出与其相适应的 NMS-DSS 体系[34]。站培志、廖文和结合信息交换与计划决策两个子系统,以供应链协同优化为目标,构建了供应链管理信息系统 IHSCMS,在确保信息充分协同共享的同时,满足了节约供应链成本的追求,实现最优效益[35]。

樊雪梅在对比分析供应链评估模型的基础上,考虑了供应链协同优化的各指标因素,尝试基于仿生算法 LMBP 改进了供应链协同运作模型,有效地提高了企业的整体绩效,为学者的供应链评价方面的研究提供了思路[36]。谭旭等致力于改善零售企业的供应链协同运作水平,充分调研消费者喜好,从消费者的视角出发,构建了零售企业的供应链协同运作模型,该模型能够有效改善零售企业的供应链协同运作水平,很好地提高了企业的信息化、智能化、一体化协同运作能力[37]。李旭东在跨境电商背景下,调研分析了不同供应链企业对于物流板块的定位和要求,尝试从功能优化与业务整合的角度,提出供应链协同优化的实施方案[38]。张滨等结合现代电商企业的具体特征和实际需求,考虑供应链协同优化的关键因素,提出了关于中转与收件的"两段"物流服务模式,结果证明该服务模式能够帮助供应链企业的服务更加优质、高效[39]。此外,关于供应链协同运作的综合评判模型、参考模型、打分模型等研究均对企业的供应链协同优化工作做出了相应的贡献,并在实际应用中得以验证[40]。

虽然国内外学者对于供应链协同优化的研究已初具雏形,但这些研究大多忽略了供应链上各具体企业的实际情形,对于各节点之间的交互影响缺少分析,建立的模型较为单一,未来的研究需进一步深入探析。

1.2.3 供应链管理相关研究

关于供应链管理的研究最早起步于 20 世纪 80 年代的军事后勤学，而后逐渐被学者应用于供应链企业的日常管理中，并对企业的运营成本、交货反应时间等起到了显著的改良作用[41]。20 世纪 90 年代迎来了供应链管理的初步成型时期，在世界范围内大量企业内部，掀起对于供应链管理理念关注的热潮。截至目前，供应链管理已成为国内外学术领域研究的热点问题，提升链上各成员之间的沟通协调、有效应对突发情况成为学者们共同关注的问题，供应链管理的思想逐渐丰富，管理模式日益完善[42]。Fritz 研究发现，供应链企业的内部环境与外部竞争正时刻发生变化，为了更好地为企业的供应链管理提供保障，学者必须在持续健康管理方面下功夫，同时在实际操作层面着力为企业提供支持[43]。沈厚才等认为供应链管理大体包括四个阶段，首先是环境因素分析，其次进行诊断分析，然后开展新链条的设计，最后进行供应链的管理优化[44]。Mihalis Giannakis 等发现了大数据的价值，利用大数据技术构建了新型供应链管理系统，更好地提供实时监控并自主整治[45]。Chen、Preston 等在实践中检验了大数据对于供应链管理的作用，并取得了良好效果[46]。赵先德、谢金星指出，供应链管理并非某一个企业单独发挥作用即可，它需要链上各企业节点共同发力、共同遵守、共同维护，且供应链管理的现代化往往需要及时监控，实时共享[47]。

同样地，供应链管理的风险问题也需要各个节点企业共同防范。2017 年，苗玉霞在分析供应链企业的风险来源及风险防控核心措施的基础上，运用物联网技术，设计了能够强化供应链企业信息保护的算法，结果证明该算法可以有效防止供应链企业的互联网信息遭受黑客攻击，防止信息泄露，较好地维护供应链企业的安全稳定发展[48]。慕静、祁赫聚焦农产品供应链风险防控问题，深入调研分析了供应链风险的来源、风险的种类及其特征，从多维角度提出了风险防控模型，并在实际运用中验证模型的有效性[49]。Guo 等致力于为金融贷款行业提供决策支持，运用 Logistic 评估模型综合评判了金融贷款行业所面临的外界风险问题，并在实际案例中予以检验[50]。2019 年，闫慧指出金融行业在供应链风险防范问题上存在众多短板，尤其是私人小型金融企业，其信用体系、经济规模、规章制度等往往不够完善，这就导致金融行业的供应链风险问题存在很多的不确定性，必须对其加强监管，全方面监督，防止风险问题的发生[51]。吴煜宁利用定性与定量分析相结合的数学方法，科学系统地构建了金融行业的供应链风险防控模型，在保证关键因素被客观衡量的同时，更加贴合供应链金融行业的发展现状，结果证明该研究很好地缓解了金融行业的风险防控问题[52]。

供应链管理效益的最大化，是链上各节点企业共同追求的目标，是整个链条的利益最大化，任何只考虑有限或局部利益的做法，而导致整个供应链企业的利益受损的做法均不可取[53]。夏绪辉、刘飞在分析供应链内涵的过程中，发现了资源的回收再利用对于减少企业支出的重要性，提出将资源进行整合、分拣、再次生产与使用的含义[54]。黄国青、华凤燕认为供应链管理应切实考虑环境保护，倡导绿色发展理念，杜绝资源浪费[55]。同样地，王勇等大力提倡供应链环节的绿色无污染、环保再循环，指出各供应链企业必须从源头抓起，坚持生产、采购、供应等各环节无污染浪费现象，努力将绿色供应链做到极致，带动社会全员参与，绿色发展[56]。

Chithambaranathan 提出了供应链的绿色发展是响应国际环保政策的重要措施之一，绿色发展的绩效考核也必须引起学者的重视。经过对比研究，他提出了混合多标准供应链决策算法，提升了绿色供应链的绩效考核的准确性[57]。Lin 等深入挖掘了绿色供应链的内涵，指出绿色供应链应该渗透企业发展的各个环节，小到企业内部各部门甚至各生产环节，大到企业未来的发展定位与对外合作[58]。管理人员必须加强对"绿色"概念的认识，严格把关，层层监督落实，确保企业的生产管理各环节节约高效，确保企业外界合作畅通发展，确保企业行业地位不断增强。Burki 认为企业方案策划在绿色供应链管理中的地位非常重要，其次是合作伙伴的满意度，最后是配送过程的准确高效程度，这些在实践层面的绿色管理内容往往被管理者忽视，需引起注意[59]。Çetin、Knouch 通过大量的调研分析，对比研究了世界上多个国家的绿色供应链管理的实施情况，从各企业开展绿色管理的原因、实施过程与获得的成就等方面综合来看，绿色供应链管理对企业的整体发展而言十分必要，对提升企业的整体效益十分有益[60]。Liu 等强调了制造企业的浪费产品包装的现象是绿色供应链管理中迫切需要解决的难题，目前多数企业为了追求成本低廉，仍然使用无法降解的生物材料，这无疑给地球环境带来了极大的破坏，对公民的身体健康造成了危害[61]。

在企业生产运营的过程中，应充分重视重复利用理念，在一定程度上将企业的资源占用降到最低。随着供应链管理理念的不断完善及计算机技术的日趋成熟，人们对于供应链企业的反应效率及管理成效的要求发生了改变，信息技术、互联网工具不断被应用于现代管理实践中，供应链管理的发展呈现了专业化智能化的特征，管理环节清晰可视，管理过程简易高效[62-63]。如，申强、王军强巧妙地将互联网技术与计算机云计算思维相结合，提出了新型供应链管理系统，极大地便利了供应链管理人员的日常监管工作[64]。将新兴前沿领域与供应链管理相结合，能够在推动行业飞速发展的同时，引起更多的学者关注供应链管理这一重要议题，为供应链的发展变革提供更多的可能性。

可以看出，国内外大型企业对于供应链管理的呼声越来越高，供应链管理的现代化、智能化、信息化已成为企业管理的必然发展趋势，供应链管理理念、模式被广泛应用，但对于供应链在应用过程中的不足、不适性的研究稍显不足。

1.2.4 供应链绩效评价相关研究

供应链绩效评价是为了评估企业的管理成效、服务水平、运作效率、盈利能力、抗风险能力等，以为企业量身制定更好的改良方案。由于其最终目的是改善供应链企业的经营管理等各方面，因而供应链的绩效指标体系对于不同行业、不同领域的供应链企业而言，往往会存在或多或少的差异。Gunasekaran 等在分析供应链各环节相互关联的基础上，从企业未来发展战略，到竞争态势和应对策略，再到企业生产管理的各个层级，构建了全面的绩效评价体系[65]。

冯华等考虑了供应链企业中物流协同运作能力，提出了包含物流运转与协作能力的绩效评价模型，全面而深入地探析了物流能力对于企业供应链管理的作用[66]。Anbanandam 等认为不同的企业在供应链整个链条上所扮演的角色有所不同，为了进一步分析供应商、零售商、技术制造企业等对于供应链企业管理的影响，可分别对其展开绩效评价研究[67]。陈雅琴、王花等认为供应链的协同运作对于企业的经营管理尤为重要，因而供应链评价指标体系的建设必须包含与企业经营业务相适应的指标因素，全面分析企业未来的发展趋势与战略规划，防控企业的外来风险问题，衡量其财务能力等，致力于将企业的供应链绩效评价做到全面、科学、可靠[68]。Kumar、Banerjee 等将供应链绩效评价的内涵进一步拓宽，考虑了企业内部市场营销的相关策划方案，对其执行能力、信息协同共享能力、风险管控问题等整合分析，提出全面系统的评价原则[69]。

目前，很多企业将供应链绩效评价看作发现企业短板，改善企业经营状况，提升企业形象的重要一环，供应链绩效评价的研究渗入了零售、快递、制造等各行各业。肖主宸考虑了某大型超市的地理位置优势、价格优势等，分析调研其供应链管理状况，并针对超市实际经营状况、管理模式与存在的问题等，提出相应的供应链绩效评价指标体系[70]。管志杰、顾亚梅深入剖析了柴油机企业的供应链绩效评价现状，尝试利用熵权 TODIM 法，将企业的环境状况纳入考虑范畴，构建了新型绩效评价指标体系，极大地改善了柴油机企业的供应链管理状况[71]。贾鹏、董洁考察了供应链企业的物流服务对于整个链条绩效评价的影响，并尝试基于可拓理论，结合供应链企业的行业发展形势，设计了详细科学的指标体系，验证了物流服务对于供应链企业绩效评价的重要作用[72]。

为了研究日新月异的现代信息技术的发展对于供应链企业的推动作用，分析企业的物流能力对于链上其他各成员的影响，不少学者利用数学模型开展了供应链绩效评价的定性与定量研究。如，于巧娥通过细致严谨的研究发现现代电子商务发展为供应链企业管理带来了很大的优势与挑战，一方面，电子商务使得供应链企业信息协同共享及大数据分析能力等大幅提高，便利了企业之间的合作；另一方面，电子信息的保护和虚假操作对于很多企业而言属于一定意义上的管理漏洞，建立全方位的绩效评价体系对于企业的长期健康发展来讲十分必要[73]。刘雪红、郭顺生基于虚拟网络，考虑了客户满意度这一指标因素，提出了制造业虚拟供应链绩效评价体系，为企业的供应链管理提供了快速、可靠的响应系统[74]。李玉凤、邢淋淋认为企业的供应链管理不仅应该具备较高的敏捷性，还应该具备适度的反应柔性、自动化、智能化等指标因素均应纳入供应链绩效评价指标体系中[75]。郝晓旭、李向波在分析敏捷供应链特征的基础上，指出了敏捷供应链在生产交货反应能力、货运周转反应能力、战略联盟反应能力及安全生产反应柔性能力等方面应进一步加强，以全方位提高企业的敏捷性特色[76]。聂召、周国华充分考虑了不确定因素，深入探讨战略联盟企业的供应链绩效评价的特征，提出了应对不确定环境的指标评价模型[77]。近年来，越来越多的学者关注绿色供应链管理模式、金融供应链的绩效评价等课题，如何昇轩、刘晓峰等，对于供应链绩效评价的研究均做出了相应的贡献[78-79]。

纵观以上研究，关于供应链绩效评价的研究相对较多，绩效评价的考虑因素及其体系建设正逐步成熟，然而，多数的研究均基于主观因素，评价的方式存在一定的局限性，无法全面、客观地反映出企业的供应链绩效评价水平，未来的研究中须进一步探讨，争取研究出更多更灵活的定量、公正的数学模型，更好地应用于供应链绩效评价领域中。

1.2.5 研究述评

综上所述，国内外关于现代供应链体系建设的研究已日渐成熟，在供应链协同优化、供应链管理、供应链绩效评价等方面均取得一定的成果，学者对于流通领域现代供应链体系构建的研究逐步呈现系统化、集成化、专业化的趋势，研究的思路和方法也不断得以改进。随着经济社会的不断发展，国内国际间的竞争环境发生变化，现有的研究已无法满足企业全面健康发展的要求，在现代供应链体系建设这一研究领域仍然存在以下几点不足，未来的研究需进一步加强。

（1）尽管目前国内关于现代供应链体系建设的研究已较为全面，与国外相比，国内学者的研究整体而言仍存在较大的进步空间，系统性、针对性等方面仍需进一步加强。在不断更新换代的信息技术、互联网技术的冲击下，在不断发展完善的现代流通领域背景下，学者必须充分考虑不断发展变化的外部竞争环境，供应链建设机制应保持更高的灵活性，研究出流通领域现代新型供应链体系，以满足经济社会的发展需求。此外，国外关于供应链体系建设的研究相对较早，在系统化、集成化、专业化方面较国内做得更加深入，实践层面也更加丰富有度。因此，在接下来的学者研究和管理人员的日常实践中，还需进一步拓宽流通领域现代供应链体系建设的内容，梳理出一套适应当今发展形势的科学、完整、系统、专业的流通领域现代供应链建设体系，并在实践案例中予以检验，不断调整优化。

（2）现有供应链协同优化研究的深度不足，所提出的模型易受个人主观因素影响，在实践应用中尚存一定的局限性。总的来讲，近些年学术界关于供应链协同优化的研究与早前相比进步巨大，研究的成果对于各领域的供应链企业的协同运作与改良做出了很好的贡献。然而，由于研究起步较晚，国内该方向的研究与国外相对成熟的基础理论、分析工具与技术应用相比，还存在较大的差距，研究的创新性成果不多。比如，很早之前国外就有学者将 Internet 采购模型、风险管控 Pram 算法、Cosee 等较为前沿的研究工具应用于现代供应链协同优化研究中，并大胆创新，结合各供应链企业的实际需求，建立协同方案，为企业的供应链协同优化做出科学、有利的指导。相比之下，国内的学者研究在研究思路、方法等方面往往较为局限，所提出的模型大多建立在相似的算法基础上，模型构建的背景也大同小异，且模型所包含的因素中主观意见占比较大，优化的目标多考虑单一层次，在实际应用中无法将企业的经营效益最大化。未来的研究中，应借鉴学习国外先进的技术与方法，深入探究供应链企业中，尤其是核心企业之间的协同运作的模式，全盘考虑供应链企业的综合效益，而不仅仅聚焦某一企业或者某一环节，理清各节点企业与整个链条上其他各企业之间的相互关联，更好地为其量身定制供应链协同优化的方案。

（3）供应链管理的相关理论研究不足，有关概念、内涵缺乏统一，理论挖掘不够深入。由于对供应链管理的认识不够透彻,观点略显模糊,我国学者较多地从自身研究的视角出发,拟定的供应链管理各指标因素参差不齐,甚至对关键的指标因素缺乏重视,在模型设计中往往忽视了少数重要的指标因素,各因素的权重也缺乏讨论。长远来看,我们必须对供应链管理相关理论开展全面、系统的阐述,透彻分析供应链管理的内涵、各指标因素的种类和构建的原则,以及企业进行供应链管理的必要性与可行性等,为现代供应链体系建设提供强有力的支撑。经过严格统一、定义的供应链管理基本理论,将为各行业的研究学者指引方向,使得供应链管理的概念更加清晰、透彻,让更多的供应链企业认识到供应链管理的重要性。运用更加科学的管理理念,根据供应链管理各指标因素的重要程度,为企业制订更利于未来发展的战略规划,帮助企业在激烈的竞争市场中站稳脚步。

(4)当前,国内外关于供应链绩效评价的研究日益完善,绩效评价的指标识别也相应地从单一的、定量的因素逐渐扩展至多维的、定性与定量相结合的因素组合。但不可否认的是,之前的研究更多地集中在供应链流程的优化改造等方面,针对供应链绩效评价的系统化的研究不多,且大多数供应链绩效评价的研究所应用的模型往往存在较强的主观能动性,指标权重的衡量缺乏明确、科学的解释。此外,企业的供应链管理运营现状存在较高的不确定性,企业所处的竞争环境也日益激烈,现有的供应链绩效评价体系无法适应不断发展的供应链企业的运行态势,仅仅是理论高度的供应链体系建设研究,根本无法在实践层面为企业提供客观、科学的评估改良。因此,建议在未来的研究中,进一步剖析供应链绩效评价的内涵,先从理论层面加以完善,接着结合企业的实际运营现状、供应链协同运作具体环节,为企业提出更为契合的供应链绩效评价体系。当然,过程中应充分利用先进的互联网技术,坚持引用国际前沿、可靠的算法工具,做好绩效评价的指标选取、权重赋予、体系构建,努力打造出更加专业、更有说服力的流通领域现代供应链绩效评价体系,为后面的学术研究指明道路。

1.3 研究目的、内容及方法

1.3.1 研究目的

本书的研究目的是对流通领域现代供应链体系建设的国家政策、供应链文献资料进行整理与分析，分析徐州市流通领域现代供应链体系建设的现状及存在的问题，研究徐州市作为国家第二批流通领域现代供应链体系建设试点城市的建设成效，对优秀链条的建设成果通过案例加以展现，总结徐州市流通领域现代供应链体系建设与城乡高效配送的融合发展，最后给出流通领域现代供应链体系建设的未来方向展望。通过对徐州市流通领域现代供应链体系建设进行研究，既总结了徐州市流通领域现代供应链体系建设的建设成果，也可以作为国内其他城市流通领域现代供应链体系建设的经验借鉴。

1.3.2 研究内容

本书的核心研究内容主要包括以下几个方面。

(1) 供应链的相关概念及理论。

供应链的概念及相关理论是流通领域现代供应链体系建设的基础，对"流通领域现代供应链体系建设试点城市"而言，要从源头理清楚供应链及流通供应链的内涵与外延的具体内容，才能真正意义上建设好。

(2) 徐州市流通领域现代供应链体系建设的现状及存在的问题分析。

了解流通领域现代供应链体系建设的现状，对标国家流通领域现代供应链体系建设的具体建设内容，找差距，找问题，并对存在的具体问题作详细的分析，为下一步解决问题给出针对性的具体措施。

(3) 国内外优秀企业供应链建设优秀案例分析。

通过对国外发达国家的供应链建设的经验及国内优秀企业供应链的建设成果的分析，为徐州市流通领域现代供应链体系建设寻找可资借鉴的经验。

(4) 徐州市流通领域现代供应链体系建设的成效分析。

通过对徐州市作为国家流通领域现代供应链体系建设试点城市两年的建设

全过程的跟踪调查，梳理建设成果，展现徐州市流通领域现代供应链体系建设的成效。

（5）徐州市流通领域现代供应链体系建设的优秀企业案例。

通过徐州市流通领域现代供应链体系建设的优秀企业案例，进一步展现物流通领域现代供应链体系建设成效。

（6）徐州市流通领域现代供应链体系建设与城市共同配送的融合发展。

通过对城市共同配送要解决的问题的分析，用实际案例展示徐州市流通领域现代供应链体系的建设成效。

1.3.3 研究框架

第1章主要阐述研究背景、研究意义及国内外文献研究综述，提出本书研究的目的、内容、研究框截图及研究方法。

第2章主要阐述供应链相关理论，供应链的发展，供应链的概念，现代供应链的概念，流通领域现代供应链体系建设的内容，并介绍它们之间的关系。

第3章主要介绍了徐州市流通领域现代供应链体系现状，包括徐州市基本情况，徐州市物流业发展现状，以及徐州市流通领域现代供应链体系现状等内容。

第4章主要介绍了国内外流通领域现代供应链体系建设优秀成果分析，包括对国内及欧洲、美国和日本的供应链建设历史案例的回顾，找到流通领域现代供应链体系建设的具体措施。

第5章主要对徐州市流通领域现代供应链体系建设的问题进行分析，包括物流标准体系存在的问题、供应链链条建设存在的问题、信息平台对接存在的问题、信息采集的问题及GS1码标准托盘系统使用存在的问题等内容。

第6章主要介绍徐州市流通领域现代供应链体系建设的问题解决措施包括流通领域现代供应链体系建设知识的普及与培训，链主企业供应链链条的梳理，试点企业的申报、指导与培育，供应链"五统一"手段的具体实施，供应链"四化"目标的切实实现，以及政府主导促进流通领域现代供应链体系建设等内容。

第7章主要介绍徐州市流通领域现代供应链体系建设成效，包括徐州市流通领域现代供应链体系建设的情况、徐州市流通领域现代供应链体系建设的数据分析、徐州市流通领域现代供应链体系建设的经济效益，以及徐州市流通领域现代供应链体系建设的社会效益等内容。

第8章主要介绍了徐州市流通领域现代供应链体系建设的优秀案例，通过案例，可以看出徐州市流通领域现代供应链体系建设实际成效。

第9章主要介绍了徐州市流通领域现代供应链体系建设与城乡高效配送的融合发展，包括徐州市城乡高效配送的现状、徐州市城乡高效配送的特点及问题分析、徐州市城乡高效配送项目建设的具体措施及流通领域现代供应链体系建设推动城乡高效配送发展，进一步展示徐州市流通领域供应链的建设成果。

第10章是对本书的总结，提出了主要创新点及对未来的展望。

1.3.4 研究方法

1. 文献法

通过对大量的国内外文献综述资料的整理与研究，探究徐州市流通领域现代供应链体系建设的路径及方法。

2. 调查法

通过对国内相关流通领域现代供应链体系建设较好城市的调查，学方法、看建设、学经验、看成效；到流通领域现代供应链体系建设试点企业去调研，了解企业的实际困难与在建设过程中存在的问题；到商务局调查，调查政策的落实与督导的问题等内容，将几个方面调查的结果综合起来，研究问题会更具体、形象。

3. 定性分析与定量分析相结合

对企业的数据进行梳理与分析，查找问题，将定性分析与定量分析相结合，来实际解决相关问题。

第2章 供应链相关理论

2.1 供应链的概念

供应链的概念最早可追溯至由彼得·德鲁克提出的"经济链"的思想。之后,迈克尔·波特等学者在"经济链"的基础上又提出了"价值链"的概念。[81] 迈克尔·波特认为,"企业是进行生产、销售、发送等经营活动的集合体,而这一过程形成价值的递增,可以用价值链来表示。"而后来形成的"供应链"的概念吸收了经济链、价值链的思想。

早期的供应链被视为物流链。Christopher 认为供应链是从供应商开始的产品生产、加工、销售、物流一系列环节的物质流动。[82] 后来的学者对供应链的理解逐渐从单个企业的产品生产与流动转变到供应链中企业之间的买卖关系与合作关系。如 Hendrikse 认为供应链是在以供应商为起点、以用户为终点的产品价值增值与物流分销过程中形成的一对一、一对多或者多对多的企业买卖与网络关系。[83] 近年来,随着我国供应链的不断发展,国内学者也给出了供应链的相应定义。我国 2001 年发布实施的《物流术语》将供应链界定为生产与流通过程中,将产品或服务提供给最终用户活动的上游与下游企业所形成的网链结构。李维安等众多国内学者先后对供应链进行了研究并给出了相关定义,他们的观点可以总结为:供应链是一个将生产商、销售商、服务商等企业连接起来的动态、开放、松散的网络组织,涵盖从原材料供应、加工制造及组装分销等诸多环节,参与主体间既自负盈亏、独立决策,又协作共享、风险共担。[11]

根据国家标准《物流术语》(2006),将供应链定义为:"供应链是指围绕核心企业,从配套零件开始到制成中间产品及最终产品、最后由销售网络把产品送到消费者手中的一个由供应商、制造商、分销商直到最终用户所连成的整体功能网链结构。"

2017年，国务院发布《关于积极推进供应链创新与应用的指导意见》(国办发〔2017〕84号)，其中将供应链的概念明确为："供应链是以客户需求为导向，以提高质量和效率为目标，以整合资源为手段，实现产品设计、采购、生产、销售、服务等全过程高效协同的组织形态。"

2.2 供应链的发展

供应链的发展阶段划分，标准不同，划分的阶段也不同，有四个阶段的，也有三个阶段的(流通领域现代供应链体系建设工作指引中是划分为三个阶段)。

2.2.1 供应链产生的四个阶段

1. 物流管理阶段

早期的观点认为供应链是指将采购的原材料和收到的零部件，通过生产转换和销售等活动传递到用户的一个过程。因此，供应链仅仅被视为企业内部的一个物流过程，它所涉及的主要是物料采购、库存、生产和分销诸部门的职能协调问题，最终目的是优化企业内部的业务流程、降低物流成本，从而提高经营效率。

2. 价值增值链阶段

进入20世纪90年代，人们对供应链的理解又发生了新的变化：首先，由于需求环境的变化，原来被排斥在供应链之外的最终用户、消费者的地位得到了前所未有的重视，从而被纳入了供应链的范围。这样，供应链就不再只是一条生产链了，而是一个涵盖了整个产品运动过程的增值链。

3. 网链阶段

随着信息技术的发展和产业不确定性的增加，今天的企业间关系正在呈现日益明显的网络化趋势。与此同时，人们对供应链的认识也正在从线性的单链转向非线性的网链，供应链的概念更加注重围绕核心企业的网链关系，即核心企业与供应商、供应商的供应商的一切向前关系，与用户、用户的用户及一切向后的关系。供应链的概念已经不同于传统的销售链，它跨越了企业界限，从扩展企业的新思维出发，并从全局和整体的角度考虑产品经营的竞争力，使供应链从一种运作工具上升为一种管理方法体系、一种运营管理思维和模式。

4. 现阶段

世界权威的《财富（FORTUNE）》杂志早在 2001 年已将供应链管理列为 21 世纪最重要的四大战略资源之一；供应链管理是世界 500 强企业保持强势竞争不可或缺的手段；无论是制造行业还是商品分销或流通行业；无论你是从业还是创业，掌握供应链管理都将助你或你的企业掌控所在领域的制高点。

随着我国经济结构调整的深入，对企业节能减排的要求更加严格，企业只有通过强化环境保护的自我约束机制，来降低产品和生产过程相关的环境污染所带来的生产经营风险。绿色供应链管理能使整个供应链的资源消耗和环境副作用最小，并能有效满足日益增长的绿色消费需求，从而提高供应链的竞争力。

国内供应链管理行业发展较晚，由于国外供应链管理巨头对中国内地市场的需求及生产资源的掌握和了解较本土企业存在劣势，导致国际供应链管理领先企业在中国内地市场的竞争优势并不突出。相比而言，境内供应链管理企业由于更贴近境内企业和国内市场，掌握了境内丰富的供应商、生产厂商和客户资源，在国内供应链管理市场中一直占据着主导地位。另外，在国内供应链管理行业的地区分布中，全国 80% 以上的供应链管理企业总部均位于深圳。

供应链管理的发展是从 1960—1990 年的企业内部供应链发到 20 世纪 90 年代的产业供应链，发展到今天的全球网络供应链，信息革命，产业革命和管理思维的不断创新推动它的进一步发展。可以预见，随着科学技术的不断创新及交通运输的通畅程度、客户各种需求的增长，供应链管理与生产技术和客户将更加紧密地结合在一起，供应链管理理念也将更加深入企业内部核心理念，供应链管理也会发展得更加高效、及时、可视化。

2.2.2 供应链的三个发展阶段

经济学家吴敬琏说:"最近 30 年来,全球制造业、流通业、农业发生了革命性的变化。这种变化的核心内容,是由于高度的分工和信息网络的迅猛发展,使企业间的竞争演变为供应链之间的竞争,也使许多企业从单个生产和销售活动的组织者演变为链条的组织者和集成商。"

《供应链改变中国》一书将供应链从 30 年前到现在划分为三个阶段。

第一阶段:产品时代,以产品为导向,供应链管理以自主为主。时间上从 20 世纪 80—90 年代的计划经济年代,这个阶段特点是企业以工厂为主,以产品为导向。

第二阶段:市场时代,以需求为导向,供应链管理采用局部外包。时间上从市场 20 世纪 90 年代至 2010 年的市场经济年代,这个阶段的特点是企业以客户的需求为导向,企业根据市场需要去做产品,竞争逐步产生,但并不是非常激烈。

第三阶段:智慧时代,以竞争为导向,供应链管理全面整合。时间上从 2010 年至今,这个阶段的特点是完全竞争,以资源整合能力为导向,融入全球供应链。

2.2.3 供应链概念的三个发展阶段

流通领域现代供应链体系建设工作指引中三阶段划分:供应链概念经历了一个由内向外、从简单到复杂的过程。根据不同经济发展时期供应链研究与应用侧重点的变化,其概念的发展大致可以分为如下三个阶段:

第一阶段:强调企业内部整合。供应链最初着眼于单个企业的利益最大化,旨在提高企业内部职能部门间的协同效率,主要涉及企业内部物料采购、库存、生产和分销等职能的协调与信息共享。在这一阶段,企业间分工协作的紧迫性尚未凸显。

第二阶段:强调全链条企业协同。随着社会分工的不断深化,单个企业凭借自身力量已难以在激烈的市场竞争中立足,企业上下游协同、信息共享与战略合作逐渐得到重视,供应链的概念从企业内部扩展到企业间层面,并演化为原材料供应商、零部件供应商、生产商、分销商、零售商、运输商等一系列企业组成的价值增值链条。

第三阶段：网链式供应链。随着社会分工的进一步发展以及供应链专业化服务的进一步成熟，企业间横纵联合更加紧密，交织成网，供应链从简单的一对一线性供应链扩展为一对多、多对多的网链式结构，从有形产品的供应链扩展为无形产品的供应链。

2.3 现代供应链的概念

现代供应链是以全面平衡地满足人们美好生活的需求、构建人类命运共同体为目标，在一定时间内，以整合某个区域内的资源为手段，运用各种现代技术（大数据、云计算、物联网及人工智能等），在为各利益相关方创造价值的同时，使之高效协同，如同一家企业般的组织形态[80]。

2.4 流通领域现代供应链体系建设的内容

2.4.1 总体思路与工作目标

1. 总体思路

按照"市场主导、政策引导、聚焦链条、协同推进"原则，以城市为载体，聚焦民生消费行业领域，开展现代供应链体系建设。重点围绕供应链"四化"（标准化、智能化、协同化、绿色化）目标，以"五统一"（统一标准体系、统一物流服务、统一采购管理、统一信息采集、统一系统平台）为主要手段，充分发挥"链主"企业的引导辐射作用、供应链服务商的一体化管理作用，加快推动供应链各主体各环节设施设备衔接、数据交互顺畅、资源协同共享，促进资源要素跨区域流动和合理配置，整合供应链、发展产业链、提升价值链，加快发展大市场、大物流、大流通，实现供应链提质增效降本。

2. 工作目标

通过推广现代供应链新理念、新技术、新模式，培育一批有影响力的供应链重点企业，探索一批成熟可复制的经验模式，形成一批行之有效的重要标准，提高我国供应链的核心竞争力，促进产业转型优化升级，促进流通领域供给侧结构性改革。主要目标：城市消费品社会零售总额同比增长高于全国平均水平，重点行业平均库存周转率同比提高10%以上，供应链综合成本（采购、库存、物流、交易成本）同比降低20%以上，订单服务满意度（及时交付率、客户测评满意率等）达到80%以上，重点供应商产品质量合格率达到92%以上，托盘、周转箱（筐）等物流单元标准化率达到80%以上，供应链重点用户系统数据对接畅通率达到80%以上，单元化物流占供应链物流比例同比提高10%以上，供应链管理整体水平明显提升。

2.4.2 主要行业

有关城市应结合自身实际情况，重点围绕农产品、快消品、药品、日用电子产品、汽车零部件、家电家具、纺织服装，以及餐饮、冷链、物流快递、电子商务等行业领域，加快推进现代供应链体系建设。

2.5 流通领域现代供应链建设的内容

流通领域现代供应链体系建设以"五统一"（统一标准体系、统一物流服务、统一采购管理、统一信息采集及统一系统平台）为主要手段，以达到"四化"（标准化、智能化、协同化及绿色化）目标。所以，流通领域现代供应链体系建设内容主要围绕"五统一"手段如何实施展开。

2.5.1 加强供应链的链条建设

流通领域现代供应链体系项目主要看供应链链条的建设成效，而不是看单个的企业建设成效。将"全链条"的思路贯穿始终，以"组链"的方式开展项目试点工作，"链主企业"在梳理上下游供应链企业关系时，要对照项目的建设要求，打造适合项目要求的稳定供应链，最终达到项目四化目标。在稳定供应链建设的同时，加强在链条上统一物流服务的安排与处理。

2.5.2 加强供应链标准体系建设

供应链的标准体系建设，包括三个方面的内容。第一方面是供应链的体系框图，第二是系列供应链标准的应用，第三个方面是具体应用的效果。

如果从项目具体投入建设方面看供应链的标准体系建设，应该包括供应链链条企业上的设施设备等"硬"标准体系及流程服务等"软"标准体系的构建。在"硬"标准体系方面，应加大对 GS1 码标准化托盘循环共用的支持力度，推进与标准托盘关联的叉车、货架、月台、运输车辆等物流设备设施标准化改造和智能化升级。在"软"标准体系方面，应推动信息管理标准化、物流作业流程标准化、商业交接流程及模式的标准化、服务流程标准化等，以标准体系建设筑牢供应链发展基础。

2.5.3　加强供应链统一系统信息平台的建设

"五统一"手段中，对"统一系统平台"的解读为"推动供应链上下游生产、采购、仓储、运输及销售等各环节采购系统、仓储系统、销售系统等提供数据接口一致、信息对接顺畅，打通信息流的系统平台，实现平台间高效对接，推动关键信息交互共享，实现信息资源有效利用，打造具有高度协同效应的公共信息集成平台，联结供应链上下游各子平台，提高公共型平台资源整合能力，提高公共平台服务效能。"

供应链统一系统信息平台的建设为供应链的高效运转提供平台支撑与信息支持。

2.5.4　加强供应链绿色化建设

供应链绿色化建设包含诸多方面的内容。比如包装的减量化、可循环包装材料的使用、40 cm×60 cm 基础包装模具尺寸的使用、车辆的高度与 GS1 码托盘高度的匹配、车辆宽度与 GS1 码托盘宽度的匹配、供应链业务流程的再造、整托盘交接货物的商业交接模式标准化、新技术新能源在仓库中的运用，以及统一采购所带来的供应链上货物的高效运转，等等。

第3章　徐州市流通领域现代供应链体系现状

3.1　徐州市基本情况概述

徐州作为历史上华夏九州之一，自古便是北国锁钥、南国门户、兵家必争之地和商贾云集中心，有超过 6 000 年的文明史和 2 600 余年的建城史，被称为"帝王之乡"。徐州是两汉文化的发源地，有"彭祖故国、刘邦故里、项羽故都"之称，因其拥有大量文化遗产、名胜古迹和深厚的历史底蕴，也被称作"东方雅典"。

徐州，简称徐，古称"彭城"，江苏省地级市，徐州地处苏、鲁、豫、皖四省接壤地区，长江三角洲北翼，北倚微山湖，西连宿州，东临连云港，南接宿迁，京杭大运河从中穿过，陇海、京沪两大铁路干线在徐州交汇，作为中国第二大铁路枢纽，素有"五省通衢"之称。

徐州是淮海经济区中心城市、长江三角洲区域中心城市、徐州都市圈核心城市、新西兰产品中国展销中心总部驻地、国际性新能源基地，有"中国工程机械之都"和"世界硅都"的美誉。

徐州将在江苏省和淮海经济区大格局下谋划中心城市战略定位，重点打造淮海经济区经济中心、商贸物流中心、金融服务中心及科教文化中心等四大中心建设。

徐州市先后荣获"国家园林城市""国家文明城市""中国人居环境奖""中国最具幸福感城市"等荣誉。

特别是 2017 年 12 月 12 日、13 日，习近平总书记亲临徐州开展党的十九大后首次调研视察，对徐州市振兴转型发展实践给予充分肯定，为徐州决胜全面建成小康社会、开启现代化新征程指引了前进方向、注入了强大动力。

2020年，徐州市实现地区生产总值7 319.77亿元，总量位居全省第六位，排名全国大陆地区前27强。全市三次产业结构调整为9.8：40.1：50.1。工业生产稳定增长，全市 规模以上工业增加值同比增长6.3%，高新技术产业完成产值全市规模以上工业中，高新技术产业产值比上年增长15.4%，占规模以上工业徐州市城乡高效配送发展规划（2021—2025年）五业总产值比重达到46.6%；战略性新兴产业产值比上年增长17.4%，占规模以上工业总产值达到53.0%。形成能源、机械、食品、建材、化工、电子产业的现代制造业布局。

3.2 徐州市物流业发展现状

近年来，徐州市充分发挥其区位、交通优势以及雄厚的产业基础优势，已初步形成了以装备制造，食品及农产品加工、能源、商贸物流及旅游四大产业为龙头，纺织、建材、冶金、医药、电子等产业为支撑的轻重门类齐全，具有一定规模和水平的工业产业体系，在淮海经济区形成了强大的影响力和辐射力。依托于强大的产业体系，徐州市物流业也迅速发展，物流需求规模不断扩大，物流服务水平显著提高，物流发展环境逐步改善，物流经济效益和社会也不断提高，进入了物流业高速发展的新阶段，为淮海经济区区域性物流中心的建设提供了良好的条件。

3.2.1 大批物流基地迅速建设，大量物流项目迅速开展

徐州市一批各具特色的物流基地正迅速发展，包括依托高速公路或铁路等交通枢纽以及徐州经济开发区而建的综合性物流基地；依托内河港口和航空港而建的临港物流基地；依托专业商贸市场而建的商贸物流基地；依托保税区而建的保税物流基地等。这些物流基地辐射范围广、集聚效应强，为产业和物流的互动发展提供了重要的平台。

徐州在淮海经济区物流中心城市的地位日益凸显，也吸引了众多知名物流企业的落户，包括雨润全球农副产品采购中心、中国八里国际家居博览中心、苏宁电器物流、美的安得物流及亿吨大港等大批重大物流项目已建设好并投入

运营,华信、临安物流等相继入驻徐州。

3.2.2 各类物流企业快速发展

截至"十四五"末,全市在工商局注册登记的从事交通运输、仓储和邮政业的物流企业共计9 000余家,其中交通运输类物流企业5 200余家,市场流通类物流企业1 000余家,物流辅助企业1300余家,其他类型物流企业500余家。其中5A级物流企业1家,4A级物流企业两家,省重点物流企业(基地)18家,已建和在建大型物流园区46家,总体规模增长迅速。

与此同时,徐州各类物流业态逐渐完善,专业化分工愈加成熟,涵盖了生产、制造、商贸等各个领域。其中以徐工集团物资供应公司为代表的生产资料物流、以徐州医药为代表的医药物流、以宝通物流为代表的综合物流、以金驹物流园为代表的钢铁物流等业态发展尤为突出,铁路物流、港口物流、冷链物流等专业物流业态也在快速发展。

徐州市的物流企业正走上由传统物流向现代物流转变的道路,徐工集团物资公司、中石化储运、徐州医药等代表性的现代物流企业在徐州乃至淮海经济区的重要地位日渐突出,已形成了百花齐放的良好格局,有利于徐州物流企业的整体发展。

3.2.3 物流业发展规模不断增大

2019年,徐州物流增长指数跃居全省第二,物流综合指数居全省第四,全市物流产业营业收入突破4 500亿元,增长31.6%,占全市GDP的30%,占第三产业的55.5%;全行业完成投资138.2亿元,增长20.5%,行业基础水平位居全省第四。其中,物流营业额超10亿元的有14家,超亿元的有30多家,重点企业的经营效益和质量显著提高,带动作用明显。

在全市货运量方面,铁路、公路、水运、航空和管道五种运输方式完成货物运输总量分别为9 944万t、14 758万t、2 548万t、377万t和9 977万t,整体规模增长迅速。

徐州市拥有优良的地理位置、健康发展的物流市场,以及较为完善的交通运输基础设施，其在淮海经济区物流中心城市的重要地位也日益凸显，成为国内外物流企业竞相争夺的市场领域，已具备发展成为区域现代物流中心的基本条件。

3.2.4 物流基础设施不断完善

截至"十三五"末，徐州全市公路总里程已达 16 792 km，其中国省干线公路 1 386 km，高速公路 464 km，农村公路 14 942 km。覆盖市域全部县级节点，通达周边所有地级以上城市，骨架路网基本形成。铁路干线运营里程396公里，形成了以沿京沪铁路和京台高速轴线为纵轴、以陇海铁路和连霍高速轴线为横轴的"十"字形双亿吨铁路通道。内河航道 1 033 km，千吨级及以上航道 205 km，千吨级泊位数 111 个，初步形成以京杭大运河为主动脉，其他等级航道与之沟通的树状结构航道网。中国石化管道储运有限公司徐州基地下辖原油输油管线 38 条，7 大原油码头年接卸能力达 2.3 亿 t，原油一次输送能力达 17 520 万 t/年。

3.2.5 物流发展环境明显改善

"十三五"期间，徐州市主动对接"一带一路"倡议，发挥区位、交通和产业优势，进一步完善物流业发展的相关政策和保障措施。强化"线上线下"同步发展，打造物流"平台经济"；鼓励专业市场向物流园区集中；推动建立"公铁水航多式联运大联盟"，有效对接相关产业；推行物流联席会议制度，相关职能部门形成有效合力；打通区域物流大通道，有效对接八省区省级物流组织。成功获批全国第二批物流标准化试点城市，加快推进徐州保税物流中心建设，开通"一带一路"中亚铁路货运班列。

3.3 徐州市流通领域现代供应链体系现状

徐州市作为国家第二批物流标准化试点城市，建设成效显著，有较好的物流标准化基础。又由于徐州市是淮海经济区中心城市，商贸服务业基础好。徐州又是江苏省老工业基地，工业基础好。区位优势明显，有较多的大型物流企业入驻徐州。徐工集团是国家供应链创新与应用试点企业。对于许多企业来说,供应链建设还处于萌芽阶段,供应链基础较好的企业偏少。

第4章 国内外现代供应链体系建设优秀成果分析

4.1 国外案例
4.1.1 戴尔供应链管理模式

戴尔公司自1984年创立时起,就一直处于电子商务及供应链领域开拓者和领导者的地位。它在业内一直以生产、设计、销售家用以及办公室电脑而闻名,不过同时也涉足高端电脑市场,生产与销售服务器、数据储存设备及网络设备等。

戴尔的供应链管理战略如下。

1. 个性化的产品定制

戴尔公司在销售过程中采用的是B2C模式,它直接面对顾客进行网络直销,省略了中间商这一环节。戴尔公司利用互联网第一时间获知顾客的需求,然后根据客户的需求提供相对应的产品和服务。比如:顾客可以在网上根据喜好选择自己所需要的配件来装配自己的电脑,甚至可以指定送货方式及付款方式。

2. 供应商管理库存的模式

戴尔公司采用供应商管理库存的方式,即VMI。它与供应商实现信息共享,签订长期合同,在这个阶段,供应商必须按照戴尔公司的生产计划实施供应,称这一阶段的模式为B2B的模式。和供应商之间的交易数据都是在互联网上进行传输和交换的,从而实现了信息管理替代库存管理的目标。所以戴尔的零部件库存周期远低于行业30~40天的平均水平,能够始终保持在4天以内,这样,以IT行业零部件产品每平均周期贬值1%计算,戴尔产品显示出其强大的竞争优势，从而避免了行业零部件和产成品更新速度快而产生的贬值。

3. 直销方式的运作

采用直销方式，戴尔公司消除了中间商环节，直接以出厂价格将电脑销售给用户，与同行业竞争对手相比具有较强的价格优势。而 HP、IBM 等品牌，仍采用传统的依靠代理商进行销售的方式，在价格上通常要增加 7%~9% 左右，同时分销渠道中的仓储费用、资金占用费用等也会增加，更重要的是会面临零部件降价的风险，最终价格比出厂时要高出许多，从而失去了价格优势。

戴尔公司在全球的业务增长在很大程度上要归功于戴尔独特的直营模式和高效供应链，直营模式使戴尔与供应商、客户之间构筑了一个称之为"虚拟整合"的平台，保证了供应链的无缝集成。

戴尔公司在电子商务领域的成功实践使"直营"插上了腾飞的翅膀，极大增强了产品和服务的竞争优势。现在，基于微软视窗操作系统，戴尔公司经营着全球规模最大的互联网商务网站，覆盖 80 个国家，提供 27 种语言或方言、40 种不同货币报价，每季度有超过 9.2 亿人次浏览。

在不断完善供应链系统的过程中，戴尔公司还敏锐地捕捉到互联网给供应链和物流带来的巨大变革，及时建立了包括信息搜集、原材料采购、生产、客户支持及客户关系管理，以及市场营销等环节在内的网商电子商务平台。在 valuechain.dell.com 网站上，戴尔公司和供应商共享包括产品质量和库存清单在内的一整套信息。同时，戴尔公司还利用互联网和全球超过 11.3 万个商业和机构客户直接开展业务，通过戴尔公司先进的 www.dell.com 网站，用户可以随时对戴尔公司的全系列产品进行评比、配置，并获知相应的报价。用户也可以在线订购，并随时检查产品制造与配送流程。

4.1.2 沃尔玛供应链管理

从 1950 年山姆·沃尔顿开设了第一家特价商店，到 1962 年沃尔玛百货有限公司在阿肯色州正式成立，沃尔玛公司已经成为世界上最大的连锁零售企业。沃尔玛在全球 27 个国家开设了超过 1 万家商场，下设 69 个品牌，全球员工总数 220 多万人，每周光临沃尔玛的顾客 2 亿人次。

沃尔玛主要涉足零售业，是世界上雇员最多的企业，连续 7 年在美国《财富》杂志世界 500 强企业中居首位。沃尔玛公司有 8 500 家门店，分布于全球 15 个国家。

沃尔玛的业务之所以能够迅速增长，并且成为知名公司之一，是因为沃尔玛在节省成本以及在物流配送系统与供应链管理方面取得了巨大的成就。

沃尔玛的供应链管理内容主要包括上下游企业战略关系的管理和维护、商品物流配送、客户需求管理，以及信息沟通与共享等内容，如图 4-1 所示。

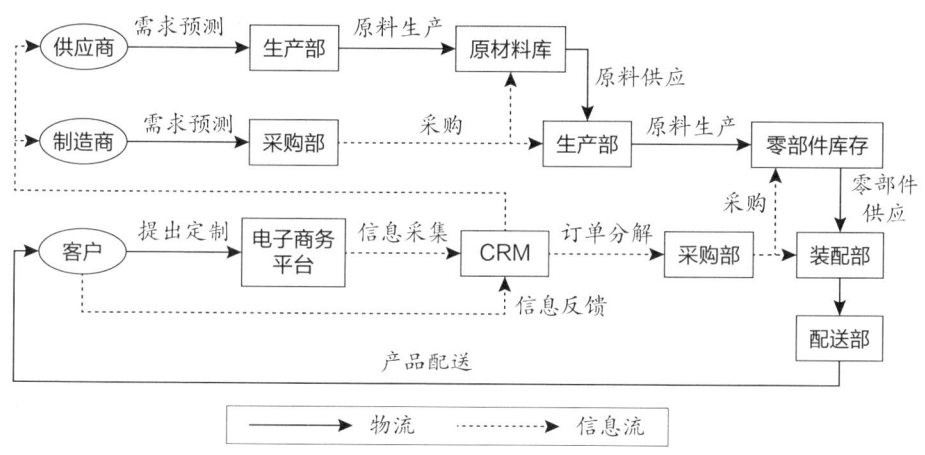

图 4-1 "戴尔"面向大规模定制的供应链总体模型

1. 智慧的战略供应商管理

在供应链中，沃尔玛与供应商和零售商一般会互相分享信息。比如说沃尔玛跟宝洁之间的合作，沃尔玛跟宝洁本来是相互拉锯的交易双方，但是通过科学的供应链管理，例如实施供应商管理库存模式，签订 VMI 协议，双方就建立了一个全新的战略合作关系。在此项合作中，最值得称赞的就是互联网信息共享平台的建立，即宝洁可以通过信息共享平台实时了解其产品在沃尔玛各分店的销售及库存状况，然后相应地调整其生产和销售计划，从而大大提高运营效率。沃尔玛与宝洁的合作过程完全实现了彼此信息的共享，主要是利用计算机技术实现的。相互实现信息共享后，宝洁公司可以根据产品在沃尔玛的销售情况合理地安排产品的生产计划以及配送计划，而沃尔玛可以实时了解宝洁新入库产品的相关信息，不需要额外和宝洁公司沟通产品配送的问题，这有助于将主要精力放在销售产品上。

沃尔玛的 JIT 自动补货系统利用电子信息联结卫星，进一步提高信息对接的程度。通过共享的信息，供应商可以进一步了解沃尔玛各个商场的销售情况，还可以根据这些信息合理地调控产品的价格以及优惠情况，争取销售业绩的突破。对于沃尔玛来说，可以在共享信息的情况下实现商场产品价格的更大优惠，使其产品在价格上更有优势。

此外，沃尔玛还可以通过为重要供应商提供展区供其自行设计来体现与供应商之间的战略合作关系，旨在为顾客提供更新颖、更个性化的购物环境，提高顾客满意度。

2. 高效的物流配送管理

沃尔玛的物流配送系统是一套非常先进的现代化系统。每一个物流中心都是一个非常大的建筑物，各种需求的订货商品都会送到这里进行相应的中转。每一个物流中心内部都是依靠着计算机技术进行数字化的管理。当供应商将相应的产品运送到物流中心后，这些产品还要经过很多道程序，比如核对是否有相应的采购指令、进行产品类型和质量的检验等。经过各种程序的检验后再将产品放在各自区域进行存放，每一个产品都需要利用计算机技术进行定位。当各个分店需要货物的时候，管理人员就可以利用计算机技术查找产品的地址并贴上产品号码。一般当散装产品放在流水线上时，产品会在流水线上被分类，以便根据分类情况决定要送往的分店。

3. 精准的顾客需求管理

对于沃尔玛这样的服务业行业而言，顾客就是上帝，顾客的需求就是服务的内容。只有满足顾客的需求，企业才可以进一步发展。沃尔玛的门店内随处可见"顾客永远是对的"的横幅。

那么沃尔玛具体是怎么掌握客户需求的呢？其有三把尚方宝剑：顾客意见

的直面收集；及时对销售结构进行分析；对于客户需求的快速响应。

4. 全面信息化的管理

在20世纪后期，沃尔玛花费了很多资金投入信息系统科研方面，比如花费几亿元的资金进行计算机管理，又花费几亿元购买卫星进行联网，等等。沃尔玛在科技创新方面也走在很多企业前面。20世纪70年代，沃尔玛已经投资建立了为物流服务的信息管理系统，这也是全球第一家物流信息中心，借助这个平台，沃尔玛处理信息的能力大大提高。在之后的十年中，沃尔玛购买了通信卫星，这个卫星是沃尔玛物流实现跨越式发展的机遇，借助卫星，沃尔玛的物流迅速发展。沃尔玛是使用科学技术最积极的企业，也是最早实现24小时全面监控的企业，借助计算机技术，不断推进配送中心的发展。沃尔玛全息化供应链体系如图4-2所示。

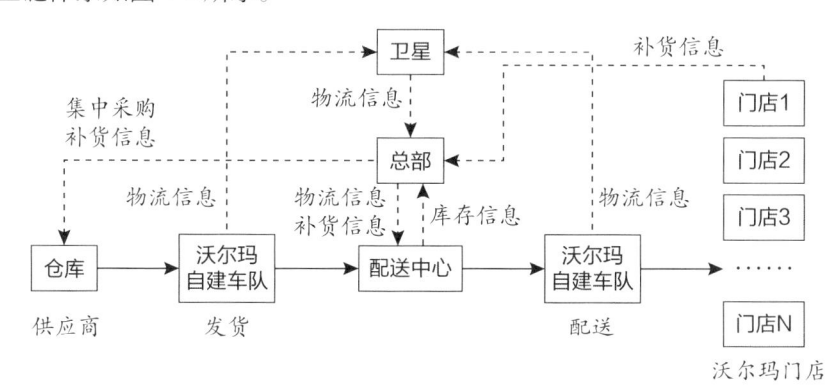

图4-2 沃尔玛的全息化供应链体系

对沃尔玛信息共享系统的研究，其不仅可以提高供应商对自己库存使用情况的了解，还可以通过该系统迅速快捷地得到客户最新商品的需求以及该商品所需的出货时间、数量，甚至是最新的订单详情等信息。而且在使用信息共享系统以后，宝洁公司也能及时了解到沃尔玛中宝洁产品的销售信息，从而制订和调整各个产品线的销售计划，从而能够避免出现产品滞销的情况，避免产生过多的后续调整成本。供应商基于互联网获取销售数据和库存信息，提高了存货配送的准确性，不但减少了沃尔玛的库存成本，还减少了与供应商之间的订货偏差。比如，通过网络技术沃尔玛就可以随时查看其他沃尔玛分店的销售业绩，根据所售产品和人群的相关信息可以获悉不同的人群对每种商品的偏好程度，以制订合适的货物购买计划，实现精准营销，从而减少退货的概率，因此由退货而必须产生的退货成本也会减少。

4.2 国内的案例

4.2.1 深证怡亚通的供应链案例

深圳市怡亚通供应链股份有限公司（以下简称怡亚通）成立于1997年，是深圳市投资控股有限公司控股企业，我国第一家上市供应链企业（股票代码002183）。2010年怡亚通"380"省级平台试点正式启动，2013年，"380计划"完成近200家平台建设，"三合行动"遍布全国18个省份、40多个城市，2014年怡亚通实施互联网供应链战略，发布"两天两地一平台"，当年业务量达580亿元，2015年，怡亚通正式启动供应链商业生态圈战略，构建一个共享共赢的商业平台。怡亚通拥有500余家分支机构，员工两万多人，2019年业绩近1 000亿元，是我国供应链服务网络最大、覆盖行业最广、创新能力最强、规模最大的供应链综合服务企业，连续4年入围中国企业家联合会"中国企业500强"榜单。2020年其年报数据显示，怡亚通实现总营业收入682.56亿元，位列《财富》中国500强，排名第142位。

怡亚通专注深耕有巨大潜力的民生行业，以供应链服务作为基础，整合链接各地民生产业上下游，打通产业链，帮助各地政府将民生产业做大做强。

通过供应链服务转型升级，整合供应链上下游企业优质产业资源，构建供应链商业生态圈，怡亚通持续深化、拓展"供应链＋"的内涵与外延，实现区域产业链、供应链与互联网、供应链金融服务、科技、营销联盟、品牌孵化及综合物流等服务模式的外延式集群布局，为宝洁、联合利华、GE及飞利浦等100多家世界500强及2 600多家知名企业提供从研发、采购、生产到市场营销、分销终端的一体化产业供应链综合服务解决方案。

2016年，怡亚通的"380分销平台"已经实现了超300亿元的规模，覆盖

270 个主要城市、超过 150 万家终端，所有终端都是通过直接覆盖的形式来触及，并和超过 100 家世界 500 强企业、超过 2 000 个国内知名厂家进行有效合作。2020 年，"380 分销平台"市场规模超过 2 000 亿元，2 000 亿市场规模包括怡亚通直接经销的产品和创新产品，完全覆盖 380 个主要城市，包括一定比例的县级市乡镇，完成 300 万家终端覆盖。在终端实体店中陈列的商品有 20% 是怡亚通直供，80% 是怡亚通帮助品牌商通过代销或服务形式完成。比如，宝洁完全依照怡亚通供应链平台就很好地做到分销，把产品分销到母婴店或者其他小店，有些渠道并不是宝洁自己开发的。品牌商没有投入资金和人力建立各种分销团队，却增加了分销，怡亚通帮助企业做到了这一点。

怡亚通帮助企业整合上游供应环节的资源和商品形成规模化运营。同时，怡亚通拥有中国流通行业最大的线下市场网络，在集中转分销的环节可以实现规模效应。此外，怡亚通还拥有功能强大的信息平台。

怡亚通通过供应链思维，整合供应链链条资源，利用供应链帮助企业做大做强，实现成本领先，提高运营效率。其供应链服务平台关系如图 4-3 所示。

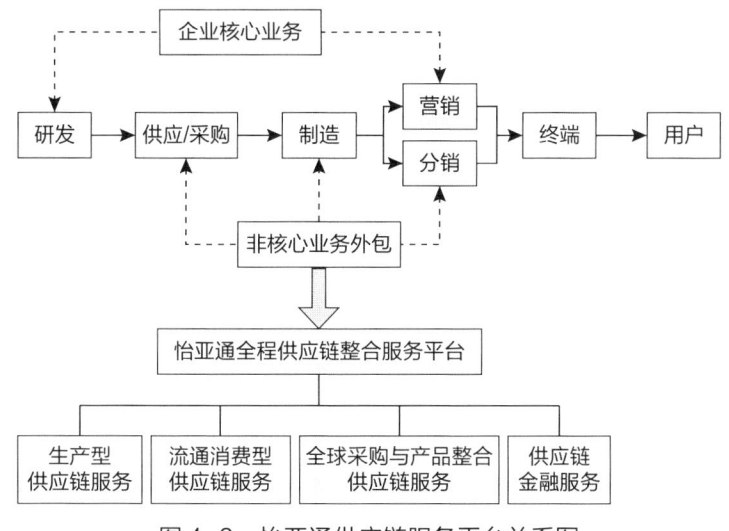

图 4-3 怡亚通供应链服务平台关系图

怡亚通供应链跳出传统的供应链服务商圈圈，在服务的同时，以消费者为核心，以完善的供应链服务平台为载体，将互联网技术与供应链服务相结合，构建12大平台，全面覆盖中国流通行业的500万家终端门店，紧密结合品牌企业、物流服务商、金融机构及增值服务商等群体，致力于打造一个跨界融合、平台共享、共融共生的O2O供应链商业生态圈。

怡亚通生态通过拓展供应链服务内容、协同共享创新模式和先进技术，实现产品在地理空间上的安全传递，为品牌商、渠道商和中小零售商的流通过程提供及时、可靠的供应链响应和面向定制化的高效协同，消除企业之间的隔离带，解决行业普遍无序竞争、服务混乱的问题，打造从研发、原材料采购、生产到市场营销、分销、零售等各环节的全程一站式供应链物流服务，为供应链上下游企业提供服务产品多、配送速度快、服务态度好、成本低的智能解决方案。

4.2.2 华为供应链的案例

2021年3月31日，华为发布2020年年报，2020年华为实现销售收入8 913.68亿人民币，同比增长3.8%，净利润646亿人民币，同比增长3.2%，在研发投入方面，华为依旧保持高比例投入，2020年研发费用支出为141 893百万元，占总收入的15.9%。

2020年《财富》杂志世界500强名单中，华为跃居第49位，成为全世界范围内仅次于亚马逊、苹果、三星、谷歌、微软这些顶尖高科技公司的中国公司。华为的供应链建立历程如下。

华为集成供应链的建设期（1999—2003年），供应链平台系统将华为中国总部的不同职能部门和供应链上各个环节的组织连接起来。

华为全球化供应链的建设期（2005—2007年），通过全球化的IT系统连接和贯通了华为总部与海外各个国家和地区的职能组织。

华为全球化供应链畅通期（2008—2011年），华为打通所有环节，逐渐建立起海外多供应中心，实现了国际化与本地化的一体化管理，实现了真正意义上的全球化。

供应链管理体系完善期（2012—2015年），华为终端建立起有别于ToB的供应链管理体系,并进行终端供应链变革。

供应链变革期(2015年至今),华为再次升级原有供应链和采购流程、IT系统等,持续进行供应链变革。

华为内部,除了技术,供应链也被视为华为的核心竞争力之一。

2019年,除中国区以外,华为在欧洲、墨西哥、巴西、印度设有四个海外供应中心、九个全球备件中心,将华为的产品和服务供应到全球170多个国家,服务于30多亿人。2019年,华为在全球手机市场份额中排名第二,首次超过苹果,向全球市场供应了2.4亿部手机,全世界每100个手机用户中,就有17个人拿着华为手机。

截至2020年底,华为企业市场合作伙伴数量超过30 000家,其中销售伙伴超过22 000家,解决方案伙伴超过1 600家,服务与运营伙伴超过5 400家,人才联盟伙伴超过1 600家;有19 000多家合作伙伴加入华为云伙伴计划,云市场上架应用4 000多个,汇聚160万开发者;在国内公有云市场,华为云的市场份额已经上升至第二位

从华为披露的现有的供应链体系看,核心供应商92家,美国供应商33家,占比36%,主要领域包括集成电路、半导体、软件和光通讯;美国的前五大采购商包括伟创力(代工)、博通(模拟芯片)、高通(芯片)、希捷(硬盘)、美光(存储)。中国大陆供应商22家,占比23.91%。

2019年5月,美国商务部将华为公司列入出口管制"实体清单",禁止美国企业向其出售相关技术和产品。此外,新冠肺炎疫情的暴发加剧了自由贸易和全球化供应链带来的安全问题,一些企业对供应链的布局开始由全球化转向区域化、本土化。

美国对华为公司的断供会损害华为公司下游客户的利益。华为不得不启动"备胎计划",但华为"备胎计划"中零部件的技术水平与美国还是存在很大差异。

华为开始打造"内外双供应链"体系。"内外双供应链"体系可以有效地帮助华为应对全球供应链中的外部风险。一方面,华为需要将技术设计转化为企

业内部分工，通过提高核心技术的设计能力，在国际供应链上掌握主动权。另一方面，华为应积极维护其外部供应链，参与国际分工可以提高华为的生产效率，强化科技强国离岸外包所带来的溢出效应，增强华为的创新能力。

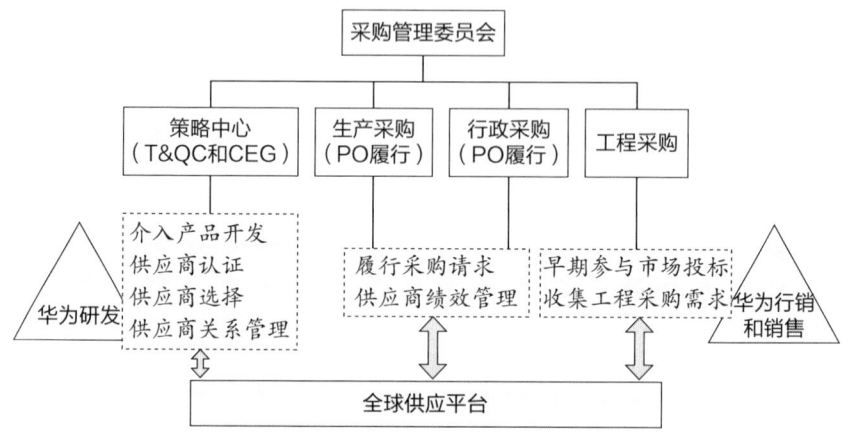

图 4-4　华为供应链平台关系图

华为的"内外双供应链"体系也为中国的高端企业有效规避全球供应链中的外部风险提供了有效的应对措施。

第5章　徐州市流通领域现代供应链体系建设的问题分析

5.1 徐州市流通领域现代供应链基础较薄弱

徐州市2017年完成国家物流标准化试点项目建设，并且取得了很好的成绩（优秀等次）。

物流标准化的试点，为供应链项目试点打下了较好的物流标准化基础。

徐州市物流标准化试点项目第一批与第二批共35个，后根据项目的进展情况及企业的实际能力，徐州市商务局淘汰了8个项目，最后试点项目确定为27个。共有四种类型：托盘及相关物流设施设备标准化（项目类型一），标准托盘循环共用体系（项目类型二），物流标准的制定（项目类型三），物流信息公共服务平台标准化（项目类型四）。通过项目试点，全市标准托盘保有量由试点前的15万片提高至49万片，试点企业标准托盘保有量由1.7万片提高至39.2万片，标准托盘使用率由37.5%提升至81.7%，租赁率由12.5%提升至19%，带板运输率由4.3%提升至52.7%。改造标准仓库面积19.1万 m^2，新投入标准周转箱（筐）5.9万只、新能源物流车300余台、其他配套设施设备6.8万台（套）。徐州苏宁物流园通过新建和改造标准仓库6万 m^2，置换1万个非标托盘，作业效率提升30%。

物流信息服务功能不断完善。为解决物流信息平台"信息孤岛"问题，徐州市引导骨干物流平台按照国家标准和规范统一了技术接口，并运用互联网、云计算等技术，增强平台的辐射能力和大范围资源整合能力，平台会员数量由试点前的2.6万个增加至10.9万个。例如，五洲公路港、港务集团实现了与全国性物流平台信息对接，为实施"公铁水"多式联运奠定了扎实基础；金驹物流园与骨干电商平台合作，进一步健全了交易、金融、仓储地图、信用等功能，2017年线上撮合交易额突破100亿元，占物流园交易总额的70%以上；雨润农产品物流中心农产品综合信息平台整合了区域农产品信息资源，在提升区域农产品流通效率的同时，有效指导生产，优化了农产品生产结构和区域布局。

商贸物流企业的标准化意识明显增强，试点期间共推广服务平台标准33个，物流设施设备标准52个，技术服务标准51个。

通过物流标准化试点创建，试点企业装卸工时效率由试点前的7.7吨/小时提升至22.6吨/小时，提高195.6%；装卸搬运单位成本由12.9元/吨降至7.1元/吨，下降44.8%；货损率由0.9%将至0.13%，下降85.6%，带动上下游1 700余家企业效率提升，两年来共节省物流费用约8 000万元。

物流标准化为供应链项目的开展提供了基础条件，但是供应链项目建设与物流标准化项目又有很大的不同。流通领域现代供应链体系项目试点建设初期，供应链的基础较薄弱。

供应链的基础较薄弱主要表现在：供应链链条建设薄弱，没有一个完整的供应链链条；供应链项目建设要求在整个供应链链条间，硬件标准与软件标准实现统一，同时要实现商业交接模式的标准化，而不仅仅是单个企业。试点初期，没有一条链能达到这一要求，统一标准体系不健全。

物流标准化要求实现统一物流服务、统一采购管理、统一信息采集、统一系统平台，而在试点初期，这些都不健全。

5.2 企业流通领域现代供应链的整体意识淡薄

随着2017年供应链上升为国家发展战略，供应链越来越受到国家和企业的重视。国内也先后涌现了一些供应链发展较好的公司，比如深圳的深圳市怡亚通供应链股份有限公司等。但对于全国许多地方来说，什么是供应链、供应链与产业链间有何关系等，说不清楚，更没有应用。2020年疫情期间，供应链、产业链等热词的频繁提及，让大家对供应链有了初步的了解，但是在2018年6月，谈起供应链、流通领域现代供应链，许多人是不了解的。

2018年，徐州市成为国家第一批流通领域现代供应链体系建设试点城市，有一部分上市公司对供应链有一定的了解，也有一部分公司开展了供应链的应用（基础层面），但从整体上看，在试点建设初期，徐州市企业流通领域现代供应链的整体意识淡薄，具体包括供应链的概念不清晰，不太清楚供应链的具体应用层面，不了解供应链可以给企业带来什么，等等。

供应链意识的淡薄不是因为不重视，而是因为不了解。供应链2017年上升为国家战略，2018年流通领域现代供应链试点，由于时间太短，从国家战略层面到企业应用层面过渡期太短。

第6章　徐州市流通领域现代供应链体系建设的问题解决措施

第5章对试点前徐州市流通领域现代供应链体系建设存在的问题进行了梳理与分析，国家实施流通领域现代供应链体系建设试点城市建设，就是为了提升试点城市的流通领域现代供应链体系水平，通过试点城市与试点企业的流通领域现代供应链体系的建设，以链条促进网络建设，促进区域性流通领域现代供应链体系水平的提升；以试点的供应链建设带动关联企业，进而带动供应链上下游企业的整体供应链水平的提升。力求通过供应链试点城市流通领域现代供应链体系建设建设，摸索成功模式在全国推广，最终提升我国的供应链的核心竞争力。

结合存在的问题，结合徐州市的实际情况，徐州市在推动流通领域现代供应链体系建设试点城市建设的过程中，主要做了以下几个方面的工作。

6.1　流通领域现代供应链体系建设知识的普及与培训

2018年6月，徐州市成功获批国家第二批流通领域现代供应链体系试点城市。2018年7月10日，市政府办公室发布关于印发《徐州市流通领域现代供应链体系建设实施方案》的通知，要求各县(市)、区人民政府，徐州经济技术开发区、新城区管委会，市各委、办、局(公司)，市各直属单位，要按照通知要求，结合各自实际情况，按照"市场主导、政策引导、聚焦链条、协同推进"的原则，聚焦民生消费行业领域，开展现代供应链体系建设。以徐州现代商圈建设为契机，以提升区域物流标准化水平为目标，以标准托盘（1 200 mm×

1 000 mm)(含周转箱等标准化设备，下同)循环共用体系建设为切入点，充分发挥物流园区、骨干企业、公共服务平台、标准托盘生产和服务商的引领作用，推动物流设施设备标准化升级改造，促进商贸流通业、制造业供应链各环节物流标准的一贯化，逐步健全和完善徐州市物流标准化体系；加强徐州市现代商圈企业合作，推动区域物流标准化协同发展，全面提升区域商贸流通业组织化程度。力争通过3年时间完成物流标准化建设，完成各项目标。

通知中要求，市各直属单位要贯彻落实财政部办公厅、商务部办公厅、国家标准委办公室《关于加强物流标准化试点工作管理的通知》和《商贸物流标准化专项行动计划》的要求，全力组织好徐州市物流标准化试点工作，要在各自的区域内，对相关的企业进行物流标准化文件的宣贯，加强对物流标准化知识的普及。加强关联企业的物流标准化联系，加强物流标准体系建设，加强物流综合信息平台建设，加强物流标准设施设备建设，加强托盘循环共用体系建设。

以流通领域现代供应链体系试点城市建设为契机，在全市范围内对诸链条的供应链知识进行普及，通过政策引导与资金扶持相结合的方式，提高流通领域现代供应链体系建设的自觉意识。

事实证明，宣传以后，企业对流通领域现代供应链体系建设试点表现得积极踊跃，对企业而言，供应链工作，做比不做好，早做比晚做好。早做，有政策引导与资金扶持，关键是可以提高效率，降低成本。

6.2 链主企业供应链链条的梳理

供应链对于任何一个试点的链主企业，都是一个全新的领域。什么是供应链？如何组链？如何建设？

链主企业要了解供应链的结构模型，如图6-1所示。企业通过对供应链结构模型的认识，明确下一步自身供应链链条该如何构建。

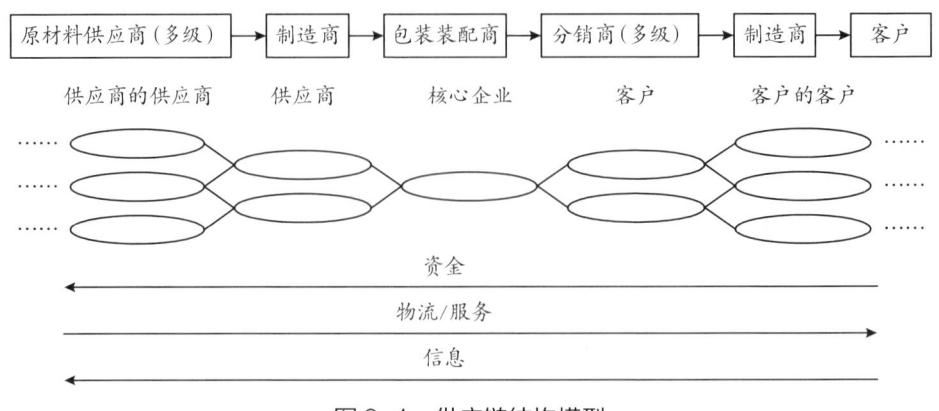

图 6-1　供应链结构模型

链主企业要了解供应链业务参考模型，如图 6-2 所示。通过了解业务参考模型，企业能够明白供应链应用层面有哪些具体内容。

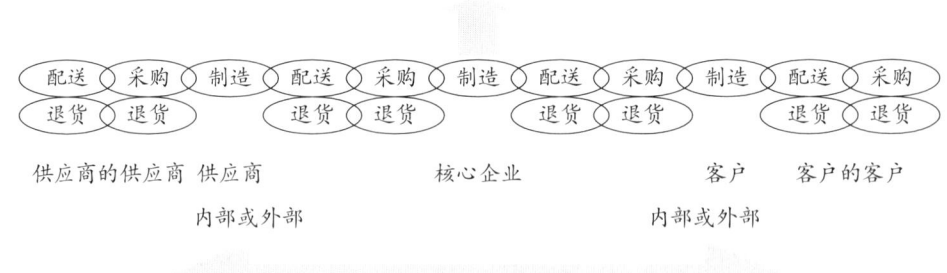

供应链业务参考模型

图 6-2　供应链业务参考模型

链主企业要了解供应链业务参考模型层次结构，如图 6-3 所示。通过对供应链业务参考模型层次结构的认识，了解供应链业务参考模型的项目范围和非项目范围。

链主企业要了解供应链业务参考模型流程，如图 6-4 所示。通过对供应链业务参考模型流程的认识，了解供应链业务参考模型的运作流程。

第6章 徐州市流通领域现代供应链体系建设的问题解决措施

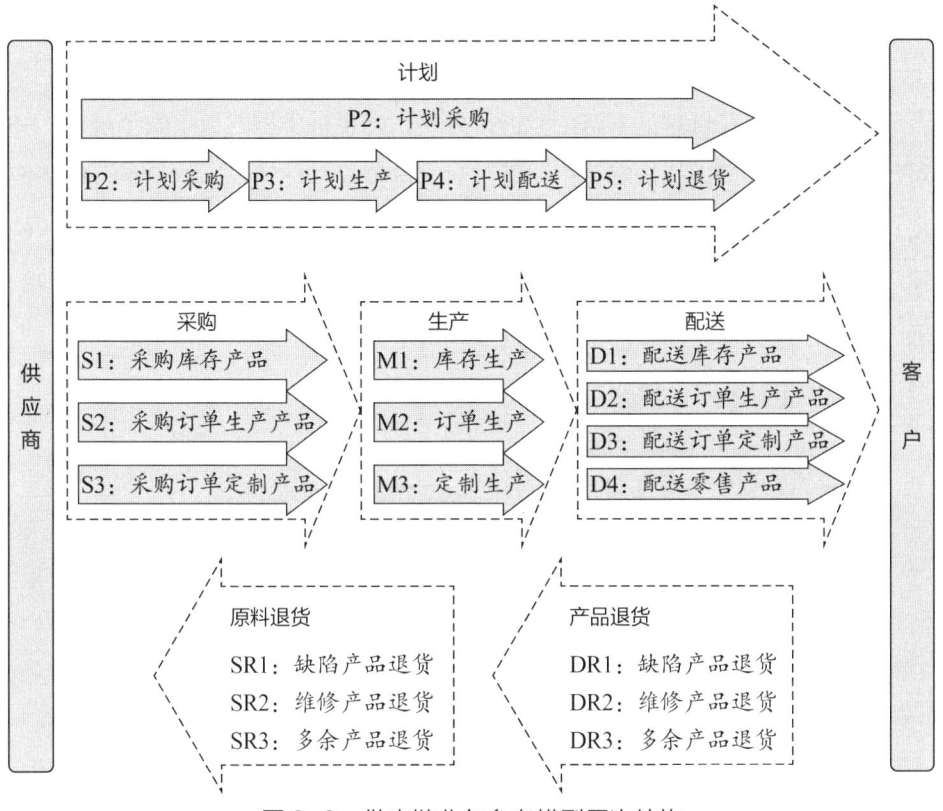

图6-3 供应链业务参考模型层次结构

图6-4 供应链业务参考模型流程

链主企业通过对这些供应链结构相关模型的认识，意识到供应链是一个全新的概念，但与企业又有紧密的关系，并且通过供应链的建设，可以大大提升企业的效益与效率，大大提高企业的管理水平，提升企业的核心竞争力。

例如根据雀巢奶粉供应链模型（如图6-5所示），企业对其上游客户、下游客户进行梳理，并且对上下游企业进行分类，将每种类型的数量做个统计，并对每个客户的情况进行认真分析，通过对其物流标准化情况、信息平台的情况及其供应链的上下游情况的相关信息分析，找出一条基础条件较好的链条，构建项目建设的供应链链条。企业通过对目前供应链链条的梳理、对结构模型的确定，最终打造项目建设的供应链链条。链主企业供应链结构模型的确定，为接下来的项目建设打下坚实基础。

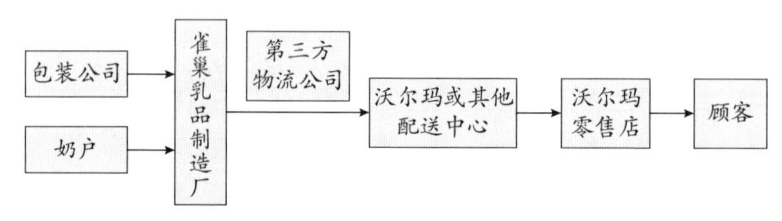

图6-5 雀巢奶粉供应链

6.3 试点企业的申报、指导与培育

按照《徐州市流通领域现代供应链体系建设实施方案》和《徐州市流通领域现代供应链体系建设专项资金管理办法》有关要求，2018年8月，徐州市商务局会同徐州市财政局、徐州市商务局监察室现场监督，组织专家对供应链申报项目进行了答辩评审，通过PPT展示与陈述、专家提问等环节，现场打分，并对不太熟悉的供应链申报项目进行现场考察，综合评价。根据评审结果，2018年9月，拟确定13个供应链项目作为第一批流通领域现代供应链体系建设试点项目，并对试点供应链项目进行公示。2019年11月，又推进了徐州市第二批流通领域现代供应链体系建设试点项目，拟确定两个项目作为第二批流通领域现代供应链体系建设试点项目，并对试点项目进行公示。

项目建设过程中，由于各种原因，淘汰了3个项目。有的项目在建设过程中出了很多问题，督查与指导多次都不能解决，被淘汰；有的项目建设进度慢，不能如期完成，被淘汰，等等。引入淘汰机制，对试点项目是一种激励与

第6章　徐州市流通领域现代供应链体系建设的问题解决措施

鞭策。

徐州市流通领域现代供应链体系建设试点项目的申报过程，也是对全市相关供应链情况的一个全面调研，涉及流通领域现代供应链的现状、建设内容、建设目标，以及达到的成效等。

徐州市政府为了将流通领域现代供应链体系试点项目高质量完成，特别委托徐州市物流与产业协会成立了专家组，完成对试点企业申报的评审、建设的指导、成果的验收等工作。

徐州市流通领域现代供应链体系项目主要有6种类型的申报。

(1) 快销品供应链项目。

(2) 生产服务型供应链项目。

(3) 餐饮供应链项目。

(4) 电商供应链项目。

(5) 药品供应链项目。

(6) 农产品供应链项目等。

托盘及相关设备标准化改造项目验收细则包括：组织机构（要求建立试点工作领导小组并建立工作协调机制），其目的是要将物流标准化建设列入公司常态化工作管理中；决策方案［是否有清晰、完备的试点实施方案（总体思路、具体目标和内容明确；项目安排合理、实施步骤明确；项目清单、项目投资规模）］，其目的是让试点企业清楚自身的实际情况，解决应该干什么、怎么干的问题；资金投入情况（通过标准化试点带动企业投资，一般要求在试点期间企业投资达到政府补助10倍以上）；资金的使用管理（要求专账管理、对政府补助的核算按照现行的财务制度进行核算）。目标达成包含的内容较多（标准物流设施设备与企业物流设施设备总量的比率对比，要求增加5个点左右；试点企业物流成本与营业收入比率的对比，要求降低5个点左右；试点企业应结合国标、行标，制定完整的企业标准体系，促进企业品牌培育、降低成本、提高竞争力；物流设施设备实施推广国家、行业标准的数量，要求为20~40项；技术服务标准实施推广国家、行业标准的数量，要求为20~40项；带动供应链上下游企业标准化水平提升，要求达 30 家以上）；模式推广（要求形成成熟可推广的物流标准化工作推广模式）。

物流信息平台标准化建设项目验收细则包括的内容与托盘及相关设备标准化改造项目验收细则基本相同，只是在目标达成的前三点上有点差异，包括服务平台会员数量在试点前后的增加比例，要求增加 1 倍左右；服务平台服务功能和服务产品完善，要求有撮合交易、保险、融资、仓储地图、政务资讯及信用评价等功能；服务平台运作模式成熟，要求要与其他系统平台互联互通。

物流标准制定项目验收细则中组织机构、决策方案、资金投入、资金管理使用及模式推广方面与托盘及相关设备标准化改造项目验收细则一样，在目标达成上有其自己的要求，包括结合国标、行标，制定完整的标准体系；标准体系中涉及的物流设施设备标准数量，要求为 30 项以上；标准体系中涉及的技术服务标准数量，要求为 40 项以上。

标准托盘循环共用体系建设项目验收细则中组织机构、决策方案、资金投入、资金管理使用方面与托盘及相关设备标准化改造项目验收细则一样在目标达成上有其自己的要求。具体包括建立一定规模的标准托盘池（用于租赁使用），要求托盘池中标准托盘数量达到 5 万片以上；标准托盘池中托盘租赁率达到 50% 以上；标准托盘循环共同体系初步建立，带动 15 家以上企业使用标准托盘进行租赁。

专家组应明确不同项目的验收细则，企业应按要求建设，专家应对企业建设过程中的问题进行指导。

以邳州宿羊山黎明集团的大蒜立体托盘兼货架的尺寸问题为例，企业普遍使用的立体托盘内径尺寸为 1 200 mm×1 000 mm，但商务部文件中的要求是托盘的外径尺寸为 1 200 mm×1 000 mm。只有外径尺寸是 1 200 mm×1 000 mm，才能和标准叉车、标准的运输车辆相匹配。传统习惯与国家要求出现了不一致。是改传统的包装袋及码垛的习惯来适应标准立体托盘外径尺寸 1 200 mm×1 000 mm，还是仍然使用原来的立体托盘内径尺寸 1 200 mm×1 000 mm。黎明集团是全国蒜业理事长单位，连续 9 年江苏省农产品出口第一，连续5年全国农产品出口第一，在业界影响力较大。企业的疑问，专家要给予指导。要解决这个现实的问题，专家意见也出现了不一致。徐州市商务局请示商务部，商务部专家解释：国家推行物流标准化的目的是标准的统一，而不是哪一个行业再执行一个新的标准，推行物流标准化建设，是在全社会建立完全统一的标准。最后按照商务部专家的解读要求，改使用习惯，最终统一使用外径尺寸是1 200 mm×1 000 mm的标准立体托盘。改成标准托盘后，许多企业开始在包装袋、码垛等方面做文章，最大限度地合理使用托盘。其中天源蒜业出口俄罗斯的大蒜，采用纸箱包装，基础尺寸与标准立体托盘相匹配，很好地解决了习惯与效率的问题。

6.4 供应链"五统一"手段的具体实施

6.4.1 统一标准体系

商务部解读："统一标准体系"是指与供应链一体化运作和协同发展相关的设施设备等"硬"标准体系及流程服务等"软"标准体系的构建。在"硬"标准体系方面，要加大对标准化托盘循环共用的支持力度，推进与标准托盘关联的叉车、货架、月台、运输车辆等物流设备设施的标准化改造和智能化升级。在"软"标准体系方面，应推动信息管理标准化、物流作业流程标准化、商业交接流程标准化及服务流程标准化等，以标准体系建设筑牢供应链发展基础。

徐州市做法：对试点供应链链条企业必须使用GS1码标准托盘（1 200 mm×1 000 mm），必须要租赁，并且要带盘运输或配送，以GS1码标准托盘的使用为抓手，推进叉车、货架、月台、运输车辆等物流设备设施标准化改造与提升。

同时要求，试点供应链链条企业的仓储管理系统（WMS）、订单管理系统（OMS）及运输管理系统（TMS）需要尽快与托盘租赁企业的托盘管理系统实现数据对接，信息要在托盘租赁企业平台上显示。以信息对接为抓手，实现供应链上"软"标准体系的完善。

通过"硬""软"标准体系的构建与完善，信息管理标准化、物流作业流程标准化、商业交接流程标准化及服务流程标准化等得以实现。

6.4.2 统一物流服务

商务部解读:"统一物流服务"是指供应链物流业务实行第三方外包,为上下游企业提供调配资源、统仓统配等管理服务。通过对供应链物流资源进行整合,推动各环节物流服务外包,引入有实力的专业物流服务提供商,深度嵌入生产、分销、物流、销售等环节,为供应链上下游企业提供一体化物流服务,通过规模化、专业化的物流服务提高物流转运效率,降低物流成本,挖掘增值价值。

徐州市做法:试点供应链链条企业间的物流业务实行第三方外包,有的链主企业,上游链条与下游链条业态有差别,可以不是一个物流外包企业,但要求物流服务的标准要一致。通过统一的物流服务,在供应链企业链条上提高物流转运效率,降低物流成本,挖掘增值价值。

6.4.3 统一采购管理

商务部解读:"统一采购管理"是指通过计划控制、协同共享和系统整合,推动供应链上下游企业实现集中统一采购、产供销高效协同降低库存、推动供应链增值。通过完善和规范集中采购运行机制,推动采购环节信息共享、互联互通、业务协同,引入第三方采购服务提供商,实现采购决策、物资调拨、供应商管理等功能高效整合。引导链主企业发挥资源整合优势,为全链条提供专业化、社会化采购服务,实现供应链上下游企业采购管理高效协同,提高供应链响应能力。

徐州市做法:通过供应链试点企业间的数据共享,并对采购数量、批次、库存信息、销售信息数据进行分析,从数量和价值上对企业实现A、B、C管理,从供应链下游到上游,直至生产环节,在保证安全库存的前提下,合理安排采购,在供应链上,实现统一采购管理,避免牛鞭效应。通过"统一采购管理",避免了产品在库时间过长的情况,提高供应链响应能力,节约的采购成本与库存费用为供应链链条企业节约了成本,提高资金使用效率。

6.4.4 统一信息采集

商务部解读:"统一信息采集"是指推动供应链全链条建立统一的物品编码和标识体系,广泛推广基于全球统一编码标识(GS1)的商品条码体系,推动供应链上下游托盘条码、商品条码、箱码、物流单元代码等物流信息关联衔接,促进供应链"一码到底",实现信息高效共享和协同。

徐州市做法:供应链链条企业间的物流活动必须是 GS1 码的标准托盘,为了实现交接模式的标准化,要求商品条码、箱码、托盘条码、货位码等,四码合一。在供应链上"一码到底"模式使得商品信息的高效共享和协同,推动了统一采购的进程,减少了仓库的库存,节约了商品交接时间。徐州的项目建设,最早是在鑫通供应链上实现"四码合一",商务部及江苏省商务厅专家在中期(2019年8月)检查时,查看了鑫通供应链的模式,给予了高度的评价。鑫通供应链的"四码合一",带动了其他供应链的"四码合一"建设进程,库派同程、上药徐州等链主企业实现了在整个供应链链条企业间的信息统一采集。

6.4.5 统一系统平台

商务部解读:"统一系统平台"是指推动供应链上下游生产、采购、仓储、运输、销售等各环节的采购系统、仓储系统、销售系统等提供的数据接口一致,信息对接顺畅,打通信息流的系统平台,实现平台间高效对接,推动关键信息交互共享,实现信息资源有效利用,打造具有高度协同效应的公共信息集成平台,联结供应链上下游各子平台,提高公共型平台资源整合能力,提高公共平台服务效能。

徐州市做法:在培训及专家组对项目的第一轮帮扶工作中,反复要求打通供应链链条企业的仓储管理系统(WMS)、订单管理系统(OMS)和运输管理系统(TMS),并需要尽快与勋马的托盘管理系统实现数据对接。这就要求供应链链条企业间生产、采购、仓储、运输、销售等各环节的采购系统、仓储系统及销售系统等提供的数据接口一致,也就是要求平台实现对接。平台的对接存在很多问题,其中最主要的问题是数据接口不一致,链主企业应协调软件开发商，对接数据接口，实现信息的传输与共享。供应链平台的对接，提高了供应链链条企业的密切度，整体性加强，合作的程度加强，实现项目目标一致，打造利益共同体。

6.5 供应链"四化"目标的切实实现

6.5.1 标准化

商务部试点项目建设目标要求：通过试点建设，推动标准化托盘广泛应用，相关配套设施设备适应性、衔接性显著改善，物流作业流程、商业交接流程、服务流程标准化明显改观，GS1物品编码系统实质性推广，实现托盘、周转箱(筐)等物流单元标准化率达到80%以上，单元化物流占供应链物流比例较试点前提高10%以上。

徐州市标准化建设完成情况：在供应链试点链条上，大力推广GS1编码的标准托盘、周转箱(筐)的使用，通过存量标准托盘赋GS1编码，新增GS1编码的标准托盘租赁的形式，我市循环共用标准GS1托盘池已达到8.4余万片，并建立了两处GS1码托盘运营服务中心。

依托GS1编码的大数据应用以及标准货运单元的高效衔接，徐州市试点项目整体作业效率明显提升。其中，快消品、药品、农产品等重点行业平均库存周转率同比提高29.46%；供应链综合成本同比降低26.56%；订单服务满意度（及时交付率、客户测评满意率等）达到95.01%；重点供应商产品质量合格率达到98.79%；托盘、周转箱（筐）等物流单元标准化率提高44.35%，达到91.93%；供应链重点用户系统数据对接畅通率提高47.33%，达到94.85%；单元化物流占供应链物流比例同比提高36.61%；承担企业装卸货工时平均提高3.41倍。

徐州市通过流通领域现代供应链体系建设项目试点建设，较好地推动了GS1码标准化托盘应用，相关配套设施设备适应性、衔接性显著改善，物流作业流程、商业交接流程、服务流程标准化明显改观，物流效率明显提升，物流作业成本显著下降，企业的供应链管理能力得到全面提升。

6.5.2 智能化

商务部试点项目建设目标要求：通过试点推动，引导企业加大研发投入，大数据、物联网、云计算、区块链及人工智能等关键技术在供应链中广泛应用，加快培育一批特色鲜明、协同高效的供应链平台，以新一代信息技术为支撑，具备自动化、智能化、可视化、网络化、柔性化特征的智慧供应链体系初步形成，实现供应链重点用户系统数据对接畅通率达到80%以上。

徐州市智能化建设完成情况：区块链的技术在徐州市供应链试点项目中有了初步的应用。在精创电气作为链主的基于物联网的信息化冷链供应链上，物联网、大数据、云计算等技术得到了充分运用，保障了药品的仓储与配送的温湿度安全；上药徐州、库派同程等供应链链条以新一代信息技术为支撑，具备自动化、智能化、可视化、网络化、柔性化特征的智慧供应链体系初步形成；在鑫通供应链链条，初步形成"下游客户门店营业预估→系统下单至中央厨房→央厨汇总需求传送供货商→集中加工并依据订单配送"的整链条数字化模式等等。徐州市供应链试点项目实现供应链重点用户系统数据对接畅通率达到90%以上。

6.5.3 协同化

商务部试点项目建设目标要求：通过试点带动，促进供应链企业间信息系统高效集成，运营数据、市场数据共享和交流更加顺畅，产品设计、采购计划、订单执行、生产制造、运输交货、库存销售等业务流程共同响应终端客户需求的能力进一步增强。实现重点行业平均库存周转率同比提高10%以上，供应链综合成本（采购、库存、物流、交易成本）同比降低20%以上，订单服务满意度（及时交付率、客户测评满意率等）达到80%以上，重点供应商产品质量合格率达到92%以上，带动社会消费品零售总额实现稳定增长。

徐州市协同化建设完成情况：实现重点行业平均库存周转率同比提高29.46%以上，供应链综合成本（采购、库存、物流及交易成本）同比降低26.56%，订单服务满意度（及时交付率、客户测评满意率等）达到95.01%以上，重点供应商产品质量合格率达到 98.79% 以上,带动社会消费品零售总额实现稳定增长。

徐州市通过试点带动,促进了供应链企业间信息系统的高效集成,运营数据、市场数据共享和交流比试点前更加顺畅,产品设计、采购计划、订单执行、生产制造、运输交货及库存销售等业务流程共同响应终端客户需求的能力有了进一步增强。

6.5.4 绿色化

商务部试点项目建设目标要求:绿色供应链理念日益普及,基于供应链的绿色采购、绿色制造、绿色流通、绿色消费逐步发展,以供应链流程优化和再造降低对环境的影响,提高资源利用效率。推动新能源物流车、节能性仓储设施设备及减量化、可循环包装广泛应用。

徐州市绿色化建设完成情况:徐州市循环共用标准 GS1 托盘池已达到 8.4 余万片,每年可以减少 105 万套木包装,节约木材 6.5 万多 m^3,相当于减少 CO_2 排放近 11.85 万 t。

由于新能源物流车不在供应链项目补贴范围内,所以企业的购买意愿较低,徐州市供应链项目试点链条企业没有购置新能源物流车。

上药控股徐州股份有限公司、徐州库派同程物流有限公司等通过系统的完善,实现了供应链过程的可视化;江苏百盛润家有限公司在物流配送的过程中,使用了笼车,加大了配送效率并实现了笼车的循环使用;徐州鑫通供应链公司实现了生产与流通的深度融合;上药控股徐州股份有限公司与医院深度合作的 SPD 项目,加强了医药医院内部供应链的延伸建设;上药控股徐州股份有限公司、苏宁徐宁物流公司的周转筐的循环使用;每个链条物流标准车辆的使用,包装尺寸的标准基础模数改变,商业交接模式的标准化,等等,这些都是绿色化的具体体现。

6.6 政府主导促进流通领域现代供应链体系建设

徐州市流通领域现代供应链体系项目试点,通过政府主导,企业参与,供应链链条构建合理,在供应链链条企业间,物流设施设备"硬"标准、信息平台与信息系统及操作流程、交接流程的"软"标准都有了质的飞跃。

一是积极推动相关标准的使用。试点供应链链条企业主动对标国家要求,积极主动使用国家标准、行业标准、地方标准,并根据项目的要求及企业的自身情况,制订了14个团体标准,形成一套较完善的设施设备、物流信息、应用技术等供应链标准体系。

二是建立层次分明的标准体系。分别针对托盘、车辆及物品条码等使用了基础性和通用性标准,针对安全和环境使用了强制性标准,针对物流作业、从业人员资格等使用了行业标准等。

三是注重信息标准化的建设。徐州市流通领域现代供应链体系试点项目高度重视信息管理系统接口的标准化,所有的试点供应链链条企业间的信息平台实现对接,信息在供应链上实现共享。

四是标准体系建设成效显著。徐州市流通领域现代供应链体系试点项目通过标准体系建设,成效显著,实现经济效益、社会效益和生态效益三丰收。项目建设完成后,通过第三方评审,达到优秀档次。

第7章 徐州市流通领域现代供应链体系建设成效

7.1 徐州市流通领域现代供应链体系建设的情况

徐州市流通领域现代供应链体系建设项目选择了6类12条供应链试点项目，计划有效总投资1.6亿元，已完成实际有效投资1.64亿元。有效投资完成率为102%。截至2020年11月31日，12条供应链试点项目全部完成市级验收。2019年12月，项目中期评估后预拨资金1 946.03万元。2020年12月，已全部完成12条供应链试点项目的专项资金拨付工作，共拨付专项资金5 990.13万元，结余资金9.87万元，财政资金拨付完成率99.84%。

7.2 徐州市流通领域现代供应链体系建设的数据分析

徐州市流通领域现代供应链体系建设试点项目第一批与第二批共17条链，见表7-1，后根据项目的进展情况及企业的实际能力，徐州市商务局淘汰了5个项目，见表7-1。最后试点项目6种类型12条链。

项目计划有效总投资1.6亿元，已完成实际有效投资1.64亿元。有效投资完成率为102%；试点前GS1码托盘为0，试点后循环共用标准GS1托盘池已达到8.4余万片；快消品、药品、农产品等重点行业平均库存周转率同比提高29.46%；供应链综合成本同比降低26.56%；订单服务满意度（及时交付率、客户测评满意率等）达到95.01%；重点供应商产品质量合格率达到98.79%；托盘、周转箱（筐）等物流单元标准化率提高44.35%，达到91.93%；供应链重点用户系统数据对接畅通率提高47.33%，达到94.85%；单元化物流占供应链物流比例同比提高36.61%；承担企业装卸货工时平均提高3.41倍。标准化货运单元占比达到90%，标准托盘及料箱的出租率高达到95%以上。

表7-1 徐州市流通领域现代供应链体系建设试点链条一览表

序号	供应链类型	链主企业名称	链条建设情况
1	快消品	徐州市库派同程物流有限公司	正常
2		徐州旭旺超市有限公司	正常
3		徐州徐宁苏宁物流有限公司	正常
4		江苏君乐宝乳业有限公司	正常
5		江苏百盛润家有限公司	正常
6	农产品	江苏徐州港务（集团）有限公司	退出
7		徐州货易帮物流科技有限公司	退出
8		徐州雨润农产品全球采购有限公司	退出
9		爱客来	正常
10	药品	上药控股徐州股份有限公司	正常
11		江苏万邦生化医药集团有限公司	正常
12	中央厨房	徐州市川锅一号餐饮管理有限公司	正常
13	电商配送	徐州飞马配送服务有限公司	退出
14		徐州盟递宅配网络科技有限公司	退出
15		徐州汇尔康食品有限公司	正常
16	生产服务型	江苏省精创电器股份有限公司	正常
17		江苏江昕轮胎有限公司	正常

7.3 徐州市流通领域现代供应链体系建设的经济效益

徐州市流通领域现代供应链体系建设项目最终确定了快消品、农产品、药品、电商、餐饮及生产服务型6大类型12条试点链条。12条试点链条中，共有上市公司或上市公司子公司4个、国家高新技术企业两个、江苏省重点物流企业1个，4个省级城乡高效配送试点企业入围试点项目。

整体上看，徐州市流通领域现代供应链体系建设项目经济效益显著。

通过项目建设，徐州市循环共用标准 GS1 托盘池 8.4 余万片，并建立了两处运营服务中心，与徐州市周边地区 10 余家大型商贸流通企业达成合作。标准化货运单元占比达到 90%，标准托盘及料箱的出租率高达到 95% 以上。

依托 GS1 编码的大数据应用以及标准货运单元的高效衔接，徐州市试点项目整体作业效率明显提升。其中，快消品、药品及农产品等重点行业平均库存周转率同比提高 29.46%；供应链综合成本同比降低 26.56%；订单服务满意度（及时交付率、客户测评满意率等）达到 95.01%；重点供应商产品质量合格率达到 98.79%；托盘、周转箱（筐）等物流单元标准化率提高 44.35%，达到 91.93%；供应链重点用户系统数据对接畅通率提高 47.33%，达到 94.85%；单元化物流占供应链物流比例同比提高 36.61%；承担企业装卸货工时平均提高 3.41 倍。

7.4 徐州市流通领域现代供应链体系建设的社会效益

（1）供应链链条结构稳定：徐州市流通领域现代供应链体系建设项目，在试点链条上建立了完整的、稳定的供应链结构。聚焦快消品、农产品、冷链、药品及电子商务等民生领域的供应链链条，按照"一链一模式、一企一方案、有选有备"的工作思路，因地制宜、因链制宜，突出抓好行业标准、团体标准的推广应用。

重点围绕"五统一"的手段的实施，最终达到"四化"目标要求。完善流通领域现代供应链体系，提升供应链整体效益。

（2）团体标准制定主动：试点期间，试点企业在积极使用国家相关标准的同时，结合企业实践情况，制定系列团体标准，具体名称为《快速消费品供应链物流配送规范》《药品冷链物流运作规范》《数字温湿度记录仪》《医药冷链电气控制箱》《绿色冷库评价方法》《乳制品供应链物流配送规范》《复合调料装卸搬运规范》《生菜生产操作规范》《虾滑生产操作规范》《生鲜农产品供应链冷链物流配送规范》《农产品冷链物流配送中心建设与运营规范》《中央厨房加工、贮藏及运输卫生规范》等，试点企业的团体标准制定带动更多链条企业及关联企业积极主动应用标准、制定标准，企业管理水平及供应链管理水平获得整体提升。

（3）参与企业成果多：试点期间，试点企业在做好项目建设同时，积极申报各类奖项，具体名称为江苏百盛润家商贸有限公司流通领域快消品现代供应链体系建设项目荣获中国物流与采购联合会评选的物流业科技进步"二等奖"；江苏万邦生化医药集团有限责任公司荣获2019年"省长质量奖"；江苏省精创电气股份有限公司荣获中国物流与采购联合会评选的2018-2019年度医药供应链"金质奖"、科学技术"二等奖"、江苏省人民政府颁发的科学技术"三等奖"；徐州汇尔康食品有限公司荣获2019年"徐州市质量奖"等，企业的科技水平等到整体提升，进一步推动供应链的建设效果。

（4）试点工作的理论研究到位。根据对试点项目的两年跟踪研究，撰写专著《徐州市流通领域现代供应链体系建设研究》，加强理论研究、统计分析、案例编写、经济效益与社会效益梳理、模式整理和工作总结，为试点工作提供理论支撑与案例支持。同时，加大培训宣传力度，推广试点经验做法，打造交流学习平台。

（5）通过徐州市流通领域现代供应链体系建设，整体提升了徐州市试点企业的供应链建设、运行及管理水平，节约了供应链物流成本，提高了物流效率。企业的管理水平及运营水平提高了一个档次。通过试点企业，供应链链条上的企业及关联企业供应链的意识增强，通过试点，以点带线、以线带面，整体推动徐州市及淮海经济区的供应链水平。

第8章 徐州市流通领域现代供应链体系建设的优秀案例

8.1 上下游高效协同的药品供应链体系建设应用项目案例
——上药控股徐州股份有限公司

8.1.1 链条企业情况

上药控股徐州股份有限公司前身为徐州医药采购供应站。1994年改制为徐州医药股份有限公司。2017年2月，加入上药控股有限公司，正式更名为上药控股徐州股份有限公司。

淮海医药物流中心由上药控股徐州股份有限公司投资兴建，位于徐州市新城区物流园区，占地116亩，建筑面积5.67万m^2，总投资1.7亿元。其中现代化物流仓库3.2万m^2，改变了传统的仓库搬运、堆垛作业方式，采用重力主体货架、阁楼式货架、自动输送设备、自动分拣机、高位叉车、标准托盘、标准物流箱、RF手持终端、电子标签等设备，实现了仓储作业自动化和半自动化，大大提高了仓储利用率和劳动效率。

目前，进入淮海医药物流中心的药品流通企业已有8家，年配送规模40亿元，初步形成了第三方医药物流配送模式。

8.1.2 供应链基本情况

1. 企业目前运营的供应链模型（见图8-1）

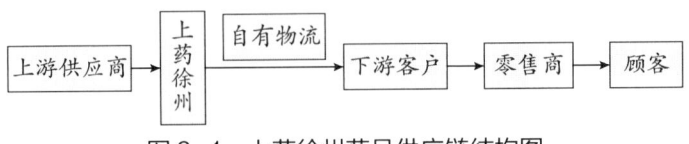

图8-1 上药徐州药品供应链结构图

上游供应商 1 780 家。下游客户 9 200 家，其中三级医院 26 家；二级医院 62 家；一级及以下医院 4 700 家；商业客户 4 300 家。

2. 供应链结构模型（见图 8-2）

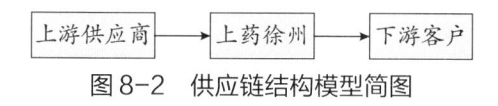

上游供应商 → 上药徐州 → 下游客户

图 8-2　供应链结构模型简图

物流承运商：自有物流。

3. 企业供应链具体链条（见图 8-3）

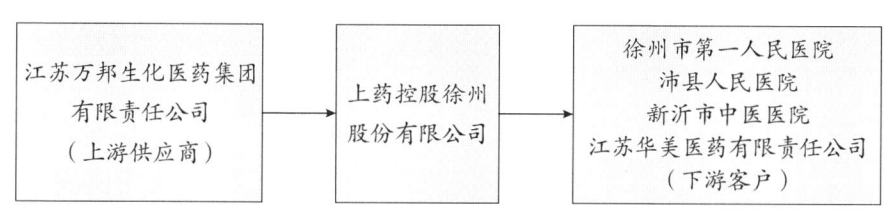

江苏万邦生化医药集团有限责任公司（上游供应商） → 上药控股徐州股份有限公司 → 徐州市第一人民医院　沛县人民医院　新沂市中医医院　江苏华美医药有限责任公司（下游客户）

图 8-3　上药徐州药品供应链项目建设供应链链条模型图

物流承运商：自有物流。

4. 供应链链条企业间四流关系图（见图 8-4）

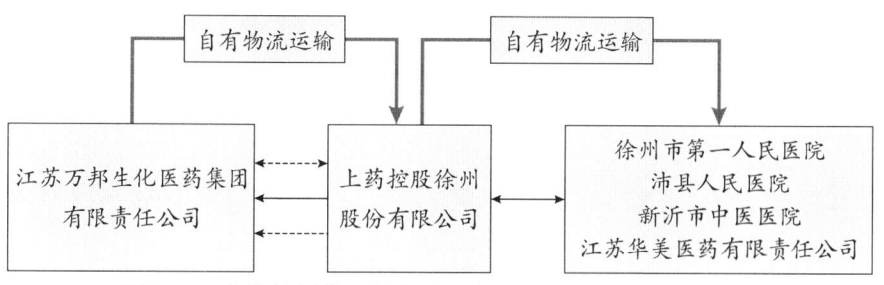

图 8-4　上药徐州药品供应链物流、信息流、资金流关系图

8.1.3　供应链项目建设内容

重点建设内容包括以下几个方面。

1. 智慧物流供应链建设

（1）物流设备的提档升级：增加垂直提升机、电动托盘搬运车、电子标签、手持终端等。

(2) 搭建快速配送平台：建立 TMS 系统，实现配送全程在线跟踪、配送定位、可视化、解决最后一公里数据回传和闭环管理。

(3) 物流标准化：积极推进 GS1 信息采集、标准托盘租赁。首批租赁 500 片，购买 GS1 码 5 000 个。仓库无纸化、商品条码化、园内托盘循环共用等。

(4) 仓库保温改造：减少仓库门和安装滑升门，实现绿色节能环保。

(5) 多仓联动：在上药总部的统一协同下，公司实现和上海医药、上药江苏等地的物流仓库联动。

2. 医院药品供应链建设

(1) 自动发药。

(2) 静配中心。

(3) 信息系统对接与数据服务。

(4) 院内物流延伸、直配、库存前置。

3. 供应链协同服务平台升级建设

对 SPD、B2B、O2O、PSI 等系统进行升级，扩展移动端的使用，支持可视化。

(1) 支持上下游客户的库存、流向分析、大数据查询和数据直连。

(2) 订单集成。

(3) 会员管理服务。

(4) 往来账管理服务。

(5) 逐步推行采购一体化。

4. 药品供应链标准体系建设

(1) 药品物流配送作业标准。

(2) 医院药品供应链标准。

(3) 零售药店药品供应链标准。

(4) 供应商信息数据交换服务标准。

(5) 托盘循环利用规则。

8.1.4 供应链项目保障措施

1. 组织和人员保障

(1) 成立领导小组。

领导小组组长由总经理担任，由副董事长、副总经理担任副组长。小组成员由各部门领导、各医院负责人组成，由党委委员负责督察工作。

(2) 领导小组任务分配及工作协调。

组长：负责上下游高效协同的药品供应链体系建设应用项目工作的总调度

副组长：负责上下游高效协同的药品供应链体系建设应用项目的执行

创建组：负责上下游高效协同的药品供应链体系建设应用项目的宣传、组织、培训，及各项标准整理等。

执行组：负责下游高效协同的药品供应链体系建设应用项目各相关环节的标准实施、推广应用，及时解决项目执行过程中出现的新问题，加强指导、检查，总结成熟经验，对新规范研究、实验和推广，协助创建组做好各岗位环节标准编写工作。

督查组：对项目全过程进行跟踪检查，及时纠偏。

2. 资金保障

项目预计投资 2 267.7 万元，预计投资明细见表 8-1。

3. 制度保障

为保障药品供应链体系建设项目如期完成，根据《徐州市流通领域现代供应链体系建设专项资金使用和管理办法》以及公司《财务管理制度》《项目管理制度》，制定《专项资金管理制度》、统计管理制度等并严格执行。

依据《徐州市流通领域现代供应链体系建设专项资金使用和管理办法》，制定《政府专项资金管理制度》《统计管理制度》。

规范执行公司《项目管理制度》《财务管理制度》(沪药控财资〔2017〕101号)。

表8-1 上药徐州药品供应链项目资金投资一览表

项目名称	基于上下游高效协同的药品供应链创新应用项目	
项目总投资	项目总投资	2 267.7万元
	其中：自筹资金	2 267.7万元
	银行贷款	0万元
	其他来源	0万元
	对应"支持内容"投资额	2 267.7万元
项目支出明细预算	项目支出明细	金额（万元）
	智慧物流供应链建设	538
	医院SPD项目	1 661
	协同服务平台升级建设	68.7
	合计	2 267.7
填表说明		

8.1.5 "五统一"手段实施情况

1. 统一标准体系

"硬"件标准：在整个供应链链条上，GS1码标准托盘使用率达100%，标准运输车辆新增两辆。通过该试点项目，协同企业的标准托盘覆盖率超过50%，协同企业的叉车、货架、月台等物流标准化设备都有一定提升。

"软"件标准：①2020年初完成了与协同企业的信息系统标准化，协同企业的信息系统与上药控股徐州股份有限公司的供应链协同服务平台完成了信息共享和无缝对接。②上药控股徐州股份有限公司结合国标、行标，制定了企业标准体系文件，并联合上下游协同企业，制定了药品物流配送服务规范、医药产品医院内SPD服务规范以及医药配送托盘、周转箱循环利用作业及服务规范。在供应链链条间实现信息管理标准化、物流作业流程标准化及服务流程标准化，为药品供应链发展奠定良好基础。

2. 统一物流服务

目前链主企业与协同企业在供应链项目中做到以下几点。

(1) 完成园区内的物流一体化，向协同企业推广标准托盘和标准物流设备，通过物流设备标准化，统一协同企业间的物流服务。并通过 WMS、TMS、GS1 平台等管理系统，为协同企业提供从收货、仓储、发货环节的物流信息化服务。

通过物流设备及物流信息平台标准化建设，提高了物流周转效率，降低了物流成本，奠定了统一物流服务的基础。

(2) 按照《药品经营质量管理规范》及公司《质量管理体系文件》的操作规程要求，统一扫码收货，统一抽样验收，统一分类分区保管，统一复核出库，统一带托配送。并通过供应链条间的标准基础单元，实现带板运输、带筐运输率达到 90%。

(3) 按照公司《冷藏（冷冻）药品管理制度》《冷藏（冷冻）药品运输操作规程》要求，在药品规定温度范围内，协同上下游企业统一物流操作流程，实现全程冷链温度可控、可追溯。

(4) 根据公司《药品运输操作规程》，依据订单集成的区域规划，通过 TMS 运输管理系统，实现上下游协同企业的运输线路统一规划、人员车辆统一调度，达成高效协同的统仓统配目标。

(5) 通过以上各项措施，实现供应链链条企业间的统一绿色仓储设施，统一平台对接，统一物流服务，进而实现药品供应链条间的协同高效和绿色化目标。

3. 统一采购管理

(1) 通过信息系统的对接，做到供应链链条企业间采购销售数据的资源共享，建立统一采购体系，制定统一采购规则和流程，实现以下目标。

①下游：根据客户需求，通过供应链协同服务平台 SPD 模块，实现下游客户的订单集成。

②上游：通过供应链协同商务平台，供应商接受采购订单，生成销售订单，实现 GS1 带码配送，公司通过扫描 GS1 码，完成收货入库。

(2) 具体体现方式。

①大数据分析：通过 ERP 系统的分析功能，依据供应商及品种的协议约

定、带量采购、历史销售、在途库存以及客户需求，预测制定每月、每周、每日的采购订单及合理库存。

②品类管理：目前公司品类近一万种，品类丰富、品规繁杂。公司依据经销品种和客户需求，开展品类管理，制定药品、医疗器械、大健康产品的品类规划，建立不同品类的采购规则。

③订单集成：依据大数据分析，针对下游客户的用药订单需求，定期制定周期采购需求量，集中对接上游供应商，使其需求量与采购量集成与匹配，真正实现供应链上的药品统一采购管理。

④优化库存：依据 ERP 系统中的历史销售、品类特点、客户需求，设置库存上下限，在保证供应的前提下，提高库存周转效率。依据订单集成的采购管理数据和供应商协议约定，合理分配资金，提高资金承付能力，有效降低采购成本。

⑤风险控制：采购订单的采购周期为 30 天，超过 30 天的需逐级审批。对于预付款客户，在保证供应的前提下，库存天数控制在 30 天内。对于慢周转的商品（库存天数大于 90 天），系统提示加快促销。

4. 统一信息采集

(1) 统一信息对接：

链主企业 ERP 与协同企业 WMS、医院 HIS 系统的信息对接，实现信息数据有效传输和共享。

(2) 统一使用 GS1 码：

链主企业、协同企业的产品统一使用 GS1 码，信息采集方式一致，在入库、出库等环节实现了 GS1 码跨企业的药品信息传递，包括品名、规格、批号、数量、效期等信息。

协同企业间信息传输：截至 9 月 8 日，徐州市勋马信息平台的 GS1 码信息共 26 万余条。

(3) 信息可视化：

通过可视化大屏等硬件设施的投入，将无形的信息数据转化为直观的图形图表，动态反映订单、理货、集货、配送、运输等各环节的进度状况，实现供应链链条企业间信息的可视化服务。

5. 统一系统平台

公司升级了供应链协同服务平台，该平台包括供应商服务平台、终端客户物流信息平台、业务员支援平台等子平台。通过该平台，提供与供应链链条企业间采购管理系统、仓储管理系统及运输管理系统的数据接口一致、信息无缝对接，实现了链主企业和协同企业的商品流、信息流、票据流的交互共享，出入库操作统一在协同服务平台体现，充分发挥了系统平台高度协同、资源整合的服务效能。

8.1.6 "四化"目标完成情况

1. 标准化

"硬"标准：全链条使用 GS1 码的 1 200 mm×1 000 mm 的标准托盘，单元标准化率达到 100%，相关配套设施设备与标准托盘完全匹配。

"软"标准：通过统一标准体系，在物流作业流程、药品交接操作、技术服务上明显提高，实现了链条企业间的标准化。

2. 智能化

通过统一、协同、高效的供应链服务平台，为上下游企业提供基础数据支持，利用大数据信息，实现购、销环节的智能化。

通过统一的信息采集，协同企业间收货、发货环节无缝对接，实现自动化、智能化操作。供应链重点用户系统数据对接畅通率达到 100%。

通过统一物流服务，实现拣货、运输等环节的可视化，药品流通全程可追溯，储运温湿度系统全程可记录。

3. 协同化

通过统一标准体系建设，为企业间的协同化奠定基础。

通过统一信息平台，为上下游企业提供基础数据支持，利用大数据信息分析，采购计划、订单执行、运输交货及库存销售等业务流程共同响应下游客户需求的能力进一步增强，实现购、销、存环节的协同化。

通过统一的信息采集，实现企业间收货、发货环节的无缝对接，高效协同。平均库存周转率同比提高10%；供应链综合成本同比降低20.06%；订单服务满意度91.73%；供应商产品质量合格率达到100%。

4. 绿色化

通过节能性仓储设施设备的应用，如快速升降门、LED节能灯、信息对接的无纸化等，实现绿色化。

通过对协同企业可循环周转箱、包装材料的回收利用，降低对环境的影响，提高资源利用效率。

推进药品配送路线整合，2019年由原79条线路优化为56条，减少车辆出行次数，降能、减排、减少污染。

通过统一采购平台的建设、供应链流程优化和再造，在购销环节实现无纸化办公，降低对环境的影响。

8.1.7 创新特色

1. 信息可视化

通过可视化大屏等硬件设施，将无形的信息数据转化为直观的图形图表，动态反映订单、理货、集货、配送、运输等各环节的进度状况，实现供应链链条企业间信息的可视化服务。

2. 周转箱绿色循环使用

在GS1码标准托盘的基础上，循环使用单元化物流载具GS1码周转箱，提高循环利用率。

3. 上游信息系统对接

通过供应链协同服务平台，实现与上游信息的对接，包括品名、规格、批号、数量、生产日期、校期等信息，实现EDI的自动对接。

现代药品供应链发展的重点在于模式的创新，本项目通过试点建设，已初步形成具有突出药品行业特色的经验模式，成为同行业学习借鉴的样板。

8.1.8 项目取得成效示范推广和带动作用

1. 健全组织机制，明确项目方案

自项目立项申报以来，链条企业间各级领导高度重视，成立项目领导小组和工作小组，根据项目要求及各企业发展战略，制定项目实施方案，明确项目建设目标、建设内容、建设进度及工作分工。

2. 应用"五统一"手段，实现"四化"目标

为打造药品供应链结构模型，在明确链条企业各自的建设内容的前提下。首先，做好 GS1 码托盘、周转箱及相关配套物流设施设备等"硬件"标准建设，同时加强信息系统对接及物流服务标准等"软件"标准化建设，通过加强供应链统一标准体系，稳定药品供应链建设。

其次，搭建统一的供应链协同服务平台，支持企业间系统平台的无缝对接，实现上下游企业间采购系统、订单系统、仓储系统、运输系统、销售系统等的有效衔接。同时通过信息系统的对接，实现供应链企业间物流设施设备的循环共用和流程优化整合，推动供应链企业间设施设备和信息的协同共享，巩固药品供应链建设。

最后，推广使用绿色包装、节能减排设施设备以及供应链业务流程再造，在采购、销售、物流各环节，开展绿色物流运作模式，促进供应链绿色化发展，加强药品供应链建设。

3. 取得经济和社会效益

通过药品供应链项目建设，取得了重大的经济和社会效益，尤其在疫情防控期间，保证了药品及防护用品的保供稳定性。

（1）通过该项目的实施，提升徐州市药品供应链管理水平，适应医改深化发展方向，促进医药行业创新转型升级，加快药品流通行业供给侧改革。

（2）促进徐州市医药行业供应链管理理念的提升，有效推动上下游协同企业之间的高效协同、设施设备衔接、信息互联互通，促进资源要素跨行业流动与合理配置，实现行业间、企业间提质、增效、降本。

（3）打造与医疗机构药事服务合作的新平台，实现供、销、配、存、运一体化及质量可追溯，打造药事服务新模式，保障药品供应高效、安全、可及。

（4）推进医药生产流通行业向扁平化、库存前置、网络一体化、多仓运作、信息共享的方向发展，构建医药生产流通行业新型供应链关系，提升企业参与市场竞争能力。

（5）通过总结药品供应链的经验模式，带动全市药品流通企业供应链管理水平的整体提升。

（6）带动社会投资 8 274 万元。

（7）通过协同高效的运营，疫情期间，公司作为应急物资保障企业，为徐州市民做出了应有贡献，因此受到了市委市政府的亲切关怀。

（8）通过供应链项目，各项指标明显向好，如供应链综合成本同比降低 34.52%，平均库存周转率同比提高 34.85%，装卸货工时效率提高 2.52 倍。

8.2 鑫通餐饮供应链

8.2.1 链条企业介绍

徐州鑫通供应链有限公司于 2018 年 11 月 12 日成立。法定代表人王梦英，公司经营范围包括供应链管理服务，道路普通货物运输，预包装食品兼散装食品、水产品、生鲜食用农产品，厨具销售，餐饮服务（中央厨房）等。

8.2.2 供应链基本情况

1. 企业目前运营的供应链模型（见图 8-5）

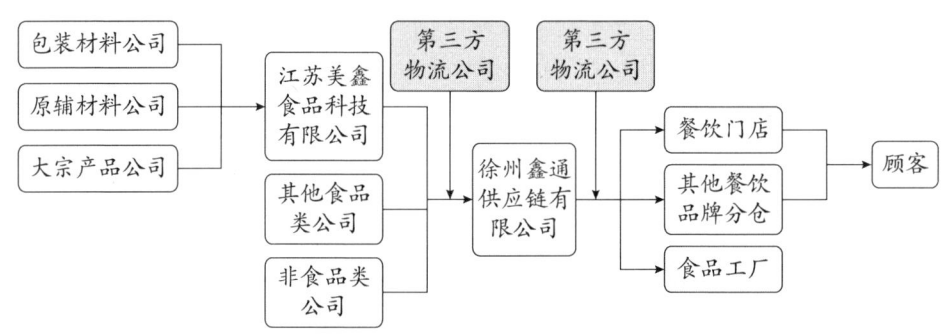

图 8-5 鑫通餐饮供应链目前运营的供应链结构模型图

鑫通餐饮供应链：

包装材料公司：26家。

原辅材料公司：106家。

大宗产品公司：32家。

其他食品类公司：56家。

非食品类公司：40家。

餐饮门店：42家。

其他餐饮品牌分仓：2家。

食品工厂：1家。

第三方物流公司：1家→徐州美餐冷链物流有限公司。

2. 供应链结构模型（见图8-6）

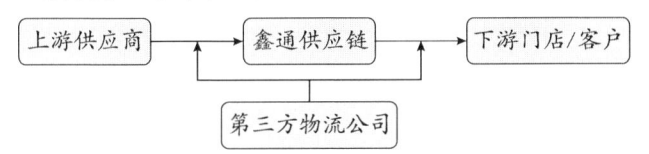

图8-6　鑫通餐饮供应链项目打造的供应链结构模型图

3. 鑫通餐饮供应链具体链条（见图8-7）

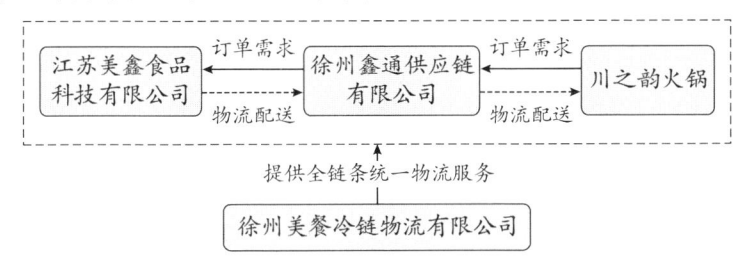

图8-7　鑫通餐饮供应链项目具体的供应链结构模型图

4. 供应链链条企业间四流关系图（见图8-8）

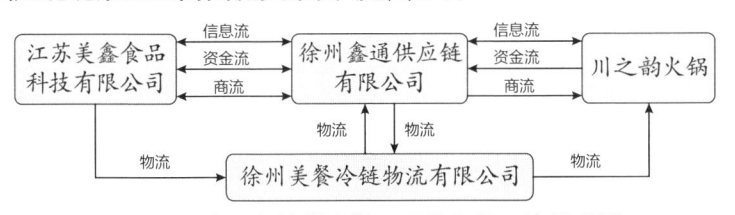

图8-8　鑫通餐饮供应链项目链条间4流关系图

8.2.3 供应链项目建设内容

供应链上建设的内容包括硬件方面的标准化设施设备与软件的信息平台与系统。具体内容如表8-2所示。

表8-2 供应链项目建设内容一览表

序号	建设内容		计划投资
1	标准设备设施	1. 标准设备设施的购买及租赁 带GSI码托盘的租赁；叉车、冷链车、扫描设备、包装设备、四码合一相关设备、货架等购买 2. 仓库的建设 仓库的设计与改建，按照国标要求改建仓库，促进智能化、信息化仓库的建设	957万元
2	信息化建设	1. 搭建统一系统平台 2. 完善OMS、WMS 3. 搭建TMS	638万元

8.2.4 供应链项目保障措施

1. 组织和人员保障

项目自2018年6月确定建设之日起，徐州鑫通供应链有限公司根据《财务部办公厅商务部办公厅关于开展2018年流通各领域现代供应链体系建设的通知》(财办建〔2018〕101号)及《市政府办公室关于印发〈徐州市流通流域现代供应链体系建设实施方案〉的通知》(徐政办发〔2018〕116号)的要求，组建以徐州鑫通供应链有限公司(以下简称：鑫通供应链)为链主企业，江苏美鑫食品科技有限公司(以下简称：江苏美鑫)及川之韵火锅(以下简称：川之韵)为协同企业，徐州美餐冷链物流有限公司(以下简称：美餐冷链)为第三方物流企业的链条建设。

链条确定后，经链条企业讨论决定，成立以链主企业负责人为项目负责人的工作领导小组，并明确工作领导小组名单及工作任务。

成立领导小组。领导小组组长由总经理担任，由总经理助理、财务经理担任副组长，小组成员由各部门领导组成。

2. 领导小组任务分配及工作协调

组长：负责鑫通餐饮供应链体系建设项目工作的总调度。

副组长：负责鑫通餐饮供应链供应链体系建设项目的执行。

创建组：负责鑫通餐饮供应链体系建设项目的宣传、组织、培训，及各项标准整理等工作。

执行组：负责鑫通餐饮供应链体系建设项目各相关环节的标准实施，推广应用，及时解决项目执行过程中出现的新问题，加强指导、检查，总结成熟经验，对新规范进行研究、实验、推广，协助创建组做好各岗位环节标准编写工作。

督查组：对项目全过程进行跟踪检查，及时纠偏。

3. 资金保障

1）资金投入

（1）投资额：

为了实现供应链链条上的核心企业、上下游企业等参与主体的多方共赢，信息流、物流、资金流的充分整合，帮助企业巩固并优化供应商等之间的战略关系，该供应链项目计划投入资金 1 595 万元，经第三方审计，公司确认在 2018 年 6 月—2020 年 6 月的时间周期内，符合供应链资金列支范围的款项共计 1 790.14 万元，占申报计划总投资的 112.23%。投资明细如表 8-3 所示。

表 8-3 供应链项目建设投资明细一览表

序号	项目名称	投资额/元	序号	项目名称	投资额/元
1	标准托盘租赁	1 425 847.39	9	绿色包装设备及包装	1 426 061.20
2	物流设施——货架	1 665 000.00	10	物流设施仓库地平改建	2 315 158.00
3	物流设施——叉车	549 392.85	11	智能终端扫描设备	1 808 960.00
4	物流设施——冷链车	1 800 000.00	12	供应链标准制度制定和推广	485 954.96
5	物流设施——托盘堆垛车	35 000.00	13	库房监控费用	315 596.00
6	物流设施——周转筐	41 440.00	14	信息系统平台	3 205 540.20
7	物流设施——洗地机	74 000.00	15	冷冻库建设	98 000.00
8	四码合一分拣线	2 655 406.77		合计	17 901 357.37

另外，2018年1—6月及2020年7—10月两段时间周期内，企业针对现代供应链项目投资额。按照该数据计算，企业2018年1月—2020年10月累计投资金额占申报计划投资总额的百分比。

(2) 项目拉动社会资本投入：

自项目成立以来，为了满足餐饮供应链建设，江苏美鑫对仓库、信息管理系统及标准设备（纸箱、货架）做出了一系列优化。截至今2020年6月，项目拉动社会资本投入共计1.47亿，社会资本明细如表8-4所示。

表8-4 江苏美鑫拉动社会资本投资明细表

序号	项目名称	企业申报资金投入/元	序号	项目名称	企业申报资金投入/元
1	冷库设备及安装服务费	98 000.00	13	污水站项目	2 613 263.64
2	冷却塔及安装服务费	72 000.00	14	监理费用	1 800 000.00
3	用电设备及安装	1 780 000.00	15	华夏智创装修费	3 060 000.00
4	排烟通风设备及安装	1 018 692.00	16	上海正目装修费	74 000.00
5	消防设备款	172 000.00	17	空调及安装	700 000.00
6	电缆、消防电柜及安装	455 000.00	18	基础设施费	1 740 300.45
7	土地款	9 090 000.00	19	人防费	371 044.32
8	土地税契税	272 700.00	20	工伤保险费	137 400.00
9	建筑主体土建工程	91 600 000.00	21	施工图审查费	109 025.88
10	五建室外工程项目	11 059 884.40	22	建筑物放线费	26 224.00
11	门窗工程	1 650 000.00	23	供应链项目投资非补贴金额（投资总额的60%）	16 186 512.13
12	能源管道安装工程	2 460 000.00		合计	146 546 046.82

2) 资金管理

徐州鑫通供应链有限公司在项目实施过程中严格按照《徐州市流通领域现代供应链体系建设专项资金管理办法》(徐财规〔2018〕5号)要求，针对项目投资款进行专款专用、专账管理，项目产生的购货发票、订购合同、银行流水及现场实物等均真实有效。

徐州市流通领域现代供应链体系建设试点项目相关发票明细表

序号	付款信息				发票信息							销售方	项目分类
	付款日期	凭证号	付款金额	合同总额	凭证日期	凭证号	发票日期	发票代码	发票号码	开票内容	开票金额		
1	2019-6-12 2019-9-6 2020-6-18 2020-6-23	32# 42# 321# 405#	1,163,847.39	1,163,847.39	2020-4-30 2020-6-30 2020-6-30	411# 554# 555#	2020-3-27 2020-6-23	3200192130 3200201130	33583094、33583093 33583095、33583092 33583096 03227037、03227036 03227035、03227034 03227033、03227032 03227031、03227030	信息技术服务+系统维护服务费 经营租赁+塑料托盘 信息技术服务+GS1码	1,163,847.39	江苏勋马物流有限公司	托盘租赁
2	2020-6-15	10	262,000.00	262,000.00	2020-6-30	4	2020-6-23	3200201130	03227038、03227039、03227040	*经营租赁*塑料托盘	262,000.00	江苏勋马物流有限公司	托盘租赁
3	2020-5-16 2020-6-18	153# 310#	1,080,000.00	1,200,000.00	2020-6-22	397#	2020-6-18	3200194130	24532973	仓储货架	1,200,000.00	南京欧姆工业设备有限公司	物流设备-货架
4	2018-12-19 2019-1-14	2#/1#	65,000.00	65,000.00	2019-4-3	4	2019-3-1	3200184130	04825367	货架	65,000.00	芳坤智能储存（宿迁）股份有限公司	物流设备-货架
5	2020-6-25	2020-6-30	400,000.00	400,000.00	2020-6-30	8	2020-6-23	3200192130	57848569、57848570 57848571、57848572 57848573	横梁货架	400,000.00	徐州建志建材有限公司	物流设备-货架
6	2020-5-21	227#	387,600.00	408,000.00	2020-6-24	535#	2020-6-24	3200201130	03058092、03058093 03058094、03058095	工业车辆-叉车（前移式叉车）	408,000.00	徐州思科赛物流设备有限公司	物流设备-叉车
7	2019-9-23	187#	4,000.00	4,000.00	2019-9-30	259	2019-9-26	3200191130	39278540	工业车辆*电子秤手动液压搬运车	4,000.00	徐州杭叉车销售有限公司	物流设备-叉车
8	2019-8-26	115#	82,000.00	82,000.00	2019-8-26	115#	2019-8-20	3200191130	38535148	工业车辆*2.5吨叉车	82,000.00	徐州杭叉车销售有限公司	物流设备-叉车
9	2019-10-25	213#	13,000.00	13,000.00	2019-10-25	213#	2019-10-26	3200191130	39957751	工业车辆*1.5吨叉车	13,000.00	徐州杭叉车销售有限公司	物流设备-叉车
10	2019-12-17	259#	13,000.00	13,000.00	2019-12-17	259#	2019-12-12	3200192130	33666214	1.5吨叉车	13,000.00	徐州杭叉车销售有限公司	物流设备-叉车
	2019-12-29	439	29,392.85	29,392.85	2019-12-29	439	2019-12-31	3200191130	40378965	工业车辆*2.5吨叉车	29,392.850	徐州市美鑫食品有限公司	物流设备-叉车
11	2020-6-19 2020-6-29 2020-7-10	2 8 1	1,800,000.00	1,800,000.00			2020-6-30	132002022362	00021489	冷链车	200,000.00	徐州龙宇汽车贸易有限公司	物流设备-冷藏车
12							2020-6-30	132002022362	00021490	冷链车	200,000.00	徐州龙宇汽车贸易有限公司	物流设备-冷藏车
13							2020-6-30	132002022362	00021491	冷链车	200,000.00	徐州龙宇汽车贸易有限公司	物流设备-冷藏车
14							2020-6-30	132002022362	00021492	冷链车	200,000.00	徐州龙宇汽车贸易有限公司	物流设备-冷藏车
15							2020-6-30	132002022362	0021493	冷链车	200,000.00	徐州龙宇汽车贸易有限公司	物流设备-冷藏车
16							2020-6-30	132002022362	0021494	冷链车	200,000.00	徐州龙宇汽车贸易有限公司	物流设备-冷藏车
17							2020-6-30	132002022362	0021495	冷链车	200,000.00	徐州龙宇汽车贸易有限公司	物流设备-冷藏车
18							2020-6-30	132002022362	00021496	冷链车	200,000.00	徐州龙宇汽车贸易有限公司	物流设备-冷藏车
19							2020-6-30	132002022362	00021497	冷链车	200,000.00	徐州龙宇汽车贸易有限公司	物流设备-冷藏车
20	2019-2-28	1	35,000.00	35,000.00	2019-4-30	3	2019-1-2	3200162160	14798894	托盘堆垛车	35,000.00	徐州乾拓机电设备有限公司	物流设备-托盘堆垛车
21	2018-12-21	3	28,800.00	28,800.00	2019-4-30	2	2019-1-10	1100182130	66080212	周转筐	28,800.00	北京顶晖机械设备有限公司	物流设备-周转筐
22	2020-4-10	113	12,640.00	12,640.00	2020-4-8	75	2020-4-7	032001900204	16270066、16270067	*塑料制品*塑料盒	12,640.00	徐州誉优商贸有限公司	物流设备-周转筐
23	2020-7-3	26#	36,000.00	36,000.00	2020-7-3	26#	2020-6-30	3200201130	03083557	*洗地机	36,000.00	徐州蓝洁威商贸有限公司	物流设备-洗地机
24	2019-8-2	15	38,000.00	38,000.00	2019-8-9	15	2019-8-2	3200191130	31229601	*机械设备*洗地机	38,000.00	南京格锐英环保社保有限公司	物流设备-洗地机
25	2019-9-2 2019-10-7 2019-12-5	3# 10# 52#	31,000.00	31,000.00	2019-12-29	433	2019-12-24	3100162130	01540683	贴标机31000	31,000.00	上海安宸包装机械有限公司	四码合一分拣线-贴标机
26	2019-9-18	146#	35,000.00	35,000.00	2019-9-30	262	2019-9-20	3100192130	26917935	彩色标签打印机	35,000.00	上海洪勉数码科技有限公司	四码合一分拣线-彩色标签打印机
27	2019-09-04	19	3,095.00	3,095.00	2019-09-04	19	2019-8-15	3200191130	08831737	*其他机械设备*手持喷码机 *包装设备*墨盒	3,095.00	徐州百年标识设备有限公司	四码合一分拣线-喷码机及耗材
28	2019-09-11	68	22,800.00	22,800.00	2019-09-11	68	2019-10-1 2019-09-04	3200184130	71158016、71157998	*其他机械设备*手持喷码机	22,800.00	徐州仟业万青包装机械有限公司	四码合一分拣线-喷码机及耗材
29	2019-10-09	33	14,000.00	14,000.00	2019-10-09	33	2019-9-4	3200184130	71157997	*其他机械设备*定制输送线	14,000.00	徐州仟业万青包装机械有限公司	四码合一分拣线-喷码机及耗材
30	2019-10-16	125	7,800.00	7,800.00	2019-10-16	125	2019-10-17	4200192130	12696840	*墨水*墨水 *油墨*稀释剂	7,800.00	韬德杰标识科技武汉有限公司	四码合一分拣线-喷码机及耗材
31	2019-11-11	95	33,600.00	33,600.00	2019-11-11	95	2019-11-16	4200192130	07082729	*墨水*墨水 *油墨*稀释剂	33,600.00	韬德杰标识科技武汉有限公司	四码合一分拣线-喷码机及耗材

第 1 页，共 5 页

图 8-9　鑫通餐饮供应链项目相关发票明细图

4. 制度保障

现代供应链项目具备完善的制度保障，其中主要制度及制度简介如下。

项目资金管理制度：为加强项目专项资金的管理，合理、有效、规范使用专项资金，根据国家有关专项资金使用管理办法的规定，结合实际情况，制定本办法。

指标统计制度：为了有效、科学地开展统计工作，保证统计资料的准确性、全面性与报送的及时性，发挥统计工作在项目进行过程中的重要作用，结合本公司具体情况，特制定本制度。

入库验收：为统一、优化验收方法，查明入库数量，确保入库产品质量，明确货物交接双方的责任，特制定本细则。

运输管理制度：在食品运输过程中，规范搬运、保护和交付等活动，以防止影响产品的质量，保证运输的安全。

8.2.5 "五统一"手段实施情况

1. 统一标准体系

链条企业实现与供应链一体化、协同化发展相关的设备设施"硬"标准及流程服务"软"标准的构建。

"硬"标准主要包含带 GS1 码标准托盘、标准周转筐、标准车辆、标准货架的匹配设计、包装箱的匹配设计及叉车的使用等。

在项目建设过程中，上下游企业设备设施均由原来的非标准逐步更换为现在的标准设备设施，加强了企业之间工作效率的提升；促进了 GS1 码标准托盘、标准周转筐的循环使用；提高了运输效率、降低了运输成本。

除上述针对统一标准体系中关于"硬"标准的阐述外，"软"标准主要体现在对于项目建设过程中信息管理、运作流程及管理服务的构建方面，包括制定体系化制度、制定普适性和特殊性的制度体系。

上下游企业按照标准体系进项作业，很大程度上提高了订货生产的准确性，增强了企业之间的黏性，保证了操作的标准化与安全化，保障了食品安全。

图 8-10　项目建设硬件投资实物图

企业制定统一的标准体系，实现了对仓储、库存、运输、品质及采购等多个环节的规范管理，对各个环节严格管控。上下游企业统一"软"标准体系，实现了产品质量的提高，实现了降本增效，从而提高企业的经济效益。

2. 统一物流服务

链条企业选用的冷链物流服务公司为徐州美餐冷链物流有限公司，此公司为上下游提供统一的物流服务，统一的资源调配，实现了统仓统配。

企业选用内廓为 2 050 mm 的标准冷链智能车辆，控制运输品的运输时间及运输温度，最大程度保证运输品的质量及食品安全。

系统实时监控车辆位置、车厢温度、运行故障、车厢湿度等关键数据，以实现车辆的智能化管理。

3. 统一采购管理

鑫通供应链对供货商商品从收获到加工到配送全流程如图 8-11 所示。

订单 → 汇总订单 → 平台发布订单 → 供应商备货 → 中央厨房收货 → 中央厨房加工 → 整托/整筐发货、运输 → 门店整托/整筐收货

图 8-11　鑫通供应链配送全流程图

下游企业"川之韵"将历史营业数据结合现实运营情况，通过计划生产向上游企业"鑫通供应链"集中下单。

上游企业"江苏美鑫"通过订单量分析向链主企业"鑫通供应链"进行部分原材料的采购。

链主企业"鑫通供应链"将订单进行系统的分类汇总，统一向上游企业进行订单采购。

统一的采购管理有效实现了计划性、协同性和系统性，最大程度降低企业库存，降低采购成本，也最大限度地保持食品新鲜及安全。

4. 统一信息采集

供应链上下游企业及物流使用统一的 GS1 编码格式和信息采集，实现全链条的信息数据有效传输和共享。

四码合一的实现主要通过对袋、箱、托、货位进行编码并实现码与码之间的绑定。其中，通过对不同的产品赋予不同的编码规则，生成属于该产品的唯一产品码，产品码主要展示产品名称、产品规格等基础信息；箱码则通过生产线此批次生产何种产品进行提前编制，产品装箱完成后进行箱的喷码，以赋予该箱产品信息，实现箱码与产品码的绑定；产品装箱完毕后，通过传送带及机械手臂进行产品码垛，过程中通过信息扫描读取该托盘上的箱码信息及产品数量，通过扫描托盘码赋予托盘信息，实现箱码与托盘码的绑定；码垛完成后，通过 PDA 扫描托盘码进行产品入库，在扫描过程中，系统可随机分配货位或人工选择货位，实现托盘码与货位码的绑定。

江苏美鑫通过对四码合一的实现，可通过手持 PDA 实现产品快速出入库。产品入库时，通过手持 PDA 扫描托盘码可获取产品信息、产品数量并匹配对应的货位码；产品出库时，通过手持 PDA 扫描出库单二维码再扫描待出库区对应的产品托盘码，并在出库时选择对应的运输车辆，可快速实现产品出库并实现托盘码与车辆的绑定。

鑫通供应链通过对产品进行编码，可在产品出库时通过手持无限扫描枪实现产品快速出库，同时仓储系统自动对相应库存量进行更改。

5. 统一系统平台

供应链上下游企业的采购、仓储及销售、物流等信息实现对接，打通信息流，实现信息平台的打通，实现信息共享。主要包含 K3cloud 销售订单信息、K3cloud 采购入库单信息、奥琦玮供应链订单信息、奥琦玮供应链采购入库单信息、TMS（车辆系统）信息以及奥琦玮与 K3Cloud 单据自动转换的实现。

1）界面框架（见图 8-12）

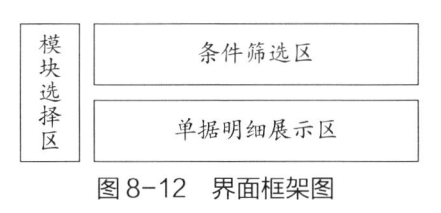

图 8-12　界面框架图

2）信息平台搭建逻辑（见图 8-13~图 8-16）

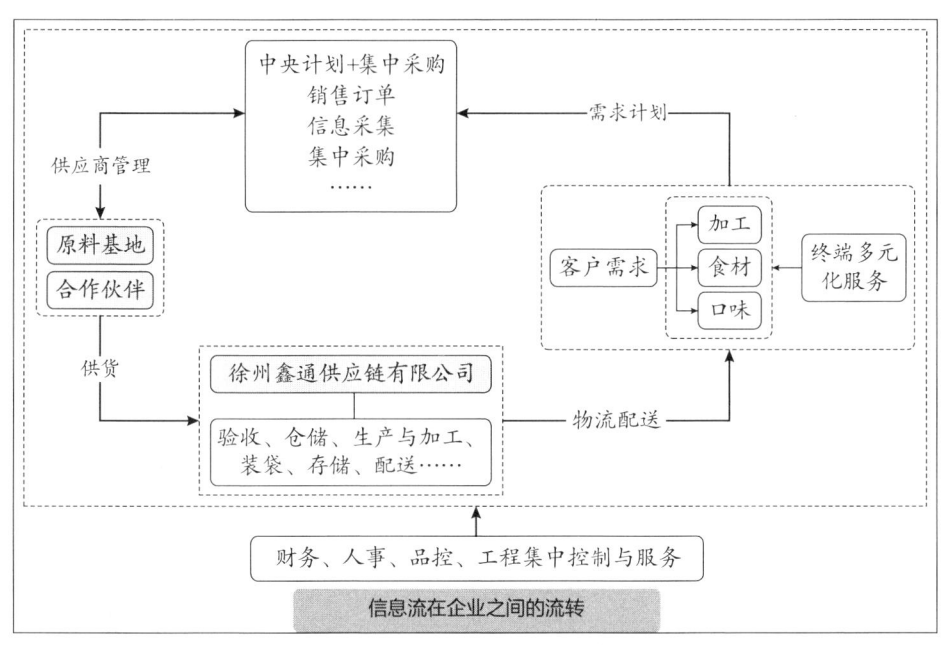

图 8-13　信息在企业之间传递图

徐州市流通领域现代供应链体系建设研究

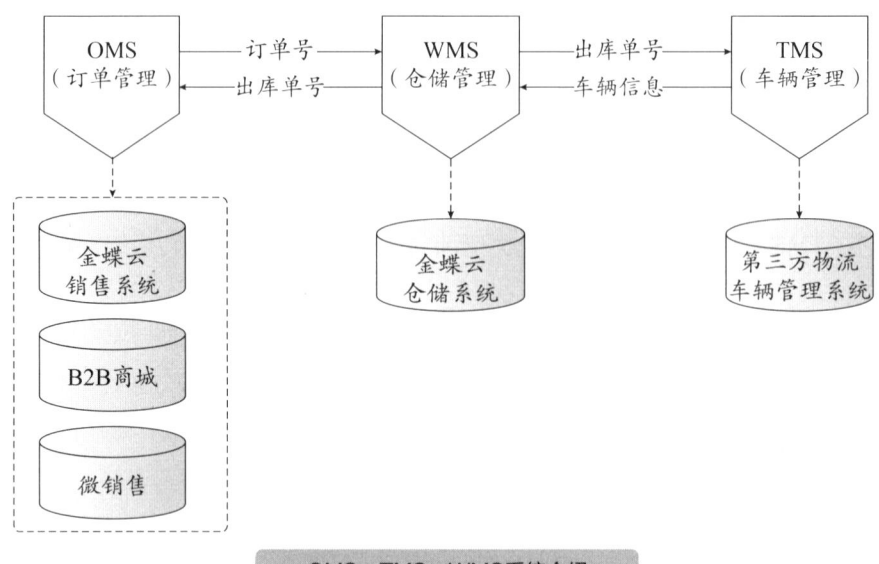

图 8-14　OMS、WMS、TMS 系统图

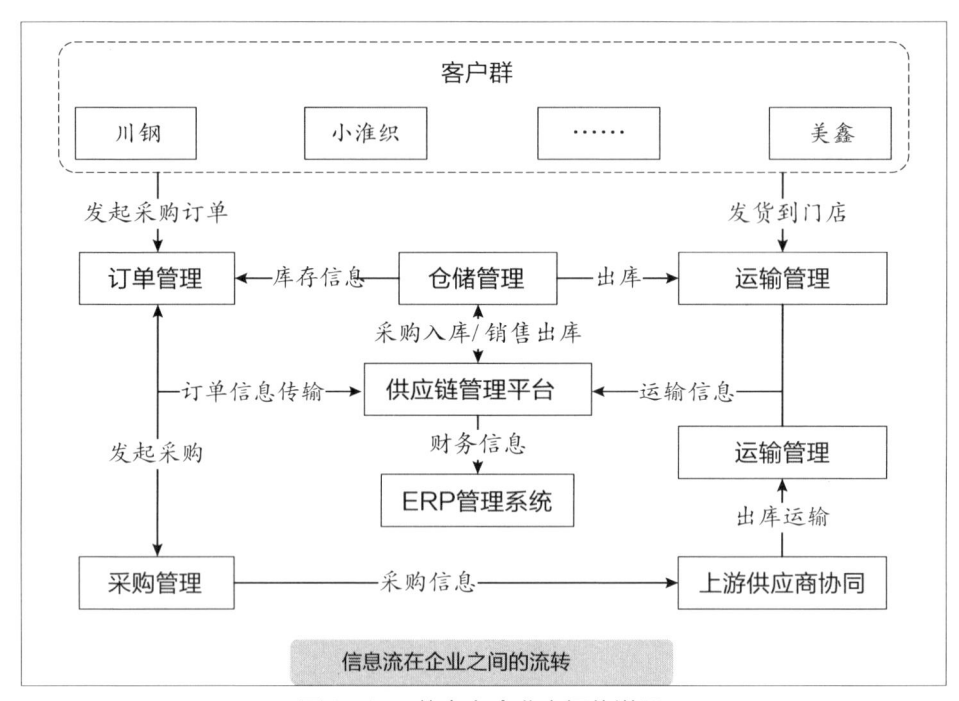

图 8-15　信息在企业之间传递图

3) 网站使用说明

(1) 登录网站，见图 8-16。

说明：只有授权用户方可以使用本系统。

(2) 选择模块，见图 8-17。

说明：点击相应的功能菜单进入相应模块。

图 8-16　登录网站页面图　　图 8-17　现代供应链信息平台页面图

(3) 自主查询，见图 8-18。

说明：填入或选择筛选条件后，点击"查询"按钮，获取相关查询信息。

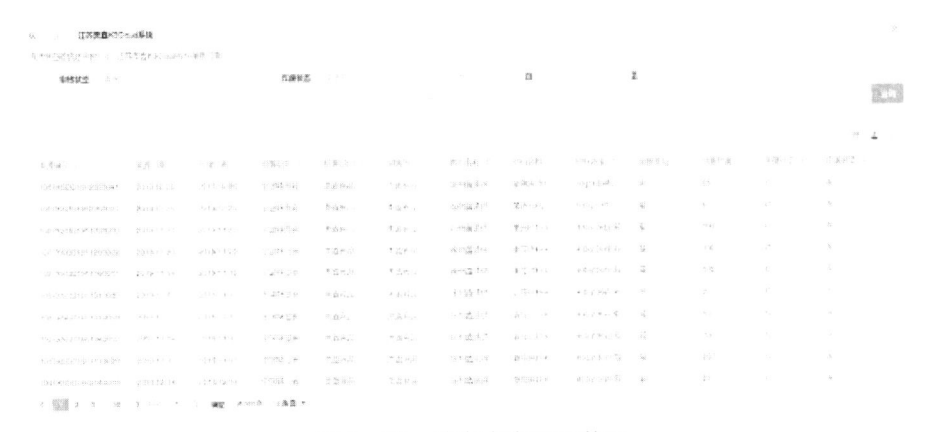

图 8-18　信息查询页面截图

(4) 现代供应链信息化系统展示集成多方平台登录 URL 实现可统一网页直接访问，见图 8-19。

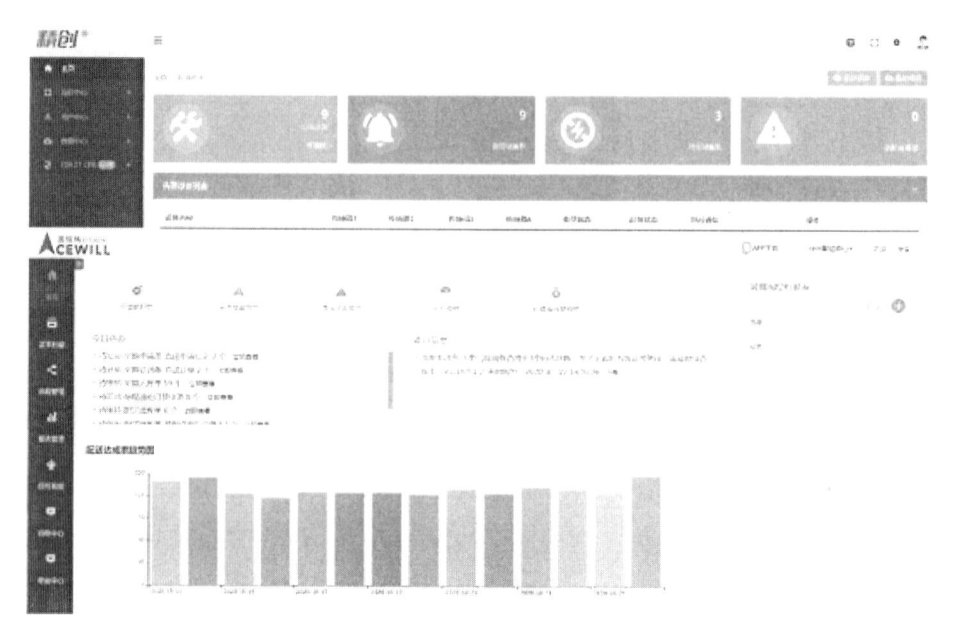

图 8-19　集成多方平台登录 URL 页面截图

（5）上下游企业单据通过共享平台查看检索，实现跨系统单据信息流共享。

（6）单据信息流转。

根据各系统物流单据绑定的 GS1 码上传至勋马托盘信息平台查看托盘流转信息，信息共享平台为整体业务单据的展示，如图 8-20 所示。

图 8-20　跨系统单据信息流共享平台查看检索截图

GS1 上传数据库截图如图 8-21 所示。

第8章　徐州市流通领域现代供应链体系建设的优秀案例

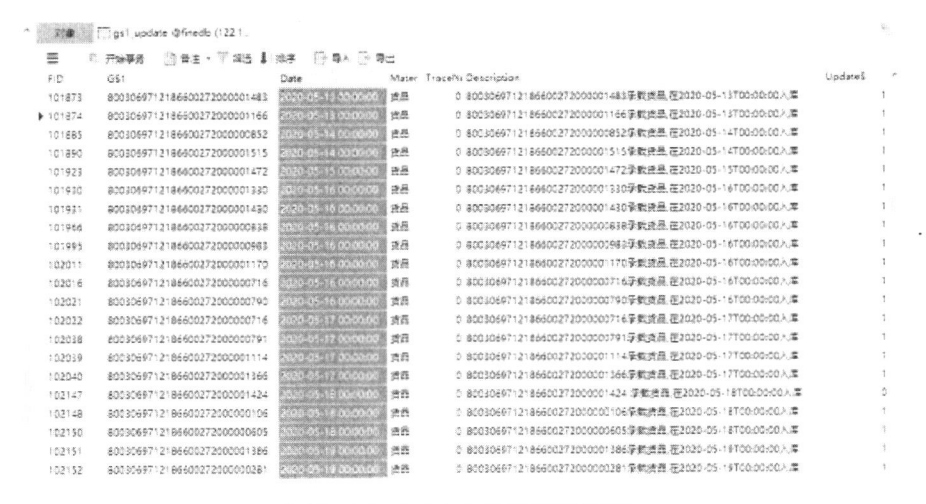

图 8-21　GS1 上传数据库截图

GS1 上传信息界面截图如图 8-22 所示。

图 8-22　GS1 上传信息界面截图

勋马官方查询托盘流转信息如图 8-23 所示。

图 8-23　勋马官方查询托盘流转信息截图

8.2.6 "四化"目标完成情况

项目自确定之日起就准时启动，期间方向不断明确、工作不断细化，严格按照项目精神，贯彻落实标准化、智能化、协同化、绿色化的四化目标。

1. 标准化

通过"五统一"手段中统一标准体系的运用，使带 GS1 码标准托盘、标准货架、标准车辆等相关配套设施设备适应性、衔接性得到改善，改善物流作业流程、商业交接流程、服务流程标准化，实现物流单元标准化率达到 97%、单元化物流占供应链物流比例较试点前提高 53%、在线托盘保有量及托盘运行率达到 98%、装卸货效率提升 5.52 倍。

2. 智能化

通过"五统一"手段中统一信息平台的搭建，以信息技术为支撑，打造具有自动化、智能化、可视化、网络化特征的智慧供应链信息平台，实现供应链重点用户系统数据对接畅通率达到 99.02%。

3. 协同化

通过"五统一"手段的运用，实现链主企业及协同企业高效对接，通过信息系统的高效集成，实现数据共享，实现平均库存周转率同比提高 63%，供应链综合成本降低 29.87%，订单服务满意度达到 93.1%，重点供应商产品质量合格率达到 97.06%。

4. 绿色化

通过节能型仓储设施设备，基于供应链的绿色采购、绿色制造、绿色流通，以供应链流程优化和再造，降低对环境的不良影响，提高资源利用率。企业绿色化重点体现在绿色标准仓库的建设、带 GS1 码标准托盘的循环使用、标准周转筐的循环使用，以及降低成本与社会资源消耗的包装物的更换、使用无纺布替代塑料袋等生产物料的更换等方面。

8.2.7 创新特色

（1）现代供应链信息化系统展示集成多方平台登录 URL，实现统一网页直接访问。上下游企业单据通过共享平台查看、检索,实现跨系统单据信息流共享。

(2) 通过"五统一"手段中统一标准体系的运用,使相关配套设施设备适应性、衔接性得到改善,物流单元标准化率、装卸货效率等显著提升;以信息技术为支撑,打造具有自动化、智能化、可视化、网络化特征的智慧供应链信息平台,重点用户系统数据对接畅通率不断提高;链主企业与协同企业进行高效对接,通过信息系统的高效集成,实现数据共享,平均库存周转率、供应链综合成本、订单服务满意度及重点供应商产品质量合格率均不断攀升;通过使用节能型仓储设施设备,以供应链流程优化和再造降低对环境的影响,提高资源利用率,有效降低了成本与社会资源的消耗,推动绿色标准仓库的建设。

8.2.8 项目取得成效示范推广和带动作用

从项目链条搭建开始,为了实现项目完成后达到降本增效的目的,提升企业供应链能力,提升企业的竞争力,企业思考了很多问题——链条应选择哪些企业进行搭建?企业需要具备什么资质?企业间的任务如何分配?哪家企业能够将某项任务完成得更好?

完整的供应链链条搭建必须具备上游供应商与下游客户,以及具有符合企业运输要求的第三方物流单位,通过统一的系统平台,提高企业运作效率和竞争力,最终实现整条"链"降本增效的目的。

通过推进"链"上企业"四化""五统一",重点围绕供应链"四化"(标准化、智能化、协同化和绿色化),以"五统一"(统一标准体系、统一物流服务、统一采购管理、统一信息采集及统一系统平台)为主要手段,充分发挥"链主"企业的引导辐射作用,加快推动供应链各主体各环节设备设施衔接、数据交互顺畅、资源协同共享,实现供应链提质增效降本。

1. 链主企业的选择

根据餐饮供应链的特点,链主企业的选择需能够衔接上游供货商且能够直接接触餐饮门店,所以供应链公司成为最好的链主选择。它能够很好地作为统一采购的主体，能够根据一线顾客的信息反馈，及时有效地调整生产、采购、物流等商业行为。

2. "软""硬"件标准化的应用

（1）协助链主企业大客户制定标准化文件，可复制给同行企业。（2）统一上下游产品包装尺寸、带GS1码标准托盘、标准周转框、标准货架、标准叉车及标准运输车辆等一系列设备设施，能够有效促进部分设备设施在企业之间的流转，提高装卸货效率，降低装卸货成本，优化供应链作业流程。

3. 信息化

打通信息系统平台，对整条"链"上企业的系统平台，通过信息技术手段，开发系统接口，实现信息流的畅通。信息流的畅通，则可以通过系统平台查询链条企业的供应链数据运行，保证商品流、物流及车辆等信息流的畅通。

4. 绿色化

（1）构建或打造绿色仓库，确认"绿色仓库"的构建单位，避免重复建设，实现"链"上企业的利益最大化。

（2）链条企业江苏美鑫代链主鑫通供应链代发下游客户商品，减少转运成本及运输可能产生的货损。

5. 统筹规划更高效地运转

供应链系统管理通过信息流、物流、资金流的充分整合，朝着信息化、数字化、精细化、高速化和自动化的方向发展，帮助企业巩固并优化供应商等之间的战略关系，实现多方共赢。

8.3 快消品供应链体系建设项目案例——徐州库派同程物流有限公司

8.3.1 供应链链条企业介绍

徐州库派同程物流有限公司成立于2016年11月，注册资金1 000万元，现有员工120余人，到目前已经5个年头。公司创立之初，落户在经济开发区，只能提供简单的仓储服务和配送服务，虽具备统仓统配和城市共同配送的功能，但规模偏小、条件受限、作业成效难以满足客户需求。该企业对物流标准化缺乏系统性概念，只是跟随行业内优秀企业，购置了部分 1 200 mm×1 000 mm 托盘与相关设施设备，但未形成标准化的物流作业与管理体系。

2017 年，该公司通过参与物流标准化项目，在实践中提高了对物流标准化的认识，对公司的提升发展有了新的信心；通过参加项目，全面学习了物流标准化知识，完成了标准托盘及相关设施设备的改造，建立了企业标准体系，大大提高了仓储物流作业效率，成为受益极大的企业。

该公司注重建立紧密的上下游供应链关系，参与供应链体系建设，又为公司在提供快消品商贸流通活动中带来新的发展机遇，有了新的目标。扩大了仓储面积，升级了仓储环境，增加设施设备的投资，优化完善信息平台，为推动公司今后更快更好地发展打下了坚实的基础。

目前，公司现有高标立体仓库 20 000 余 m^2，托盘货位近 23 000 个，自有配送车辆 50 余辆，GS1 编码标准托盘（1 200 mm×1 000 mm）20 000 余片，标准周转箱（400 mm×600 mm）1 000 个，电动叉车、前移式叉车、搬运车等 30 余台，自主研发并上线运营的供应链管理平台系统，集 WMS（仓储管理系统）、OMS（订单管理系统）和 TMS（运输管理系统）三大系统于一体，可为上下游企业提供统一的供应链管理服务。

目前上游企业包含本地商贸流通企业、快消品生产企业等，如徐州天丰粮油有限公司、徐州永捷商贸发展有限责任公司、南京老山药业股份有限公司、中盐上海市盐业有限公司及徐州诚厚商贸有限公司等。下游企业包含商场超市、连锁便利、农贸集市及餐饮店等近万家终端。例如大润发超市、家乐福超市、悦客连锁便利店及苏果便利店等。2019 年公司配送商品货值 3 亿余元。

借助供应链体系建设成效带来的利好优势，公司将在实践中提高了认识，在实践和认识的交互过程中不断前行，目前致力于成为物流服务最好，企业标准化程度最高，上下游集成度最紧密，运作成本和运作效率最受欢迎的仓配服务企业。

8.3.2 供应链基本情况

1. 企业目前运营的供应链模型（见图 8-24）

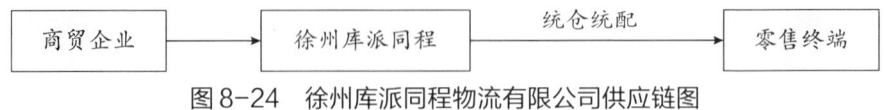

商贸企业 → 徐州库派同程 —统仓统配→ 零售终端

图 8-24　徐州库派同程物流有限公司供应链图

商贸企业：40 余家。

零售终端：12 000 余户。

2. 供应链结构模型（见图 8-25）

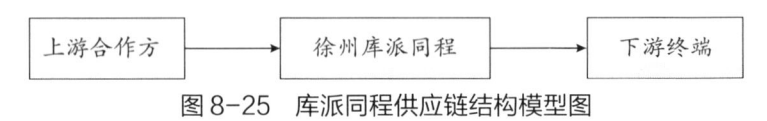

上游合作方 → 徐州库派同程 → 下游终端

图 8-25　库派同程供应链结构模型图

仓储物流服务商：库派同程

3. 企业供应链具体链条（见图 8-26）

徐州天丰粮油有限公司（上游合作方）→ 徐州库派同程 → 徐州悦客企业管理有限公司（下游终端）

图 8-26　库派同程供应链项目打造的供应链结构模型图

仓储物流服务商：徐州市库派同程物流有限公司

4. 供应链链条企业间四流关系图（见图 8-27）

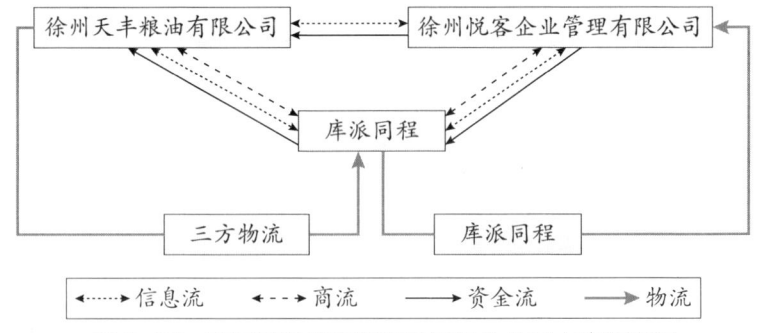

图 8-27　库派同程供应链项目链条企业间 4 流关系图

8.3.3 供应链项目建设内容

项目计划总投资 2 119 万元，主要建设内容如下。

1. 标准托盘的租赁使用及其配套设施设备的升级改造

(1) 租赁标准托盘 20 000 个。

(2) 购置标准化运输车辆(含冷藏车辆)10 辆。

为快消品供应链上下游企业提供标准托盘（1 200 mm×1 000 mm）的租赁、交换、循环公用服务；充分发挥供应链服务商的一体化管理作用，在供应链上下游企业间开展带托运输与共同配送，标准托盘使用率提升至 100%，促进供应链上下游企业之间作业一贯化。

2. 配送中心设施设备的升级改造

(1) 新增重型横梁式货架仓库 15 000 m²，储存单元尺寸为 1 200 mm×1 000 mm 的标准托盘。

(2) 叉车购置：电动前移式叉车 5 台、电动托盘搬运车 15 台、电动平衡重叉车 6 台。

通过完善仓储设施设备，为供应链上下游企业之间商品存储、运输、装卸及搬运提供基础保障，提高仓库的利用率，降低商品损耗，提高绿色仓库比率。

3. 供应链管理系统开发与升级

(1) 仓储管理系统（WMS）、运输管理系统（TMS）及进销存管理系统（ERP）等新功能开发与升级。

(2) 供应链信息数据完善，平台接口优化。

完善托盘 GS1 编码赋码工作；完善商品条码、箱码及物流单元代码，将托盘、周转箱由包装单元转化为数据单元和数据节点，促进供应链和平台相关方信息数据传输交互顺畅；通过平台数据的分析，为供应链上下游企业提供生产、流通及销售管理等环节的决策帮助；充分发挥智能化供应链的作用，促进快消品供应链降本增效，满足不同商品、不同用户的需求和服务体验。

8.3.4 供应链项目保障措施

1. 组织和人员保障

1) 成立领导小组

链主企业联合3家协作企业共同研究项目推进工作，成立项目实施领导小组，明确责任分工，细化目标任务，建立项目顺利推进的协调机制，明确项目建设的工作思路、建设内容和保障措施等。领导小组由链主企业总经理担任组长，负责快消品供应链体系建设项目工作的总调度；由协同企业徐州天丰粮油有限公司、徐州永捷商贸发展有限责任公司及徐州悦客企业管理有限公司的负责人及链主企业项目负责人担任副组长，负责快消品供应链体系建设项目的执行；由链主企业相关人员担任组员，负责快消品供应链体系建设项目的宣传、组织及培训等，以及各项标准的整理。

2) 建立推进协调机制

为确保快消品供应链项目有序推进，按照领导小组意见要求，项目建设过程中，建设了推进项目建设的协调机制，包含会议协调机制等。

2. 资金保障

1) 项目投资完成情况

项目计划投资2 119万元，实际完成投资1 850万元，占计划投资金额的87.3%，项目带动社会资本投资1.35亿元，为政府财政补贴的18.2倍。具体投资明细如表8-5所示。

表8-5 库派同程供应链项目投资情况一览表

品名	规格型号	单位	盘点数量	金额/元
福田欧马可S1冷藏车	BJ5048XLC-FE	辆	2	318 258.62
福田欧马可S3冷藏车	BJ5048XLC-FE	辆	5	821 814.15
福田欧马可S5厢货	BJ5286XXY-A1	辆	2	391 858.40
监控设备		套	4	119 350
移动式登车桥	HL-YD-10T	台	1	20 880
林德叉车	E16P	台	4	528 000

续表

品名	规格型号	单位	盘点数量	金额/元
林德叉车	T20PHP	台	4	140 000
林德叉车	R14S	台	2	370 000
托盘搬运车	MT15C	台	2	12 576
冷库		套	1	58 000
粘扣绑带	10CM*5.2M	条	19 000	190 400
重型横梁式货架		套	1	3 690 000
穿梭式密集货架		套	1	4 500 000
软件系统		套	1	2 000 000
永恒力叉车	ETV114n	台	3	480 000
永恒力叉车	EFG216n	台	2	240 000
永恒力叉车	EJR120n	台	10	300 000
永恒力叉车	PTE1.5	台	11	80 000
大数据显示屏	P2.5	套	1	125 686
G7车辆定位系统	Smart1c	套	41	28 659
托盘租赁费	1 200 mm×1 000 mm			4 088 000
合计				18 503 482.17
带动投资情况				
普洛斯A1库	17 243 m²	m²		135 000 000

2）资金使用管理情况

项目建设过程中，资金的使用严格按照《专项资金管理办法》执行，专款专用、专账管理；保证每一笔投资都做到购货发票、采购合同、银行流水、现场实物绝对统一。

3. 制度保障

1）专项资金管理制度

在领导小组领导下，制定了《徐州市库派同程快消品供应链体系建设项目专项资金管理制度》，明确了项目建设过程中的列支范围，对项目过程中的资金使用进行全程监管，保障资金规范使用，实行专账管理，确保账务清晰，数据真实可靠。

2）指标统计制度

根据项目建设需要，领导小组经研究，共同参与制定了《徐州市库派同程快消品供应链指标统计制度》，明确了统计指标范围、指标计算方法，统计指标包含 GS1 编码标准托盘标准化率、在线运行率、装卸工时效率、重点供应商产品质量合格率、平均库存周转率、平台系统数据畅通率、单元化物流占比、供应链综合成本及订单服务满意度等；多维度、全方面统计和分析快消品供应链体系建设过程中的重要数据，以确保项目建设有计划性、有目的性、有序地开展。

3）健全审批制度

建立健全项目审批制度、备案制度，包含政府审批、董事会审批等；审批文件归档管理。

4）监察制度

领导组对项目过程进行不定期检查，及时督促项目执行，对项目预期进行跟踪、纠偏。定期对项目进度资料进行整理归档，并按时报送至市商务主管部门。

5）绩效考核制度

为了保证项目按时间节点准时完成，对项目过程各岗位、各环节制定绩效考核机制，每月进行考核。严格按照实施方案进度表完成各项工作。

8.3.5 "五统一"手段实施情况

注重发挥供应链服务商的一体化管理作用，以统仓统配为切入点，推进快消品供应链体系建设，推广使用标准化物流设施设备，优化和完善供应链协同平台，实现上下游企业间的商流、物流、信息流及资金流高效协同，确保供需对接、集中采购、库存共享、支付结算及物流配送等模块高效运行，提高快消品供应链自动补货、即时配送和资源共享能力，协助供应链上下游企业优化生产、加快周转、精准销售、品质控制、决策管理等，实现快消品供应链提质增效降本。"五统一"手段具体包括如下几点举措。

1. 统一标准体系

通过供应链上下游企业的协同和配合，统一了托盘尺寸标准：全链条使用 GS1 编码标准托盘（1 200 mm×1 000 mm）；统一了装卸标准、收货验收标准及异常处理标准；统一了叉车选型标准；统一了配送车辆选型标准：配送车辆使用内径尺寸 4 200 mm×2 050 mm 装配液压尾板的厢式货车；形成了完整的标准体系，包含：基础标准、技术标准、管理及服务标准、作业标准等；

2. 统一物流服务

作为供应链服务商，为上下游企业提供统一的物流服务，包含运输、仓储及装卸等，实现了作业一贯化，大大提高了物流效率。

3. 统一采购管理

通过系统平台的打通以及 OMS 订单管理系统的应用，上下游的库存数据、销售数据实时互通，为上下游企业分析数据提供了基础数据支撑，帮助企业准确、及时地完成采购订单，实现了上下游企业间采购的统一管理；实现了零售终端自动补货，根据缺货数量，自动生成采购订单。

4. 统一数据采集

通过信息系统的打通以及 GS1 编码托盘的使用，完成了与商务系统的接口对接，实现"四码合一"，完成数据的实时抓取，全过程记录和监管商品的流转，统一信息采集。

5. 统一系统平台

企业自主研发的智慧供应链管理平台，已经全部应用于供应链上下游企业，涵盖了 OMS 订单管理系统、WMS 仓储管理系统、TMS 运输管理系统，以及财务系统和大数据平台，实现平台的统一，供应链上下游企业间办公高效协同。

8.3.6 "四化"目标完成情况

通过"五统一"手段举措的实行，"四化"目标实现程度如下。

1. 标准化

供应链全链条均使用 1 200 mm×1 000 mm 的标准 GS1 编码托盘，以及与标准托盘匹配的物流设施设备，全面实现设施设备的标准化；通过上下游企业的协同与配合，共同编制《快消品供应链标准体系》，包含：服务标准、技术标准、作业标准等。

2. 智能化

通过系统平台的统一，使供应链作业全过程智能高效，实现高效拣选、智能调度、效期预警、库存监管及大数据分析等功能；通过对物流设施设备的改造，实现物流作业的智能化，包含尾板车辆的使用、穿梭式密集存储的运行、智能叉车的使用，等等。

3. 协同化

通过系统平台的统一与供应链标准体系的应用，使供应链上下游企业间订单处理高效协同、物流作业高效协同、商品交接与异常处理高效协同。

4. 绿色化

通过开展带板运输，降低了商品损耗；通过密集存储货架的使用，提高仓库利用率；通过开展共同配送，减少了物流车辆进城，减少了城市污染与道路拥堵等，都体现了供应链的绿色化。

8.3.7 创新特色

（1）快消品现代供应链体系信息化系统集成供应链上下关联企业信息平台供应链链条上信息的无缝对接。上下游企业单据通过共享平台查看、检索，实现跨系统单据的信息流共享。

（2）通过对"五统一"手段中统一标准体系的运用，使相关配套设施设备的适应性、衔接性得到改善，物流单元标准化率、装卸货效率等显著提升；以信息技术为支撑，打造具有自动化、智能化、可视化及网络化特征的智慧供应链信息平台，重点用户系统数据对接畅通率不断提高；链主企业及协同企业进行高效对接，通过信息系统的高效集成，实现数据共享，供应链综合成本稳步降低，平均库存周转率、订单服务满意度及重点供应商产品质量合格率均不断攀升。

（3）通过使用智能型、节能型仓储设施设备，对供应链流程进行优化和再造，降低对环境的影响，提高资源利用率，有效降低了成本与社会资源的消耗，推动绿色标准仓库的建设。

8.3.8 项目取得成效示范推广和带动作用

通过快消品供应链体系建设项目，供应链上下游企业间高度协同，物流设施设备的配置及管理科学规范，按需定制、按需分配；供应链管理平台的使用，使得数据交互顺畅，信息流、商流、物流高效协同，资源共享；通过供应链上下游企业间的共同努力与高效协同，物流作业实现了单元化、一贯化，商品流通环节紧密高效；经过两年的项目建设，快消品供应链全链条的运行达到了规范、高效的目的，上下游企业受益匪浅。

1. 社会效益与和经济效益

通过快消品供应链体系的建设，解决了快消品供应链信息不畅通，数据采集不完善，物流服务标准不统一等问题，实现了上下游企业间的商流、物流、信息流及资金流高效协同，大大提高了快消品流通效率，降低了供应链综合成本。统仓统配模式的赋能，帮助上游企业减少了固定资产投入，免去了自营仓配的风险，同时也节省出更多的时间和精力，用于市场的开拓，更好地把销售业务做大做强；也帮助下游零售终端解决了采购和收货难题，商品配送准确及时、账目清晰，大大提高了工作效率；共同配送模式减少了物流车辆进城数量，降低了城市道路拥堵和尾气排放，为城市环境做出了贡献。

通过规范化的运营与上下游企业的协同协作，提升了供应链的协同效率。在2020年初，该企业作为疫情期间生活物资保供企业，为社会和人民做出了其微薄的贡献，也受到了市委市政府的关怀和关心。

快消品供应链体系项目的建设，为供应链上下游企业带来了巨大的经济效益。2019年，重点供应商配送货值为5.2亿元，仓储物流成本从5%降低至

3.5%，直接降低运营成本近800万元。同时减少了上下游企业固定资产投资约2 000万元，提高了资金利用率。为供应链上下游企业增收降本，做出了巨大的贡献。

2. 项目建设模式经验

快消品是关系国计民生的最基本的生活物资，在每个城市、任何时间都是必不可少的。服务于快消品行业的仓储物流，作为社会基础设施，也是不可或缺的组成部分。徐州库派同程物流有限公司以统仓统配为切入点，重塑快消品供应链体系的模式，正在许多城市应运而生。通过快消品供应链体系建设项目的试点，该企业形成了一套标准化的作业流程、服务规范、设施设备应用标准等标准体系，适用于各个城市的快消品供应链体系建设，具有成熟的可推广经验。

快消品供应链体系建设，通过链条架构的重组，减少了商品流通环节，提高了商品流通效率，降低了供应链综合成本；通过标准化设施设备的应用与统一的物流服务，使得商品破损率大大降低、装卸配送效率大大提升；通过供应链管理平台的统一，供应链上下游企业间的沟通成本减少，运营效率提升，体现了供应链上下游企业间的高效协同。以统仓统配模式赋能的快消品供应链体系建设，减少了仓库、车辆、相关设施设备的使用数量，提高了仓库的利用率、车辆的满载率及作业人员的单位能效，减少了城市道路的拥堵、尾气的排放等，充分体现了快消品供应链体系的智能化与绿色化。

项目建设过程中，多次有相关企业前来学习交流，其中以临沂交运集团为代表，该企业成功地把徐州库派同程物流有限公司的经验模式运用到其城市的快消品供应链体系建设。统仓统配模式下的快消品供应链体系建设，是值得每个城市学习借鉴和推广的样板。

8.4 流通领域现代供应链建设案例——江苏百盛润家商贸有限公司

8.4.1 供应链链条企业介绍

江苏百盛润家商贸有限公司成立于2001年5月19日，注册资本2 000万元，主要从事零售商业。公司于2009年8月27日注册了"百盛润家"品牌，旗下共拥有不同业态的连锁超市30家，拥有大型购物中心及高标准物流配送中心。根据企业经营发展需要，公司于2018年4月16日将"睢宁县百盛商贸有限责任公司"更名为"江苏百盛润家商贸有限公司"。

近二十多年来，公司以客户满意度、高商品品质、优惠合理的销售价格、充满温馨的亲情服务和舒适高雅的购物环境，深受社会各界和广大消费者的青睐。尤其是该公司设立的"顾客投诉奖"和"不满意就退货"的售后服务举措，成为该地区以顾客满意度为宗旨的引领者和倡领者。

8.4.2 供应链基本情况

1. 企业目前运营的供应链模型（见图8-28）

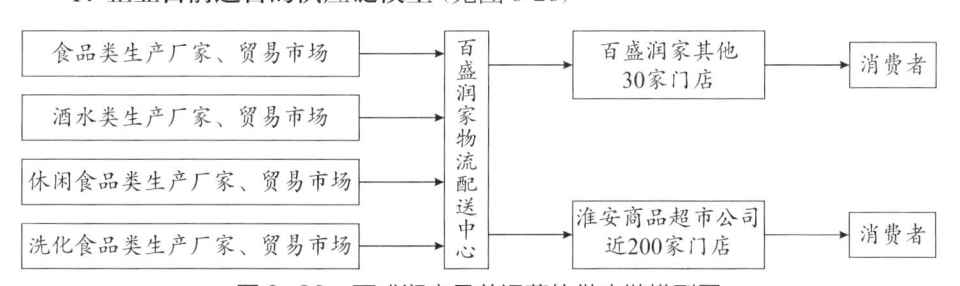

图8-28 百盛润家目前运营的供应链模型图

快消品生产厂家：48家。

快消品销售公司：580家。

快速品贸易市场：15家（南京众彩，郑州百荣，无锡金桥，海门叠石桥，长沙外高桥，徐州雨润，腾州杏花村干货市场，杭州四季青，上海豪埔路）

物流公司1家：江苏百盛润家物流配送中心。

2. 供应链结构模型（见图8-29）

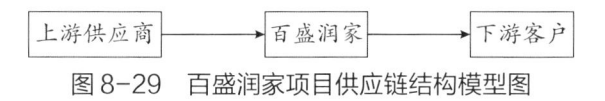

图8-29 百盛润家项目供应链结构模型图

物流承运商：第三方物流公司

3. 企业供应链具体链条（见图8-30）

```
┌─────────────┐     ┌─────────────┐     ◎百盛润家旗下30家门店
│快消品生产厂家、│────▶│江苏百盛润家  │────▶◎淮安商联超市公司等联盟
│贸易市场      │     │             │     单位近200家门店
└─────────────┘     └─────────────┘
```

图8-30　百盛润家供应链项目打造的供应链结构模型图

4. 供应链链条企业间四流关系图（见图8-31）

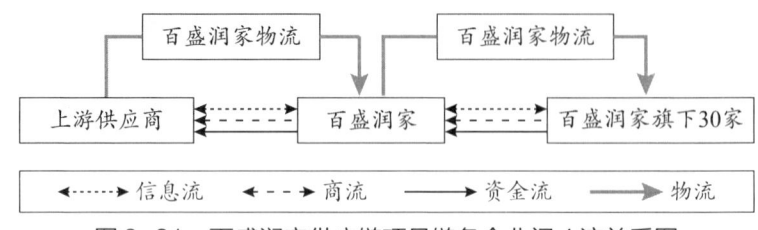

图8-31　百盛润家供应链项目链条企业间4流关系图

8.4.3　供应链项目建设内容

百盛润家物流配送中心作为该企业的基础建设，占地45亩（1亩≈666.67 m²），包含附属设施常温配送链库12 000 m²、冷藏配送链库6 000多m²、办公楼及舍楼及附属用房5 000 m²。

供应链配套设备建设如下。

（1）运输设备：需要购置标准配送车辆（厢体内廓宽度2 450 mm或厢体内廓宽度2 050 mm），运输车辆装配可自动升降液压尾板（常温箱货、冷链车）。

（2）仓库设施：需要购置高度9.58米高位货架5 500组，装卸月台配备先进的液压升降平台。

（3）物流装卸设备：需要购置德国进口林德电动叉车、高位叉车及地流叉车共12辆，手动叉车共计10辆。

（4）流通加工设备：包装机、切割机及拆箱设备。

（5）集中单元化设备：租赁带有GS1标准托盘（1 000 mm×1 200 mm）9 000片，购置标准周转箱（400mm×600mm）10 000个，笼车1 000辆。

（6）信息平台：建立企业配置WMS（立体仓储管理系统）、OMS（订单管理系统）和TMS（车辆调运管理系统）信息平台。

依据 GB/T 15496-2003《企业标准体系要求》，公司在初步完成了企业物流标准体系的建设后，推广和实施国标、行标和企业标准 56 项（物流设施设备标准 23 项，技术服务标准 33 项），用于规范公司的设施设备、管理行为及技术服务执行标准，全面提升企业物流管理水平。

8.4.4 供应链项目保障措施

1. 组织和人员保障

1）成立项目领导小组

为切实加大徐州市流通领域现代化供应链体系建设重点项目的推进和落实力度，突出工作的针对性和实效性，经公司研究决定，成立项目工作领导小组。领导小组组长由董事长担任，由公司总经理担任副组长，小组成员由各部门领导及部分门店店长组成。

2）建立工作协调机制

组长：负责快消品供应链体系建设项目工作的总调度。

副组长：负责快消品供应链体系建设项目的执行。

创建组：负责快消品供应链体系建设项目的宣传、组织、培训等，及各项标准的整理。

执行组：负责快消品供应链体系建设项目各相关环节的标准实施及推广应用，及时解决项目执行过程中出现的新问题，加强指导、检查，总结成熟经验，对新规范进行研究、实验、推广，协助创建组做好各岗位环节标准编写工作。

督查组：对项目全过程进行跟踪检查，及时纠偏。

2. 资金保障

江苏百盛润家物流配送中心快消品现代供应链体系建设项目计划总投资 5 000 万元，投资内容如表 8-6 所示。

表 8-6 百盛润家供应链项目建设投资情况一览表

序号	项目	金额/万元
1	项目总投资	5 000
2	其中：自筹资金	2 800
3	银行贷款	2 200
4	其他来源	—
5	对应"支持内容"投资额	1 050
6	项目验收金额	1 123.18
7	投资额完成占比	106.96%

3. 制度保障

1）制定专项资金管理制度

该项目在领导小组的领导下制定了"专项资金管理制度"，对项目过程中的资金使用进行全程监管，保障资金规范使用，账务清晰。

2）确定每周例会制度

对项目推进过程中的各环节协调，领导组制定"周例会制度"，即每周一上午，领导组各成员根据所负责的事项进行工作汇报，对出现的问题，及时协商解决。

3）建立监察制度

领导组对项目过程进行不定期检查，及时督促项目执行，对项目预期进行跟踪、纠偏。

4）严格绩效考核评价

为了保证项目按时间节点准时完成，对项目过程各岗位、各环节制定绩效考核，每月进行考核。

8.4.5 "五统一"手段实施情况

1. 统一标准体系

体系建设通过租赁标准带有 GS1 编码托盘（1 000 mm×1 200 mm）、购置标准周转筐（400 mm×600 mm) 及笼车、交换、循环公用服务。完善标准电动叉车、标准重型立体货架（9 520 mm）、运输车辆、标准尺寸的厢式货车及冷库的改造的"硬"标准体系，并通过信息系统升级（WMS）、供应链信息平台系统的软件系统建设，通过供应链信息平台对供应商、生产商与客户的采购系统、仓储系统及销售系统进行有效链接，对其计划、采购、集货、配送及退货等活动进行有效的组织。

2. 统一物流服务

体系建设通过百盛润家物流配送统一组织，为供应链链条上的企业提供物流服务。

在商品配送过程中，全程采用带有 GS1 编码的托盘进行商品配送，发货前，发货方将相关信息传递给运输方和接收方。运输方和接收方只需扫识条码就可获得货运产品的信息，并且通过企业内部信息系统将扫描物流标签后获得的信息与扫描产品物流包装码后获得的信息进行对比，自动确认产品的到货量，进而在企业内部信息系统中进行库存管理。

3. 统一采购

体系建设通过百盛润家总部的订单计划在链条上的统一展现，链条上的企业根据订单量进行采购，从而实现统一采购。要求生产厂方按照门店消费者需求量进度进行采购，如图 8-32 所示。

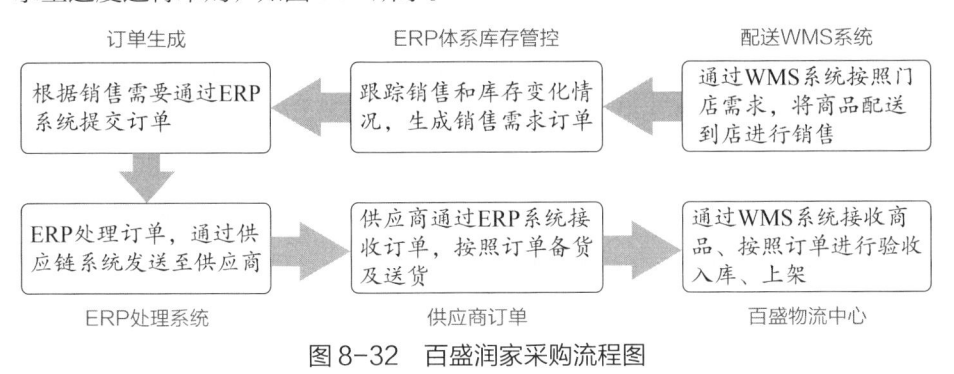

订单生成	ERP体系库存管控	配送WMS系统
根据销售需要通过ERP系统提交订单	跟踪销售和库存变化情况，生成销售需求订单	通过WMS系统按照门店需求，将商品配送到店进行销售
ERP处理订单，通过供应链系统发送至供应商	供应商通过ERP系统接收订单，按照订单备货及送货	通过WMS系统接收商品、按照订单进行验收入库、上架
ERP处理系统	供应商订单	百盛物流中心

图 8-32 百盛润家采购流程图

4. 统一信息采集

体系建设通过供应链信息平台，公司 ERP 系统集中所有销售终端进销存数据处理，打通与供应商之间的订单处理及账务核对通道，运用带有GS1编码的标准集托盘进行运输。信息的发布、信息的对接及信息的采集、集中在平台进行。

5. 统一系统平台

江苏百盛润家商贸有限公司的供应链信息平台建设完成。四个系统（ERP系统、OMS订单管理系统、WMS物流管理系统及TMS运输管理系统）通过供应链信息平台将供应商、生产商与客户的采购系统、仓储系统和销售系统进行有效链接，对其计划、采购、集货、配送及退货等活动进行有效的组织。

8.4.6 "四化"目标完成情况

1. 标准化

坚持以标准托盘、标准周转筐和周转箱、标准尺寸笼车循环共用为主线，在快消品供应链上下游企业内，推动物流供应链的单元化和标准化。为快消品供应链的上下游提供标准托盘（1 000 mm×1 200 mm）、标准周转筐（400 mm×600 mm）及笼车的租赁、交换和循环公用服务；充分发挥供应链服务商的一体化管理作用，在供应链上下游企业之间，开展带托运输与共同配送，标准托盘的使用率提升至100%。

建设和规范标准化作业流程。联合快消品供应链上下游企业共同建立采购入库、在库管理、物流配送等作业流程和规范，使商品流通全程过井然有序，提高流通效率，降低商品破损率。

2. 智能化

以全球统一编码标识（GS1）为准则，完善托盘条码与商品条码、箱码及物流单元代码，将托盘、周转箱由包装单元化为数据单元和数据节点，促进供应链和平台相关方信息数据传输交互顺畅。通过平台数据的分析，为供应链上下游企业提供销售需要、流通、销售管理等环节的决策帮助。充分发挥智能化供应链的作用，促进快消品供应链降本增效，满足不同商品、不同用户需求。

3. 协同化

健全和完善快消品供应链管理平台，提高供应链协同效率。以平台为核心完善快消品供应链体系，增强快消品供应链协同和整合能力，提高商品流通集约化水平。建立高效协同的沟通机制，实现跨区域信息的互联互通，增强供应链产品质量安全管理和问题时间应急处理能力。充分发挥供应链服务商的一体化管理作用，建立完善的快消品供应链标准体系，时间统一流程管理、统一服务标准、统一信息采集。

4. 绿色化

联合供应链上下游企业及第三方机构建立社区化，建立托盘、周专箱等标准化物流设备设施循环共用系统。

为快消品合作及销售网点之间提供商品展示交易平台，聚集供需信息，提供信息发布、支付结算、仓储物流及质量追溯等综合服务，提高资源配置效率，降低交易和物流成本；打造线上线下融合的供应链交易平台，延伸提供仓储、配送及结算等供应链服务，促进商品交易市场与产业融合发展。通过平台直接连接快消品供应源头和服务零售终端，减少流通环节和成本，重构商品组织形式，建立共享共生的快消品供应链商业生态圈。

8.4.7 创新特色

（1）快消品现代供应链体系信息化系统集成供应链上下关联企业信息平台供应链链条上信息的无缝对接。上下游企业单据通过共享平台查看检索，实现跨系统单据的信息流共享。

（2）托盘笼、托盘、周转筐综合循环利用，提高货物周转速度，降低物流成本。

（3）通过联盟（淮海经济区10家相同业态联盟，全年销售额大约100亿左右），大量集中采购，降低采购成本，降低单品价格，利用供应链优势，惠及消费者。

（4）通过"五统一"手段中统一标准体系的运用，使相关配套设施设备的适应性、衔接性得到改善，物流单元标准化率、装卸货效率等显著提升；以信息技术为支撑，打造具有自动化、智能化、网络化特征的智慧供应链信息平台，重点用户系统数据的对接畅通率不断提高；链主企业及协同企业进行高效对接，通过信息系统的高效集成，实现数据共享，平均库存周转率、供应链综合成本、订单服务满意度及重点供应商产品质量合格率均不断攀升。

8.4.8 项目取得成效示范推广和带动作用

通过快消品供应链体系的建设，可积极探索和实现"互联网＋生产基地＋流通物流配送＋各销售网点"快消品供应链上的物流单元化和物流作业一贯化。项目完成后，总体库存周转率提升两倍以上，商品货损率下降200%，产品质量合格率提升至99.8%以上，配送中心货物周转能力提高50%，车辆周转率提高1.2倍，装卸货效率提高3倍，物流效率提高30%，人工成本下降20%，仓库利用率提升50%以上，物流总成本下降60%。

基于统仓统配模式下的快消品供应链体系建设，能够充分发挥供应链服务商的一体化管理作用，促使快消品供应链上下游企业高效协同，大大提高快消品流通效率，降低供应链综合成本。加之智慧化供应链的打造，使得快消品流通全过程可监管、可追溯，保障了商品流通环节的安全性。仓储利用率的提高、进城物流车辆的减少以及新能源物流车的推广使用等，都充分体现了供应链的绿色化推动方向。

8.5 药品生产企业流通供应链项目案例——江苏万邦生化医药集团有限责任公司

8.5.1 江苏万邦生化医药集团有限责任公司简介

江苏万邦生化医药集团有限责任公司（简称万邦医药）系上海复星医药（集团）股份有限公司（简称复星医药，股票代码：600196-SH，02196-HK）核心成员企业。公司前身为成立于1981年的徐州生物化学制药厂；1998年改制为徐州万邦生化制药有限公司；2001年变更为江苏万邦生化医药股份有限公司；

2004年加入复星医药；2017年升级为江苏万邦生化医药集团有限责任公司。

万邦医药建有国内一流的原核和真核细胞基因工程药物研发和生产基地，重组人胰岛素及类似物、重组人促红细胞生成素等重组蛋白药物的研发在国内领先；通过参股，在美国的旧金山建立了小分子创新药研发实验室；在小分子高难度仿制药方面亦处于行业领先地位。公司年投入约占当年销售收入10%的资金用于新品研发；拥有近300人的专职研发队伍，其中38%以上为硕士、博士等高层次人员，年均申请国家专利四十余项，每年有数个新产品上市。

8.5.2 供应链基本情况

1. 企业目前运营的供应链模型（见图8-33）

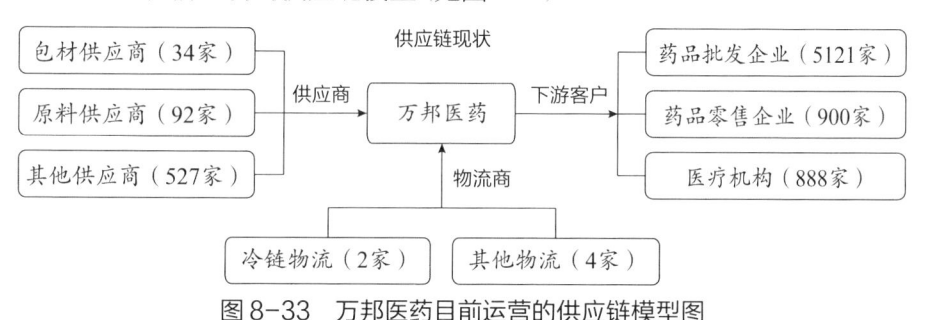

图8-33 万邦医药目前运营的供应链模型图

供应商：包装供应商34家，原料供应商92家，其他供应商527家。

物流商：冷链物流2家，其他物流4家。

下游客户：药品批发企业5 121家，药品零售企业900家，医疗机构888家。

2. 供应链结构模型（见图8-34）

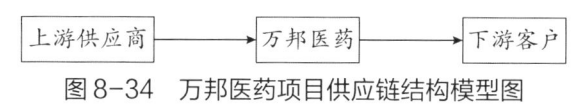

图8-34 万邦医药项目供应链结构模型图

物流承运商：第三方物流公司。

3. 企业供应链具体链条（见图8-35）

图8-35 万邦医药供应链项目打造的供应链结构模型图

物流承运商：徐州金开生物制品有限公司。

4. 供应链链条企业间四流关系图（见图8-36）

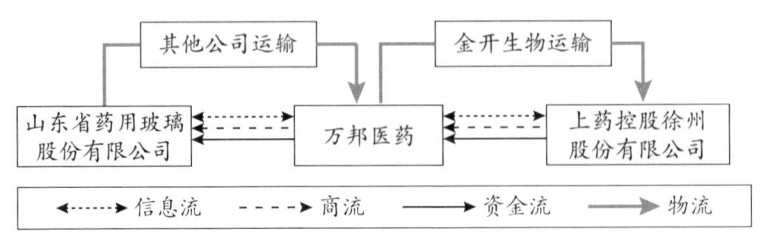

图 8-36　万邦医药供应链项目链条企业间4流关系图

8.5.3　供应链项目建设内容（见表8-7）

表8-7　万邦医药供应链项目建设内容一览表

序号	建设要求	建设内容	计划投资
1	标准设施设备建设	1. 租赁使用带有GS1码的标准托盘（1 200 mm×1 000 mm） 2. 立体化仓库的建设，库内设施设备均按照国标要求进行设计与建造，采用智能化设备提高作业效率，可以满足标准托盘的存放与运输 3. 建立统一的物流标准体系，在全链条上推广	2 084.8万元
2	信息化建设	1. 升级EAS系统平台，为整个供应链信息系统的大脑和数据交换中心 2. 新增TMS运输管理系统，实现物流运输全过程管控 3. 建立一链系统，实现与供应商的订单全部通过一链系统完成 4. 对各系统进行有效串联，实现小型化网络管理	431万元
3	冷链建设	1. 采购标准冷藏车辆并完成验证工作 2. 配合链主企业完成单元化运输工作	164.9万元

8.5.4　供应链项目保障措施

1. 组织和人员保障

1) 建立药品生产企业流通供应链项目工作领导小组

领导小组组长由万邦医药总裁担任，由万邦医药联席CEO、高级副总裁及副总裁担任副组长，小组成员由各部门负责人及各协同企业负责人担任。

2) 其他成员分管部门职责分工

(1) 质量管理部：负责项目的日常工作，组织项目申报，做好项目管理和基础统计工作。

(2) 财务部：制定项目资金专项管理制度，参与资金调配和内部审计，对资金的使用进行考核和监督。

(3) 信息管理部：负责项目中硬件系统、软件系统的工作安排。

(4) 内控部：负责项目招投标和内部风险控制工作。

(5) 工程部：负责项目工程施工及设备安装。

(6) 仓储部：调度仓储部日常工作。

(7) 行政部：调度物流日常工作。

(8) 徐州金开生物制品有限公司：负责冷藏药品的运输并配合链主企业完成项目验收。

(9) 上药控股徐州股份有限公司：负责药品的接收工作并配合链主企业完成项目验收。

(10) 山东省药用玻璃股份有限公司：负责供应安瓿瓶并配合链主企业完成项目验收。

(11) 双峰格雷斯海姆医药玻璃(丹阳)有限公司：负责供应西林瓶并配合链主企业完成项目验收。

各部门按职责分工，积极配合项目领导小组完成各项事宜。

2. 资金保障

集团财务部门自筹资金充足，可保障项目实施过程中资金及时到位。

3. 制度保障

2018年11月起执行的《徐州市流通领域现代供应链体系建设项目管理制度》中，明确了项目责任人为丁德运总监，明确了具体工作任务，并要求前期每月进行一次调度，中后期每半月进行一次调度，根据项目实施方案中规定的建设进度，对未按时完成的工作进行督导并上报项目领导小组。

2018年10月至2020年6月，本项目中的新建仓库资料归入工程部专人管理，信息化建设归入信息管理部专人管理，每月能够及时按照市商务局要求通过邮件等方式报送项目进度情况。

2019年5月由财务部编制，总裁批准的《江苏万邦生化医药集团有限责任公司项目建设资金专项管理制度》（WB/FIN001-2019）正式生效，后附供应链项目正面支持内容和中央财政资金不宜支持内容。

2020年5月由财务部编制，总裁批准的《江苏万邦生化医药集团有限责任公司项目建设指标统计管理制度》（WB/FIN001-2020）正式生效，涉及了供应链体系建设运营相关指标的统计。

8.5.5 "五统一"手段实施情况

表8-8 万邦医药"五统一"手段实施情况一览表

五统一	工作举措	实施效果	推广应用标准
统一标准体系	租赁5 500个带有GS1码的标准托盘（1 000 mm×1 200 mm），提供部分标准托盘给共建企业	在链条上推广带有GS1码的标准化托盘，引导共建企业共同参与单元化运输，实现供应链器具的标准化，提高货物装卸效率	1.《联运通用平托盘主要尺寸及公差》（GB/T2934-2007） 2.《商贸托盘射频识别标签应用规范》（GB/T 33456-2016） 3.《联运通用平托盘性能要求和试验选择》（GB/T 4995-2014）
	1. 引入AGV小车，集成了先进的自主移动导航技术，通过激光导引装置指导小车自行运动，具有安全保护装置，包装完成后的药品采用AGV小车通过空中连廊进入库区，全程无须人员操作 2. 建立统一的物流标准体系，推广标准化应用	1. AGV小车在入库过程无人操作，实现了智能化 2. 通过推广标准化应用，使整个供应链从采购、储存、运输等环节，配合标准托盘的使用 3. 药品（生产企业、批发企业），执行相同的GMP/GSP法规，对仓库和运输条件的要求较高且标准一致，有利于标准化、协同化的实施，进一步实现仓配协同一体化	1.《通用仓库及库区规划设计参数》（GB/T28581-2012） 2. 绿色仓库要求与评价（SB/T11164-2016） 3. 供应链风险管理指南（GB/T 24420-2009）
	采购标准的冷链物流车辆	标准物流车辆的采购，方便实施单元化运输，减少商品的装卸时间及破损率	《汽车、挂车及汽车列车外廓尺寸、轴荷及质量限值》（GB1589-2016）

第 8 章 徐州市流通领域现代供应链体系建设的优秀案例

续表

五统一	工作举措	实施效果	推广应用标准
统一标准体系	设计非布司他片、匹伐他汀钙片和格列苯脲片的包装尺寸，满足单元化运输的模数要求	通过包装设计，增加了托盘的装载量，提高了仓库的利用率	1.《硬质直方体运输包装尺寸系列》（GB/T4892-2008） 2.《快递封装用品 第 2 部分：包装箱》（GB/T16606.2-2018）
统一标准体系	建立《药品物流标准体系》和《药品物流服务体系》文件	协同上下游间的执行标准，实现商品流通在链条中的耗能最低，效益最大，在实际使用过程中，评价文件内容的可行性及效果评估，最终形成物流标准化体系	1.《托盘租赁企业服务规范》（SB/T11152-2016） 2.《托盘共用系统运营管理规范》（SB/T11153-2016） 3.《共用系统托盘质量验收规范》（SB/T11154-2016）
统一物流服务	深化与金开生物的战略合作关系，使用金开生物为企业冷链药品的重点配送商	通过整合万邦医药和金开生物的物流资源，完成两家公司的物流服务一体化，通过规模化和专业化的物流服务，提高物流周转效率，降低物流成本	《汽车、挂车及汽车列车外廓尺寸、轴荷及质量限值》（GB1589-2016）
统一物流服务	新增 TMS 运输管理系统，打通与 EAS 系统平台与 WMS 系统数据对接	TMS 运输管理系统包括订单管理、调度分配、GPS 车辆定位系统、车辆管理、行车管理、人员管理、数据、报表、基本信息维护、系统管理等模块。该系统对车辆、驾驶员、线路等进行全面详细的统计考核，能大大提高运作效率，降低运输成本，在激烈的市场竞争中处于领先优势	《物联网 系统接口要求》（GB/T35319-2017）
统一采购管理	建立一链采购平台，打通与 EAS 系统平台的数据对接	一链采购平台，承担了企业所有的采购业务管理，形成由下游企业端对上游供应商端的引导，实现 C2M 订单式生产，减少库存及金额占用	供应链管理业务参考模型（GB/T25103-2010）
统一信息采集	采用信息技术，将 GS1 码与托盘上商品信息进行关联，实现四码合一，收货时，通过 RF 手持终端获取商品信息	收货时，只需通过 RF 手持终端扫描 GS1 码，获取来货信息，做到快速入库，节省时间，提高入库效率	1.《商品条码 零售商品编码与条码表示》（GB12904-2008） 2.《商品条码 储运包装商品编码与条码表示》（GB/T16830-2008） 3.《商品条码 物流单元编码与条码表示》（GB/T18127-2008）

续表

五统一	工作举措	实施效果	推广应用标准
统一系统平台	升级 EAS 系统平台，对内连接 WMS 系统、TMS 系统、一链系统，对外连接勋马平台和上药控股徐州的 ERP 业务系统	通过各系统的相互对接，实现以 EAS 系统平台为中枢，其他系统数据都在系统平台上进行存储和交换，每家企业可以在不影响系统安全的前提下，通过平台访问所需数据，优化供应链运作模式，形成了一个集采购、储存、销售、运输于一体的小型网络	1.《物联网 系统接口要求》（GB/T35319-2017） 2. 全程供应链管理服务平台参考功能框架（GB/T35121-2017）

8.5.6 "四化"目标完成情况

表8-9 万邦医药"四化"目标完成情况一览表

四化	实现
标准化	硬件方面： 1. 新建仓库设施设备按照国标要求进行设计建造，满足标准托盘的储藏运输 2. 租赁带有 GS1 码的标准托盘（1 200 mm×1 000 mm） 软件方面： 1. 与共建企业共同建立了药品供应链标准体系框架，制定了《药品物流标准体系》和《药品物流服务体系》，使供应链上下游形成统一的标准 2. 在完成统一系统平台的过程中，各系统之间利用标准化的接口完成对接工作，实现系统接口的标准化
智能化	1. AGV 小车无须人员操作即可快速入库，实现了智能化 2. 通过统一系统平台，将各子系统进行数据对接，完成了数据传递快速、准确、高效，是智能化的体现 3. 四码合一，通过 RF 手持终端扫描 GS1 码，可以获取托盘上的商品信息
协同化	1. 与共建企业共同建立了药品供应链标准体系框架，制定了《药品物流标准体系》和《药品物流服务体系》，执行统一的标准，大大提高协同化程度，使物流效率大幅度提高 2. 在链条上推广使用标准化器具，打通信息系统的对接，协同上下游企业使用同一种模式进行操作
绿色化	1. 统一对库房门进行升级改造，通过对库房门进行改造，更好地减少了库房温度非必要的损耗 2. 对照明系统进行升级改造，采用高效光源、高效灯具和低损耗镇流器等节能高效的 LED 照明系统，并且重新规划了照明分区，使得库房照明系统更加合理、高效、耐用、节能 3. 利用生产企业用过的包材进行非药品类资料的运输，2019 年为公司节约近 10 万元 4. 企业建立高位库，节省土地成本

8.5.7 创新特色

1. 上游信息系统对接

通过供应链协同服务平台,实现与上游的信息对接,包括品名、规格、批号、数量、生产日期及效期等信息,实现 EDI 的自动对接。

2. 信息可视化

通过物联网技术,将传感器嵌入标准托盘,实现药品配送与运输过程中温湿度的监管,将无形的信息数据转化为直观的图形图表,实现供应链链条企业间信息的可视化服务。

3. 智能化立体化仓库

利用人工智能,穿梭车自动分拣货物,立体化仓库加大了仓库使用率。通过智能化立体化仓库,提高分拣效率,减少差错,提高仓库库容率。

8.5.8 项目取得成效示范推广和带动作用

该公司以药品生产企业(制造产业)的身份参与流通领域供应链建设的试点工作,并承担链主(主导)的职责。通过两年的供应链的建设试点,公司有效地整合了内部和外部的资源,提高了供应链的质量和效率,更好地满足了客户的需求,初步实现产品从设计、采购、生产、储存、销售及服务等全过程的高效协同稳定的供应链结构模型。供应链的综合成本下降明显,客户满意度显著提高,企业取得较好的经济效益和社会效益。尤其是以下方面的提升明显。

(1) 生产企业作为链主:生产企业参与流通领域供应链的建设具有得天独厚的条件,既可以从产品设计开始就按照 1 200 mm×1 000 mm GS1 标准托盘的装载的包装模数设计运输包装,又可要求供应商按照 1 200 mm×1 000 mm GS1 标准托盘的装载的包装模数供应原辅包装材料,使实施单元化运输成为可能。

(2) 设施设备的标准化:标准仓库、标准货架、标准传送带、标准堆垛机、叉车、月台、标准运输车辆、GS1 标准托盘和按照 GS1 标准托盘尺寸设计的产品外包装箱等标准的实施,提高了储存的效率,叉车、月台、标准运输车辆与标准化物流器具的衔接配套,GS1 标准托盘的循环使用,提高了运输、装卸、出库入库效率，节省装卸货物的费用，降低供应链综合成本。

（3）建立统一物流服务体系：通过与金开生物的战略化合作，公司销售的冷藏产品，除港澳台外，已全部实现冷链运输，这依托于金开生物强大且专业的冷链运输车队，目前拥有30辆冷链运输车。稳定的运输配送使订单服务满意度（及时交付、客户满意率）、产品质量合格率大幅度提升，配合新增的TMS运输管理系统，对运输产品进行实时监控、定位，实现供应链对物流运输商品的全链条信息数据的正向可追踪、逆向可溯源、横向可比较，提高了药品运输过程的控制能力，降低运输过程对药品质量的影响，符合国家对药品运输的法规要求。

（4）C2M订单式生产：供应链各企业打通上下游信息系统，数据在EAS系统平台汇总，通过大数据分析（包括渠道数据、在途数据、流向数据、库存数据、在库数据、计划数据等），以下游客户需求来驱动、整合和协同供应链资源，实现C2M（客户端到生产端）的订单式精细化生产，降低库存和资金占用，提高供应链管理能力。

8.6 基于物联网的信息化冷链供应链案例——江苏省精创电气股份有限公司

8.6.1 江苏省精创电气股份有限公司企业基本情况

江苏省精创电气股份有限公司已有21年历史，一直致力于冷链和空调行业的控制测量。生产基地占地20 000 m²，建筑面积15 000 m²，员工超过5 000名。

该企业已通过ISO9001-2008、ISO14001-2004、GB/T28001-2001、TS16949认证，外销产品通过CE认证和UL认证，可生产完全符合欧盟ROHS指令要求的环保产品。该企业是国家级高新技术企业，中国《温控仪计量检定规程》的起草单位，江苏省制冷暖通节能控制工程技术研究中心，冷链物联网研发基地，拥有亚洲同行业中规模较大的测试实验室和研发中心，先后承担国家级及省部级科技项目10余项，每年推向市场的新产品超过40款，已拥有发明专利

第8章 徐州市流通领域现代供应链体系建设的优秀案例

4项，实用新型等41项。

精创秉承"精益求精，创新科技"的企业精神，为用户提供融入最新科技、具有创新性的易用的产品。主要包括冷链监测（物联网）系统、冷链温湿度控制器、医疗冷链控制器、冷库电气控制箱、空气能热泵控制器及车用空调控制器等。产品销往60多个国家，在国内市场占有率居行业榜首，产品可靠、创新、易用。

8.6.2 供应链基本情况

1. 企业目前运营的供应链模型（见图8-37）

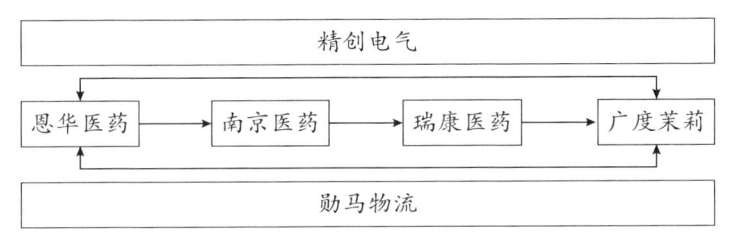

图8-37 精创电气供应链项目建设的供应链结构模型图

生产企业1家，批发营销企业2家，门店1家。

2. 供应链结构模型（见图8-38）

物流运输：江苏恩华、南京医药、瑞康医药自有标准运输车辆

图8-38 精创电气项目供应链结构模型图

3. 企业供应链具体链条（见图8-39）

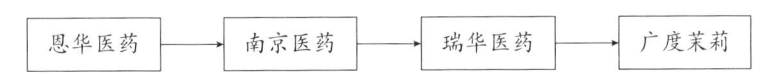

物流运输：江苏恩华、南京医药、瑞康医药自有标准运输车辆

图8-39 精创电气供应链项目具体链条结构图

4. 供应链链条企业间四流关系图（见图8-40）

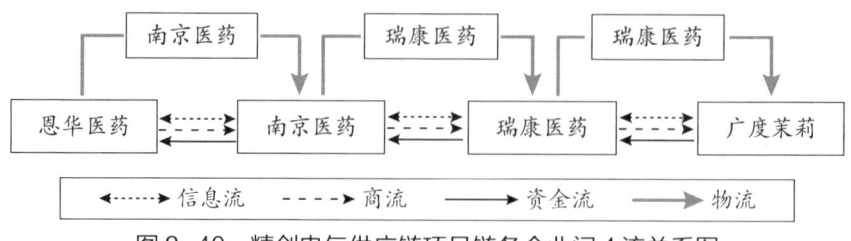

图8-40 精创电气供应链项目链条企业间4流关系图

8.6.3 供应链项目建设内容

链主企业支持围绕打通供应链上下游信息流进行的软硬件信息化投入及系统研发改造，总投1 970万元。勋马GS1托盘投入：总投636万元。南京医药硬件设施和软件平台升级改造适应标准化和公共平台接口对接，总投404万元。瑞康硬件设施和软件平台升级改造适应标准化和公共平台接口对接，总投501.5万元。恩华药业为对接下游经贸企业，对仓储物流设施的升级改造总投570万元。全链条计划投资：4 081.5万元。

8.6.4 供应链项目保障措施

1. 组织和人员保障

"基于物联网的信息化冷链供应链"由江苏省精创电气股份有限公司（以下简称精创电气）担任链主，江苏恩华药业股份有限公司（以下简称恩华药业）、南京医药徐州恩华有限公司（以下简称南京医药）、瑞康医药（徐州）有限公司（以下简称瑞康医药）及江苏勋马物流有限公司（以下简称勋马物流）为协同企业，共同承担。

按照市商务局项目实施的有关要求，项目承担单位经研究决定，成立基于物联网的信息化冷链供应链项目管理小组，由精创电气总经理任组长，精创电气副总经理、恩华药业、南京医药、瑞康医药、勋马物流负责人任副组长，负责项目的整体推进工作。

领导小组成员进行了明确分工，其中，组长负责项目整体工作，负责平台建设和新产品研发；精创电气副总经理负责项目协调和财务管理；恩华药业负责为对接下游企业对仓储物流设施升级改造；南京医药、瑞康医药负责托盘标准化改造，GS1 码标准化货运单元体系贯彻、软硬件升级改造、仓库设备设施升级改造、冷藏箱单元建设和全库智能终端更新换代；勋马物流负责 GS1 码托盘运营，同平台建设单位共同开展数据应用。

1) 领导小组

接受项目管理组的汇报，指导与监督项目管理组工作，对重大问题做出决定，确保项目实施所需要的资源。

2) 项目产品规划

由公司产品规划部组成，在整个项目执行过程中起顾问咨询等作用，结合客户和市场导入产品，规划产品研发方向。

3) 项目工程小组

接受项目管理者代表的领导与监督，向项目管理者代表汇报；由公司运营中心组成，由常务副总经理任组长。该组负责协调各相关单位的关系，处理所出现的各种问题；组织各个专业小组，制定项目总的实施进度计划，推进项目进度，解决项目中出现的各种问题。

4) 财务组

接受项目领导小组的领导，向项目领导小组汇报，制定资金运作计划，负责财务成本核算、成本控制及财务审计等，保证整个合同过程中各个阶段、各个方面的资金需要。

5) 项目软件团队 (架构设计组)

接受项目领导小组的领导，向项目领导小组汇报，由物联网事业部平台项目部的技术核心人员组成。负责制定详细系统设计，完成模型实验与测试报告、终端设备参数修改测试报告，并对系统实施过程中遇到的突发技术问题给予研究解决。

6) 设计研发组 (硬件开发组)

接受项目领导小组的领导，向项目领导小组汇报。主要工作包括负责项目智能终端硬件的实施的技术细节方案设计、设备精确配置、精确设置物理连接图及设备位置安排等工作；给出详细的设计文档、图纸、资料及工程安装手册，完成文档、图纸和技术资料的质量审核；勘查施工现场环境；软件安装调试的细节方案设计、协调组织现场软件安装调试；软件集成所需的功能定制开发、接口定制开发。该组在合同签署后设立，测试验收工作全部完毕后解散。

7) 验收小组

接受项目领导小组的领导，向项目领导小组汇报，负责现场实施的质量控制，以确保工程高质量、高效率地完成；制定详细的验收计划，负责编写测试验收手册，对安装后的系统进行测试与预验收，进行验收准备工作，配合用户验收小组对系统进行最终验收，按照合同规定完成所有的测试与验收工作。

2. 资金保障

项目计划总投资 4 081.5 万元，经审计，实际完成投资 4 279.02 万元，占申报计划总投资比例的 105%。带动社会资本投入 2 亿元。投资完成情况见表 8-10。

表 8-10　精创电气供应链项目链条企业投资内容一览表

序号	投资主体	投资额/万元	实际完成投资额	完成比例/%
1	江苏精创电气股份有限公司	1970	1 998.21	101.43
2	江苏恩华药业股份有限公司	570	546.13	96%
3	南京医药徐州恩华有限公司	404	705.21	175%
4	瑞康医药(徐州)有限公司	501.5	468.36	93%
5	江苏勋马物流有限公司	636	561.11	88%
	合计	4081.5	4279.02	105%

3. 制度保障

（1）制定《流通领域现代供应链项目专项资金管理制度》，规定专项资金由公司财务部统一管理、单独设账，专款专用，严格按项目预算内容和比例支出及控制，对设备购置及使用费、原材料费、出版、文献、信息传播及知识产权事务费等进行了明确界定，通过大数据分析加强经费支出监测，对典型性、普遍性的风险点和问题及时预警。

（2）建立《流通领域现代供应链项目指标统计制度》，对统计数据进行全程质量管理，要求各有关企业按规定的方式、内容和时限填报统计报表，建立健全数据审核制度和工作机制，严格执行规定的数据审核规则，严把原始数据质量关。

8.6.5 "五统一"手段实施情况

1. 统一标准体系

基于物联网的信息化冷链供应链依托 GS1 托盘等标准货运单元，以冷链货运单元的位置、温度及湿度信息为跟踪目标，提供销售端物流从接单、发运、收货、使用到结算的全程跟踪与统一管理，实现物流库存与动态、运输和存储环境完全可视化。平台包括可视化的 SCI，开展主数据管理、订单、库存、资质管控及计费结算等，并连接温湿度的监控、包装管理系统、外部 GPS 平台、第三方追溯平台，以及货主方和企业自身的 ERP 系统，等等，构建成了一个完整的能够对外提供服务的供应链平台，实现药品冷链运输全程可视、可追溯和用药安全。

统一标准使用效果：

一是协同企业推广 GS1 标准托盘。链条参与企业勋马物流作为 GS1 托盘提供商，提供 1 200 mm×1 000 mm 的标准托盘，在恩华药业、南京医药及瑞康医药等企业循环共用，配送以 GS1 标准托盘和标准周转箱进行码盘装箱，根据 GS1 标准条码，实现物流中心快速扫描收货，大量缩短装卸工时，提升物流响应速度。

二是精创电气统一的物联网平台标准体系贯穿全链条，实现冷链前端药品企业管理原材料商，帮助冷藏车和冷藏柜等一层供应商管理设备，帮助承运商和零售商实现信息化冷链仓储与运输的运作流程的管理实现统一的标准体系。

三是所有参与企业根据国家标准《GB/T28577 冷链物流分类与基本要求》《GB/T36088 冷链物流信息管理要求》《QC/T449-2010 保温车、冷藏车技术条件及试验方法》《GB50072-2010 冷库设计规范（完整版）》《GB/T28842-2012 药品冷链物流动作规范》及《GB/T24616-2009 冷藏食品物流包装、标志、运输和储存》要求，对现有产品的编码、仓储、运输等进行标准化流程改造，结合贯标体系的要求重新规范《质量管理手册》和相关程序文件，实现设施设备、信息管理、运作流程和服务等标准统一。

2. 统一物流服务

基于三家协作企业统一符合 GSP、《江苏省药品冷链物流操作规范》，以及项目统一的软硬件标准体系，建设物联网平台建设统一的 TMS、WMS，协助企业建设标准化物流单元、冷藏车和条码系统，一码到底，统一硬件采集流通。

项目开发的 TMS 是国内开创性的一站式运输服务平台，TMS 包含运输发单、运输接单、无车承运人及运输追踪等。基于首创的社区型"SaaS 平台 + 移动 APP"模式，将货主、第三方物流公司、运输公司、司机和收货人无缝互联，形成一个基于核心流程的平衡、多赢的现代运输商业网络。实现多承运商统一物流运输服务。

协作企业把仓库的运输资源通过管理平台系统进行网络化、数字化，做到端到端的任意物流可达，药品、车辆、流向和追溯做到可视，建立全网多仓多级的物流运营体系，实时事件管理预警，高效协同整个供应链网络，实现统仓统配、统一调配，等等。

3. 统一采购管理

物联网平台实时管控不同业态、不同货主和不同地点库存，基于物流供应链的成本和最优化进行出入库和在途药品的数据分析，做好供应链的计划制定。

供应链平台通过产品入库清单统计每个经销商现有库存，根据历史销售预测、安全库存、渠道及物流成本来预算拆分订单，计算成本是否合适、发货之后库存是否能满足后续的要求，进行销售预测，向客户提出采购补货的建议，统一进行相关的数据分析，并将最终的结果推给 ERP 或者业务人员，进行分析判断，制订产品采购订单。

对接协作企业 ERP 或 SAP，建立统一采购管理平台，提供统一的仓储和采购管理，让医药品企业的采购实现计划控制，协同共享数据与资源，让上下游企业了解库存和采购需求，实现需求化定制采购管理，发挥规模优势。

4. 统一信息采集

（1）冷链温控信息采集，支持药品流通企业运营。

链主企业针对医药供应链定制智能终端采集数据，运用无线网络技术和条码自动识别技术相结合的方法，建立药品条码管理系统，实现统一数据采集，全链条实现数据格式统一，实现数据有效地传输与共享，建设统一平台分析管理数据。

（2）信息采集是指三家协作企业商品从上游发出，出库入车，入库通过扫码 GS1 编码一码到底。

货物从恩华药业发出，以 GS1 码和设备码标记，根据订单发货，上传流转记录，到南药后入仓，再发货还是以 GS1 和设备码标记货物。到瑞康后收货，形成全程一码到底记录。

（3）平台支持信息采集，包括仓储的管理库存信息 WMS、运输管理 TMS、订单管理 OMS，支持从前端到终端的供应链链条上信息的传递。

集成"采购到发货""销售到出库"，构建"敏捷供应链"，实现端到端数据的准确与共享。协作企业通过平台共享，实现供应商和需求的快速响应、供应商预约送货，提高供应商送货后处理的效率并快速扫描入仓，将托盘、周转箱与货物进行绑定，GS1 编码的数据采集、传输共享、支持从前端到终端的供应链链条上信息的传递。

5. 统一信息平台

统一平台：平台具有 WMS、OMS、CCMS 和 TMS 管理功能，原本南药和瑞康都使用单独的 WMS、TMS，没有订单系统，两家的冷链系统都采购自精创，数据在各个系统上形成孤岛，无法成链，统一平台后，瑞康可以根据 WMS 的动态库存情况进行采购管理，节省仓储耗能和管理成本，冷链系统也形成上下游可信的、无法更改、实时上传的数据模式，项目的订单系统简洁高效地把商流和物流统一，提升冷链的安全和效率。

8.6.6 "四化"目标完成情况

1. 标准化

由覆盖软件管理与硬件设施的标准体系支撑。项目实施单位恩华医药、瑞康医药及南京医药等通过标准化统一托盘，把标准托盘作为订货单元、信息单元、计量单元，以 GS1 标准体系统一编码标准，实现物流的有效分拣、堆码和存放，进行机械化和自动化作业，物流体系之间接口连接实现标准化，物流系统高效协同，GS1 标准化托盘使用率 100%。单元化物流占供应链物流比例由 40% 提高到 70%。

供应链链主及协同企业积极参加标准的认定工作，参与国家标准制定 4 项，参与行业标准制定两项，制定企业规范和标准 14 项，有力地推动了医药冷链物流的标准化建设。

2. 智能化

智能硬件信息采集，实现无人值守，省工省时。统一的管理平台在采购仓储和运输上提升智能化程度和相应速度，减少物流成本。南药和瑞康都可以根据 WMS 的动态库存情况进行采购管理，节省仓储耗能和管理成本，冷链系统也形成上下游可信的无法更改实时上传的数据模式，项目的订单系统简介高效地把商流和物流统一，提升冷链安全和效率，统一平台兼容多功能管理，智能硬件终端物联网优势实现高度智能化无人作业。

3. 协同化

一是把建立在标准化基础上的单元化物流作为供应链高效协同的重要抓手，由链主企业牵头，链条企业积极配合，全链条实现数据格式统一，通过平台共享，实现供应商和需求的快速响应、供应商预约送货，提高供应商送货后处理的效率并快速扫描入仓，对托盘、周转箱与货物进行绑定，GS1 编码的数据采集、传输共享。

二是强化物联网平台优势，软件平台的互联互通打破了企业间的数据孤岛，集成 OMS、WMS、TMS、CCMS 系统，运用物联网技术统一智能终端将所有数据接入平台，药品、车辆、流向和追溯做到可视，高效协同整个供应链，对接恩华和南药协作企业的 ERP 或瑞康的 SAP 实现，统一采购管理平台，提供统一的仓储和采购管理，实现需求化定制采购管理，发挥规模优势。

4. 绿色化

一是项目推动恩华药业适应标准化托盘更新药品包装 14 项。

二是绿色冷库物联网技术的应用，改建冷库仓储 15 000 m³，新增智能冷库控制柜等设施设备节能技术，在恩华和瑞康冷库应用智能控制柜。

三是智能平台的应用，根据系统自动任务分配功能实现共同配送、单元化载具循环共用，以最少的社会资源提供一致的、标准的、高效的、一站式物流服务，尽量减少重复建设和资源浪费。

四是仓库利用率由 70% 提升至 100%，平均库存周转率由 20% 提升至 40%，供应链综合成本由 30% 降低至 12%，绿色仓库率由 10% 提升至 80%，新能源汽车占比由 0 提升至 10%。

8.6.7 创新特色

一是实现药品冷链的智慧化、自动化。项目依托物联网和传感器技术，构建对药品生产、流通、储存及消费的全过程进行监控的硬件体系；实现对关键点、风险点、偏差点、瓶颈点的信息化管理和精确化监控，并对数据进行挖掘和整合，进行模式、流程、资源的改造甚至重构，实现提效降耗和价值创造。

二是保证信息的公开、可信，从药品生产、储存、物流、销售等角度分析，冷链管理处于产业链核心地位，正向冷链物流的上游深入和向下游发展，提高了效率，降低了成本，可以让政府部门对冷链上产品的监测更加透明，提高了政府的工作效率，也保证了群众的知情权、监督权、参与权和建议权，有利于信息公开、社会和谐。

基于本领域构建各类冷链产业链服务网络，发展冷链物联网产业，能够带动区域冷链产业的发展，形成产业链，有力地推动地方经济转型升级及互联网+传统业的融合和发展。对推动江苏省冷链物流的发展以及物联网相关产业的提升起到至关重要的作用，同时对于促进徐州高新区安全产业纵深布局、推动产业转型升级，以及地区大安全产业的完善优化具有重要意义。

8.6.8 项目取得成效示范推广和带动作用

1. 复制性极强的药品行业特色冷链管理链条架构

专业服务商提供平台运营和托盘维护，打通数据，以行业领军冷链服务商实力帮助链条实现统一平台和数据格式，统一操作规范和采购模式，已经推广到药品行业体外试剂供应链领域示范应用。

实施效果：物联网专业技术企业和托盘循环共用企业携手搭台，统一标准化运作。架构开放式平台，规范数据采集，打通线上线下数据接口，复用标准化成功经验。本次项目建设是基于"精创德克士全国一体化冷链平台"经验，集成订单、冷链、物流及仓储于一平台的经验模式加持 GS1 国际货运单元体系。以标准设施、标准作业、标准数据标准订单的模式打通流通领域线上线下瓶颈。本链条架构用药品行业、水产生鲜行业均可成功运作。

2. 物联网技术的标准化物流服务方法

标准体系统一司机和车辆调度，统一权限管理、督导机制、交接规范和运行规范，从而实现标准化运维承运商管理。

实施效果：现实而言，大型冷链公司均使用不同承运商来运输货品，根据实际情况，标准化运输单元、运输车辆、作业方式、冷链实时管控才是统一物流服务的现实经验。互联互通、标准化管理承运商、促进物流质量在竞争中不断提升才是市场导向。

3. 物联网软硬件信息采集模型应用经验

项目建设成果能让供应链上下游企业随时随地通过统一平台查询到冷链产品的信息。通过统一的智能终端硬件投放使用，统一信息采集模型，打通数据孤岛。

实施效果：推动了产业链中的各环节应对终端数据统一的诉求，改善信息化手段和架构，提高冷链供应链运行效率。

4. 物联网架构下的分布式数据可信模型

分布式存储实时信息，各家药品、疫苗冷链敏感数据实时上传平台，数据可信度高。

实施效果：运用技术手段实现数据不可篡改。项目建设成果因采用冷链物流中的监测设备进行自动监测，使产品信息的采集获取快捷、准确、安全性更高，同时也促进了产业链上生产厂家等进行产业升级，提高智能化、协同化水平。

5. 标准化软硬件平台供应链模型推广经验

供应链上下游多家企业推广使用统一的 WMS、OMS、TMS、CCMS 数据运营管理平台。

实施效果：降低冷链物流成本。兼容仓管、车管、订单管理和冷链管理系统，促使整个冷链物流业向着高效、快捷、安全和规范服务方向发展，从而降低了冷链物流成本

6. 基于物联网统一平台接口的上下游数据对接方法应用

全链条所有企业 WMS、TMS、ERP、OMS 等数据打通数据接口，数据共享，实现智能分析计划。

实施效果：方便政府相关监管部门管理。使政府监管部门能方便、快捷、准确地对全冷链进行监控，保证食品药品安全，同时也降低了监管成本。

8.7 流通领域现代供应链建设案例——江苏君乐宝乳业有限公司

8.7.1 江苏君乐宝乳业有限公司简介

江苏君乐宝乳业有限公司是江苏国润乳业有限公司与石家庄君乐宝乳业有限公司合资成立的独立核算的企业法人（江苏国润乳业有限公司持股49%，石家庄君乐宝乳业有限公司持股51%），公司2004年成立于丰县顺河镇，注册资

金 13 161.73 万元。发展模式是集种植、养殖、加工、研发于一体的国家农业产业化重点龙头企业。2018 年公司实现销售收入 5.86 亿元。主营"君乐宝"系列乳制品，分为低温酸奶系列与常温系列。现公司拥有加工厂两处：在丰县顺河镇拥有占地 100 亩，日生产能力 200 t 乳制品加工厂；在县经济开发区拥有占地 304.5 亩的加工厂，总投资 5.1 亿元，一期工程日生产能力 400 t 乳制品项目已于 2015 年 8 月投产，二期工程日产 600 t 乳制品项目已达成，形成日产 1 200 t 乳制品生产经营规模。目前该公司拥有两处奶牛养殖场：在丰县顺河镇有占地 317 亩的现代化奶牛养殖基地、现存栏奶牛 2 796 头的乐源牧场和占地 210 亩的奶牛科技园养殖基地。该公司还承租 2 150 余亩土地用于种植奶牛饲草，是一家一、二、三产业高度融合协调发展的现代化奶业公司，是中国乳业前四强。

公司在质量管理体系（ISO9001）、环境管理体系（ISO14001）上已通过在国际上最具有权威的认证机构——劳氏的认证；通过了 2 HACCP 管理体系、安全生产标准化（二级）认证，并在国内率先通过了欧盟 BRC（A+）食品安全全球标准认证。"君乐宝"注册商标被认定为中国驰名商标。该公司技术研发中心 2010 年被省科技厅认定为"江苏省乳制品工程技术研究中心"，2013 年被省经济和信息化委员会等 7 部门认定为省级企业技术中心，2014 年被省科学技术厅、省教育厅认定为省级企业研究生工作站，同年 12 月被省发展和改革委员会认定为"江苏省乳制品发酵剂制备技术工程中心"。该企业的发展带动了当地奶牛养殖业、种植业、包装业及运输业等相关产业的大发展，形成种植—养殖—加工良性循环发展的产业链，为当地农业增效、农民增收、农村发展发挥了重要作用。

公司按照"四统一分一集中"(即统一领导、统一规划、统一管理、统一服务，分户饲养，集中挤奶)的奶牛基地管理模式，鼓励奶农引进科学化、标准化养殖，免费给奶农提供牛舍、挤奶、奶牛品种改良、疫病防治、精粗饲料配制和养殖技术培训等全方位服务。在扶贫济困、捐资助学、帮扶弱势群等方面累计捐资 300 余万元，并同顺河镇 5 户建档立卡的贫困户及经济薄弱村马庄村建立了帮扶关系，赢得了社会各界普遍赞誉。

8.7.2 供应链基本情况

1. 企业目前运营的供应链模型（见图 8-41）

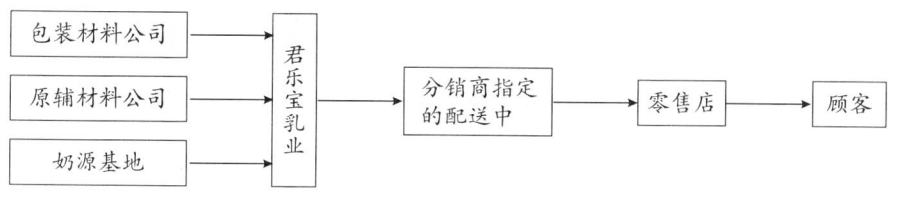

图 8-41　君乐宝乳业目前运营的供应链模型图

包装材料 13 家，原辅材料 21 家，奶源基地 16 家。

分销商：其中分销商 233 户。江苏分销商 120 户；山东分销商 45 户；安徽分销商 68 户。

物流公司 1 家，丰县国润运输有限公司。

2. 供应链结构模型（见图 8-42）

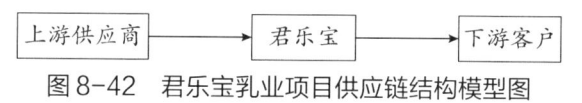

图 8-42　君乐宝乳业项目供应链结构模型图

物流承运商：第三方物流公司。

3. 企业供应链具体链条（见图 8-43）

图 8-43　君乐宝乳业项目具体供应链结构图

物流承运商：丰县国润运输有限公司

4. 供应链链条企业间四流关系图（见图 8-44）

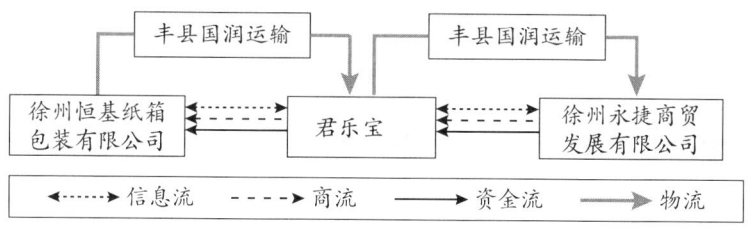

图 8-44　君乐宝乳业供应链项目链条企业间 4 流关系图

8.7.3 供应链项目建设内容

1. 链主企业江苏君乐宝负责建设内容

1）硬件建设（见表 8-11）

表 8-11 君乐宝乳业硬件项目建设内容一览表

建设项目	建设情况
重型横梁货架仓库	20 000 m²
标准月台	24 个
标准货位	16 000 个
新增冷风机	57 台
电动叉车	20 台
租赁 GS1 码标准托盘	18 000 个
改造冷库	3 264 m²
重型横梁标准货位	2 470 个

2）软件建设

建立智能仓库标准化管理系统（WMS、SAP 系统），订单管理系统（OMS），运输管理系统（TMS）。

3）信息对接建设

链主企业与上下游协同企业的信息平台对接，实现互联互通，数据交换共享。

4）目标达成

链主企业总体把控供应链项目建设的实施，"四化"目标达成。

2. 协同企业负责建设内容

1）徐州恒基纸箱包装有限公司负责建设内容

（1）物流标准化器具的完善，GS1 码标准托盘的使用。

（2）信息系统与链主企业与物流公司的对接。

（3）与链条上企业配合，共同实施"五统一"手段，实现"四化"目标达成。

2）徐州永捷商贸发展有限公司负责建设内容

（1）物流标准化器具的完善，GS1码标准托盘的使用。

（2）信息系统与链主企业与物流公司的对接。

（3）与链条上企业配合，共同实施"五统一"手段，实现"四化"目标达成。

3）丰县国润运输有限公司负责建设内容

（1）GS1码标准托盘的带盘运输。

（2）信息系统与链条上企业实现对接；特别是运输管理系统（TMS）与订单管理系统（OMS）及仓储管理系统（WMS）间信息的对接。

（3）厢式冷藏货车的购置。

（4）与链条上企业配合，共同实施"五统一"手段，实现"四化"目标达成。

8.7.4 供应链项目保障措施

1．组织和人员保障

1）成立领导小组

领导小组组长由总经理担任，由总经理助理、项目处长担任副组长。小组成员由各部门领导组成。

2）领导小组任务分配及工作协调

组长：负责奶消品现代供应链体系建设项目工作的总调度。

副组长：负责奶消品现代供应链体系建设项目的执行。

创建组：负责奶消品现代供应链体系建设项目的宣传、组织、培训等，以及各项标准整理。

执行组：负责奶消品现代供应链体系建设项目各相关环节的标准实施，推广应用，及时解决项目执行过程中出现的新问题，加强指导、检查，总结成熟经验，对新规范研究、实验、推广，协助创建组做好各岗位环节标准编写工作。

督查组：对项目全过程进行跟踪检查，及时纠偏。

2．资金保障

江苏君乐宝快消品现代供应链建设项目计划总投资2 946万元，截至2019

年10月份已完成投资额1 505.119 5万元，完成计划总投资的51.08%，2020年3月份完成项目建设，4—5月份申请项目验收。

投资明细如表8-12所示。

表8-12　君乐宝乳业供应链项目投资内容一览表　　单位：万元

项目投资	项目总投资	51 000	
	其中：自筹资金	51 000	
	银行贷款		
	其他来源		
	对应"支持内容"投资额	2 946	
项目支出明细	项目支出明细	预算金额	实际投资
	托盘租赁	394	13.119 5
	电动叉车	450	425
	重型立体货架	1 080	700
	标准月台	80	80
	冷藏厢式货车	550	55
	冷风机	192	151
	信息系统升级（WMS）	50	0
	供应链信息平台系统	50	15
	其他	100	36
	合计	2 946	1 505.119 5

3. 制度保障

(1) 专项资金管理制度：该项目在领导小组领导下制定了"专项资金管理制度"对项目过程中的资金使用进行全程监管，保障资金规范使用，账务清晰。

(2) 每周例会制度：为了对项目推进过程中的各环节进行协调，领导组制定了"周例会制度"，每周一上午，领导组各成员根据所负责的事项进行工作汇报，对出现的问题协商解决。

(3) 监察制度：领导组对项目过程进行不定期检查，及时督促项目执行，对项目预期进行跟踪、纠偏。

（4）绩效考核制度：为了保证项目按时间节点准时完成，对项目过程各岗位、各环节制定绩效考核，每月进行考核。

（5）指标统计制度：根据项目建设需要，公司与协同企业共同制定了《数据统计管理制度》，用来确保项目按计划有效开展。

8.7.5 "五统一"手段实施情况

1. 统一标准体系

江苏君乐宝乳业快消品现代供应链"统一标准体系"在供应链一体化运作和协同发展相关的设施设备"硬"标准体系方面，实施了对 GS1 码标准化托盘的循环共用（目前为 500 片，未来还要增加 5 000 片左右），推进与标准托盘关联的叉车、货架、月台及运输车辆等物流设备设施标准化改造和智能化升级。在"软"标准体系方面，推动了供应链企业间信息管理标准化、物流作业流程标准化、服务流程标准化等方面的建设。

2. 统一物流服务

统一物流服务方面，以丰县国润运输有限公司作为专业的物流服务商，为上下游企业提供调配资源、统仓统配等管理服务。专业化的物流服务提高了物流转运效率，降低了物流成本。

3. 统一采购管理

通过君乐宝总部的订单计划在链条上的统一展现，链条上的企业根据订单量进行采购，从而实现统一采购（在逐步完善中）。

4. 统一信息采集

以 GS1 标准托盘为基本的物流载具，推动供应链上下游托盘条码、商品条码、箱码、物流单元代码等物流信息关联衔接，实现信息共享。

5. 统一系统平台

采购系统、仓储系统及销售系统等平台数据对接、信息对接顺畅，推动关键信息交互共享，实现信息资源有效利用，提高公共平台服务效能。

8.7.6 "四化"目标完成情况

1. 标准化

通过项目试点建设，GS1 物品编码系统实质性推广，实现托盘物流单元标准化率达到80%以上，单元化物流占供应链物流比例较试点前提高10%以上。

2. 智能化

通过项目试点，以信息技术为支撑，具备自动化、智能化、可视化、网络化及柔性化特征的智慧供应链体系初步形成，实现供应链重点用户系统数据对接畅通率达到80%以上。

3. 协同化

通过项目试点带动，促进供应链企业间信息系统数据共享和交流更加顺畅。实现重点行业平均库存周转率同比提高10%以上，供应链综合成本（采购、库存、物流及交易成本）同比降低20%以上，订单服务满意度（及时交付率、客户测评满意率等）达到80%以上，重点供应商产品质量合格率达到92%以上，带动社会消费品零售总额实现稳定增长。

4. 绿色化

通过项目建设，以供应链流程优化和再造降低对环境的影响，提高资源利用效率。减量化、可循环包装广泛应用。

8.7.7 创新特色

（1）快消品现代供应链体系信息化系统集成供应链上下关联企业信息平台供应链链条上信息的无缝对接。

（2）通过"五统一"手段中统一标准体系的运用，使相关配套设施设备的适应性、衔接性得到改善，物流单元标准化率、装卸货效率等显著提升；以信息技术为支撑，打造具备自动化、智能化、可视化、网络化特征的智慧供应链信息平台，重点用户系统数据对接畅通率不断提高；链主企业及协同企业进行高效对接，通过信息系统的高效集成，提高了平均库存周转率、降低了供应链综合成本、提升了订单服务满意度、重点供应商产品质量合格率不断攀升。

(3) 将生产供应链与流通供应链相融合，打造稳定型供应链，并延长产业链，提升了价值链。

8.7.8 项目取得成效示范推广和带动作用

1. 项目取得成效

1) 经济效益与社会效益

(1) 经济效益：

通过对奶制品供应链的建设，实现"供应商－供应链服务商－门店"奶消品现代供应链上的物流单元化和物流作业一贯化。项目完成后，仓库利用率由60%提升至95%，平均库存周转率由30%提升至60%，绿色仓库率由10%提升至35%，单元化物流占供应链物流比例由10%提升至40%。仅青贮玉米种植就增加农民纯收入1 200余万元。

(2) 社会效益：

该公司通过订单收购、租赁土地、共同兴办种养小区，以及带动农户参与农业产业化经营，使农民分享农产品生产、加工和流通环节的利润，实现农民增收致富的目标，2018年该公司带动农户7 850余户。

该公司及合作牧场均建有污水处理、沼气综合利用系统，实现了清洁生产和粪污治理的综合开发利用，如乐源牧场采用先进的环保技术，对牛粪、尿进行无害化处理，年产沼气197.1 m^3、沼渣10 000 t、沼液37 500 t，可保障周边地区10 000亩粮食作物、7 000亩蔬菜、果园进行无公害、绿色食品生产用肥，降低了农业生产成本，提高了农作物产量和品质，确保了粮食安全和绿色果蔬生产，实现了生态循环发展的经济产业链。

2) 行业影响

该公司处于全国乳业前4强的位置。基于奶消品现代供应链体系建设，充分发挥了供应链服务商的一体化管理作用，促使快消品供应链上下游企业高效协同，大大提高了快消品流通效率，降低了供应链综合成本。加之智慧化供应链的打造，使得快消品流通全过程可监管、可追溯，保障了商品流通环节的安全性。仓储利用率的提高、进城物流车辆的减少，以及新能源物流车的推广使用等，都充分体现了供应链的绿色化。为奶制品行业的供应链体系建设提供借鉴。

2. 项目示范推广和带动作用

1）高效发展，带动周边农户致富

近年来，企业的发展带动了当地奶牛养殖业、种植业、包装业、运输业等相关产业的大发展，形成种植—养殖—加工良性循环发展的产业链。该公司采取"公司+基地+合作社+农户"的产业化联营模式，通过建立合作制、合同制等利益联结方式，稳定了产销合作关系，基本形成"企业发展+农民致富+经济效益+社会效益"的良性经营模式。2017年，该公司直接带动农户7 380余户，仅奶牛养殖带动收购30 000余亩青贮玉米，就增加农民年纯收入1 200余万元；带动奶牛养殖户120余户，其他方式带动农户350余户，累计带动种养户7 850余户，促进了农民增收。

2）生态环保，打造循环发展产业链

该公司及合作牧场均建有污水处理、沼气综合利用系统，实现了清洁生产和粪污治理的综合开发利用，如乐源牧场采用先进的环保技术对牛粪、尿进行无害化处理，年产沼气197.1万立方米、沼渣10 000 t、沼液37 500 t，可保障周边地区10 000亩粮食作物、7 000亩蔬菜、果园进行无公害、绿色食品生产用肥，降低了农业生产成本，提高了农作物产量和品质，确保了粮食安全和绿色果蔬生产，实现了生态循环发展的经济产业链。

3）扶贫济困，建立结对帮扶关系

该公司作为农业产业化龙头企业，帮助父老乡亲发家致富是其应尽的责任和义务。近年来，在扶贫济困、捐资助学及帮扶弱势群等方面累计捐资300余万元，并同顺河镇5户建档立卡贫困户及经济薄弱村马庄村建立了帮扶关系，赢得了社会各界普遍赞誉。

4）模式推广

商务部2019年"推动农商互联，完善农产品供应链"试点项目的重点内容是：产地预冷库严重不足，产地分拣包装、冷藏保鲜、仓储运输、初加工设施严重缺少，冷链运输与配送率低，农产品损耗大。

2020年2月5日，中央一号文件发布。其中明确提出"加强农产品冷链物流统筹规划、分级布局和标准制定。安排中央预算内投资，支持建设一批骨干冷链物流基地。国家支持家庭农场、农民合作社、供销合作社、邮政快递企业、产业化龙头企业建设产地分拣包装、冷藏保鲜、仓储运输、初加工等设施，对其在农村建设的保鲜仓储设施用电实行农业生产用电价格。"

江苏君乐宝乳业有限公司推动农商互联完善农产品供应链项目契合国家文件精神，保障了农产品的品质，并实现了农产品的增值，进而实现了农民的增收。

我国的冷链还处于起步阶段，基础设施及产业链条都还很脆弱。广大的生鲜农产品产地应打造农产品供应链，延伸产业链，最终实现价值链的增值。江苏君乐宝乳业有限公司推动农商互联完善农产品供应链试点项目是一种很好模式，值得推广。

8.8 快消品现代供应链体系建设案例——徐州旭旺超市有限公司

8.8.1 徐州旭旺超市有限公司简介

企业愿景：打造顾客满意、员工自豪、社会认可的区域优秀零售企业。

企业使命：服务百姓优质生活。

基于以上企业愿景和使命，旭旺超市自2001年成立以来，用二十年的时间，从当初一家小超市已发展成为拥有社区生活超市、生鲜超市、乡镇商贸综合体以及2万m^2物流配送中心，城乡直营网点35家，村级加盟农家店100余家，经营面积5万m^2，员工1 300余人，年销售额6亿元的专业化连锁超市公司，苏北区域连锁超市前三强企业。公司先后被商务部确定为全国"万村千乡市场工程"，全国农产品现代流通综合试点企业，江苏省"服务业标准化"试点企业，江苏省"农村交通物流示范点"，徐州市物流标准化试点企业。

8.8.2 供应链基本情况

1. 供应链结构模型（见图8-45）

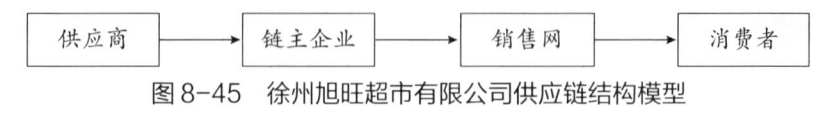

供应商 → 链主企业 → 销售网 → 消费者

图8-45　徐州旭旺超市有限公司供应链结构模型

2. 快消品供应链链条模型（见图8-46）

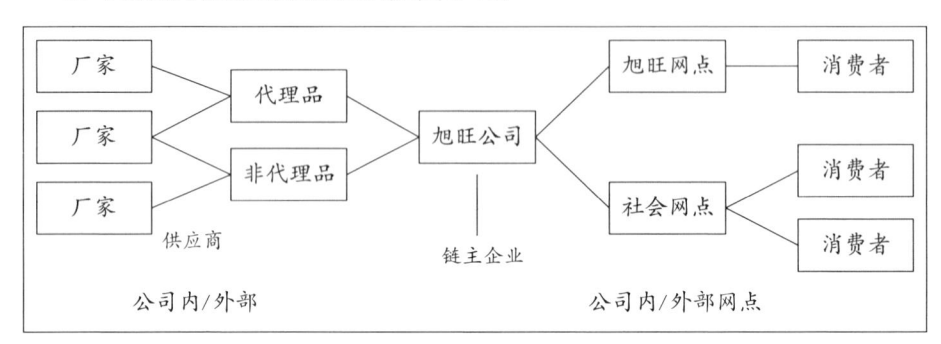

图8-46　旭旺超市目前运营的供应链模型图

3. 链主企业与协同企业组链情况（见图8-47）

该公司建设的快消品现代供应链体系组链情况如下。

链主企业——徐州旭旺超市有限公司。

协作企业——金龙鱼睢宁嘉盛商贸有限公司。

协作企业——可口可乐南京分公司。

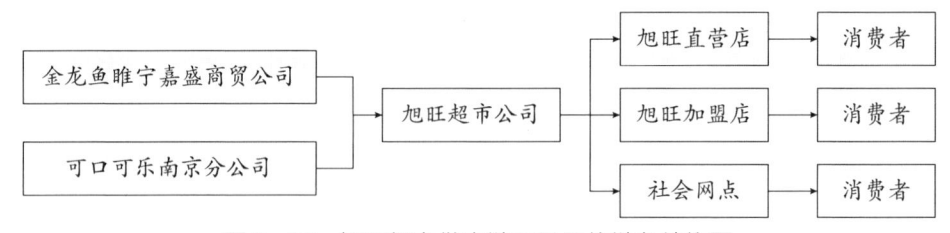

图8-47　旭旺超市供应链项目具体链条结构图

在项目的建设初期，该企业对供应链的理解是通过整合供应链上下游资源，提效降本，服务百姓生活，所以在全链条建设上，企业侧重加快信息化建设和下游网点的链接。

8.8.3 供应链项目建设内容

链主企业根据建设要求已制定科学完整的《项目实施方案》，明确了项目建设目标、建设内容、投入资金、五统一手段运用、时序安排、保障措施和经验总结，并将各项工作责任到人 (附项目"实施方案")。

主要内容如下。

1. 供应链建设的总体目标

力争通过两年时间的项目实施，带动上下游供应链企业使用标准化托盘、周转箱、车辆等标准物流设施设备，带动供应链链条上下游企业信息化水平全面提升，信息衔接率 80% 以上，降低链条企业物流综合成本，打造企业核心竞争力，提升企业效益。

(1) 带动供应链上下游企业使用标准托盘、周转箱、配送车辆占比达 95% 以上；企业使用单元化物流占供应链物流比例从 20% 提高到 60% 以上；企业使用标准托盘、周转箱、配送车辆的比率达 100%；带盘运输比率达 100%。

(2) 仓库利用率从 60% 提高到 90%。

(3) 平均库存周转率从 25% 提高到 51%。

(4) 商品损耗率从 0.45% 降低到 0.2%。

(5) 供应链综合成本 (采购、库存、物流及交易成本) 从 14% 降低到 9%。

(6) 推广使用太阳能发电系统，使用新能源汽车，绿色仓库与新能源车辆比例从 0% 提高到 25%。

(7) 订单服务满意度 (及时交付率、客户测评满意率等) 从 80% 提高到 95% 以上。

(8) 供应链重点用户系统数据对接畅通率从 15% 提高到 80% 以上。

(9) 带动供应链上下游企业推广使用 GS1 编码，编码使用率达 80% 以上。

(10) 结合国标、行标建立完整的企业标准体系，实施物流设施设备国家、行业标准 30 项以上，实施技术服务标准国家、行业标准 40 项以上，带动供应链上下游企业实施标准化 50 家以上。

2. 项目建设内容

（1）基础设施建设：租赁使用 1 200 mm×1 000 mm 标准托盘，标准周转箱、购置高位立体货架、液压叉车及标准月台等设施设备实现仓储高效利用。购置农产品包装设备、冷冻冷藏库、冷柜设备及标准冷链运输车辆等设备，全程统采统配，冷链运输和储存。

（2）信息化建设：开发现代供应链信息化统一系统应用平台，通过大数据整合上下游资源，通过 GS1 商品条码的应用，单元化物流管理，使供应链各相关方实现生产、采购、库存、配送、销售全程可视化，商品及质量可追溯，提高配送中心信息化水平和协同化管理。

（3）绿色技术：对物料进行循环使用管理，提高物料使用效率。

8.8.4 供应链项目保障措施

1. 组织和人员保障

1）成立领导小组

自 2018 年 9 月份项目申报获批以来，领导高度重视，在企业内部成立了"现代供应链体系建设领导小组"，由公司总经理许治同志任组长，相关部门负责人及协作企业人员为组员，明确牵头部门、职责分工和任务分解等项目推进协调机制，保障项目的落实和执行。

2）领导组分工及任务要求

组长：负责现代供应链体系建设项目工作的总体调度。

创建组：负责现代供应链体系建设项目的项目材料申报以及企业内部对项目实施的宣传、培训及实施过程纠偏。

执行组：负责现代供应链体系建设项目各相关环节的实施和落地，对上游供应商对接和各经营网点管理，及时解决项目执行过程中出现的新问题，加强指导、检查，总结成熟经验，协助创建组做好各岗位环节标准执行工作。

2. 资金保障

本项目原计划投资额 3 229.5 万元，包括新建 2 万 m² 物流配送中心标准仓库的基础设施建设，标准货架、月台、冷链运输车辆、农产品初加工流水线和冷冻冷藏库等，以及围绕打通供应链上下游信息进行的信息化投入及系统研发费用投入等，因链主企业物流配送中心标准仓库的建设延期，具有基础性、公益性的物流设施节点标准化建设设施设备投资强度减少，该项目整体投资额也由原来的 3 229.5 万元，调整至 1 400 万元。

项目计划投资 1 400 万元，实际完成投资 1 032.7 万元，占计划投资金额 73.76%，项目带动社会资本投资 1.2 亿元，为政府财政补贴的 60 倍。具体投资明细如表 8-13 所示。

表 8-13　旭旺超市供应链项目投资情况明细表

序号	名称	规格、型号	数量	金额/元
1	江铃牌配送客车	江铃牌 JX6570T-M5	1	141 532.76
2	解放牌厢式运输车	解放牌 CA5310XXYP66K2L7T4E5	1	364 724.14
3	福田牌冷藏车		1	291 934.51
4	解放牌厢式运输车	解放牌 CA5180XXYP62K1L4E5	1	168 535.40
5	解放牌厢式运输车	解放牌 CA5180XXYP62K1L4E5	1	168 535.40
6	液压尾板	YT-QB15/150S	2	27 000.00
7	液压尾板	YT-QB15/130S	1	13 500.00
8	液压尾板	YT-QB15/130S	1	13 500.00
9	液压尾板	YT-QB15/150SPHL	1	15 500.00
10	液压尾板	YT-QB15/130SPHL	1	15 500.00
11	液压尾板	YT-QB18/150S	1	13 500.00
12	液压尾板	YT-QB20/150S	2	28 000.00
13	液压尾板	YT-QB20/150SPHL	1	16 000.00
14	物流笼车	0.5 m×1 m×1.8 m	50	65 000.00
15	周转筐	40 cm×60 cm	6 000	111 200.00
16	周转筐	40 cm×60 cm	1 000	17 900.00
17	周转筐	40 cm×60 cm	200	4 400.00
18	周转筐	40 cm×60 cm	1 000	17 900.00
19	周转筐	40 cm×60 cm	800	14 320.00

续表

序号	名称	规格、型号	数量	金额/元
20	周转筐	40 cm×60 cm	600	13 200.00
21	周转筐	40 cm×60 cm	500	12 100.00
22	周转筐	40 cm×60 cm	900	15 930.00
23	周转筐	40 cm×60 cm	2 900	58 400.00
24	周转筐	40 cm×60 cm	1 600	25 600.00
25	搬运车	DFE20	5	6 000.00
26	搬运车	DF30	6	7 999.98
27	搬运车	DF30（685）	5	7 000.00
28	电动搬动车	PT20	3	76 800.00
29	电动搬动车	PTE15N	2	15 200.00
30	木质托盘	1 200 mm×1 000 mm	1 250	200 000.00
31	GS1 码		3 000	15 000.00
32	塑料托盘租赁			130 990.00
33	GS1 码系统使用服务费			80 000.00
34	货架		1	168 000.00
35	货架		1	168 000.00
36	货架		1	40 000.00
37	货架		1	34 215.00
38	货架		140	200 000.00
39	货架		272	408 000.00
40	货架		192	460 000.00
41	货架		107	68 000.00
42	货架		160	190 000.00
43	货架		360	385 000.00
44	货架		115	111 000.00
45	货架		1	155 000.00
46	储存冷柜		1	215 000.00
47	制冰机		1	19 500.00
48	制冰机	PBJ-300A	1	12 840.00

续表

序号	名称	规格、型号	数量	金额/元
49	储存冷柜		5	188 500.00
50	储存冷柜		1	426 800.00
51	星星冷柜	IHC2.6/95WA	2	14 330.00
52	星星冷柜	SD/SC500BY	1	2 540.00
53	星星冷柜	SD/SC850BYA	1	5 730.00
54	储存冷柜		1	66 068.00
55	储存冷柜		3	24 000.00
56	储存冷柜		1	447 500.00
57	储存冷柜	SD/SC900BY	7	36 339.00
58	储存冷柜		1	8 000.00
59	储存冷柜		1	256 000.00
60	储存冷柜		1	197 000.00
61	储存冷柜		1	169 000.00
62	储存冷柜		1	105 000.00
63	储存冷柜		1	215 000.00
64	储存冷柜		1	96 000.00
65	储存冷柜		26	65 600.00
66	水产储存柜		1	47 400.00
67	水产储存柜		1	45 500.00
68	水产储存柜		1	110 800.00
69	水产储存柜		1	173 000.00
70	储存冷柜		1	2 000.00
71	冷库设备		1	70 000.00
72	面食加工设备		4	6 600.00
73	冷冻加工设备		5	7 000.00
74	自动拉伸包装机		1	340 000.00
75	升降机		1	35 000.00
76	升降平台	SJG1.5-4.1	1	29 000.00
77	液压升降平台	SJG1.5-1	2	40 000.00

续表

序号	名称	规格、型号	数量	金额/元
78	液压升降平台	SJG2-5	1	25 000.00
79	UPS 电源		1	16 000.00
80	UPS 电源		1	2 000.00
81	UPS 电源		1	5 440.00
82	UPS 电源		1	7 800.00
83	UPS 电源	DK306L	1	16 000.00
84	UPS 电源	DK306L	1	16 000.00
85	UPS 电源	DK303L	1	7 800.00
86	UPS 电源	DK303L	1	7 800.00
87	UPS 电源		1	7 800.00
88	UPS 电源	DK303L	1	23 600.00
89	UPS 电源	12V100AH	1	5 440.00
90	UPS 电源	12V100AH	1	5 440.00
91	UPS 电源		1	5 440.00
92	UPS 电源	12V100AH	1	12 940.00
93	打印机		1	2 450.00
94	打印机		1	2 650.00
95	打印机		1	1 850.00
96	打印机		1	2 450.00
97	爱普生打印机		1	4 300.00
98	打印机		1	2 250.00
99	爱普生打印机		2	4 500.00
100	爱普生打印机		1	2 200.00
101	爱普生打印机		1	2 250.00
102	打印机		2	2 640.00
103	电脑		2	7 200.00
104	电脑		1	3 000.00
105	打印机		1	1 700.00
106	条码打印机		2	3 100.00

续表

序号	名称	规格、型号	数量	金额/元
107	电子秤		1	3 350.00
108	电子秤		5	16 750.00
109	电子秤		3	10 050.00
110	电子秤		2	6 700.00
111	PC 智能秤		1	13 800.00
112	配送秤	300 kg	1	14 600.00
113	电子秤		10	33 200.00
114	条形码秤		3	11 400.00
115	托利电子秤		8	26 560.00
116	电子计价秤		5	4 375.00
117	托利电子秤		1	3 320.00
118	电子秤		1	3 320.00
119	电子秤		9	42 060.00
120	电子秤		20	66 400.00
121	电子秤		1	3 320.00
122	电子秤		1	3 320.00
123	电子秤		1	3 320.00
124	电子秤		1	3 320.00
125	电子秤	15 kg	10	38 000.00
126	电脑		1	3 400.00
127	电脑		1	2 500.00
128	电脑		1	4 080.00
129	电脑		1	2 600.00
130	电脑		1	3 300.00
131	电脑		2	7 800.00
132	电脑		5	16 500.00
133	电脑		1	3 600.00
134	电脑		1	3 600.00
135	电脑		1	3 800.00

续表

序号	名称	规格、型号	数量	金额/元
136	电脑		4	14 400.00
137	笔记本		1	5 100.00
138	电脑		2	6 500.00
139	电脑		1	5 250.00
140	打印机		1	1 590.00
141	电脑		3	10 650.00
142	电脑		1	3 600.00
143	电脑		1	7 500.00
144	电脑		1	7 200.00
145	电脑		1	3 600.00
146	电脑		2	7 200.00
147	联想服务器	SR550	1	18 000.00
148	联想服务器	TS560	1	12 500.00
149	联想服务器	SR860	1	83 000.00
150	服务器	RS260	1	11 300.00
151	服务器	RS260	2	19 500.00
152	联想服务器	TS250	1	9 300.00
153	联想服务器	SR550	1	18 500.00
154	联想服务器	SR258	2	28 400.00
155	联想服务器	SR590	1	55 100.00
156	数据采集器	PT8000-3K	10	14 000.00
157	数据采集器（收货）	NLS-TP86-30	20	27 000.00
158	数据采集器		12	31 200.00
159	数据采集器		8	20 800.00
160	监控用综合管理系统	iSecure Center	1	27 500.00
161	监控用球形摄像机	DS-2DC6220IM-A	60	87 600.00
162	监控用网络摄像机	DS-2CD3T25D-I5（6 mm）	36	11 520.00
163	监控用交换机		30	4 500.00
164	监控用支架		70	4 200.00

续表

序号	名称	规格、型号	数量	金额/元
165	监控用无氧铜网线	米	10	5 500.00
166	监控用电脑		1	3 300.00
167	监控用显示器		2	3 000.00
168	监控系统扩容	iSecure Center(DS)	1	7 000.00
169	球形摄像机	DS-2DC6220IW-A	13	18 980.00
170	闭路电视监控		1	40 000.00
171	闭路电视监控		1	48 708.00
172	闭路电视监控		1	43 683.00
173	闭路电视监控		1	23 612.00
174	闭路电视监控		1	29 926.00
175	闭路电视监控		1	125 672.00
176	闭路电视监控		1	31 126.00
177	百年创纪零售系统软件		1	15 000.00
178	百年创纪零售系统软件		1	32 000.00
179	百年创纪零售系统软件		1	35 000.00
180	百年创纪零售系统软件		1	50 200.00
181	百年创纪零售系统软件		1	2 200.00
182	百年创纪零售系统软件		1	9 400.00
183	百年创纪零售系统软件		1	35 000.00
184	仓储管理系统软件		1	240 000.00
185	仓储管理系统软件		1	240 000.00
186	天融信防火墙		1	13 400.00
187	配送无线网络		1	29 500.00
188	财务软件费		1	38 000.00
189	食品检测亭及设备		1	48 000.00
合计				10 327 066.19

3. 制度保障

（1）项目已设立项目建设资金专项管理制度，明确符合规范要求的列支范围目录。为保障项目的规范建设，在项目建设初期制定了企业"项目专项资金使用与管理"制度，按照负面清单所列之项，对项目资金使用进行监管，保障项目资金按要求投入，单独列支。

(2) 项目已建立相关指标统计制度和内部审计制度。

8.8.5 "五统一"手段实施情况

1. 统一标准体系

统一供应链上下游企业的托盘尺寸标准：全链条使用GS1码标准托盘（1 200 mm×1 000 mm）；统一装卸标准、收货验收标准、带盘运输标准；统一叉车使用标准；统一配送车辆选型标准：配送车辆使用内径尺寸为2 450 mm或2 050 mm，统一装配货车液压尾板；形成应用完整的标准体系，包含基础标准、技术标准、管理与作业标准等。

2. 统一物流服务

为上下游企业提供统一的物流服务，包含运输、仓储及装卸等，实现了作业一贯化，大大提高了物流效率。

3. 统一采购管理

上下游企业通过链主企业的供应链管理平台实现下单采购、库存数据、销售数据及退货数据共享，帮助企业准确、及时地完成采购订单，实现了上下游企业间采购的统一管理；实现了零售终端自动补货，根据缺货数量，自动生成采购订单。

4. 统一数据采集

通过信息系统的打通，以及GS1编码托盘的使用，完成了与商务系统的接口对接，实现"四码合一"，完成数据的实时抓取，全过程记录和监管商品的流转，统一信息采集。

5. 统一系统平台

链主企业开发的供应链管理系统，已经全部应用于供应链上下游企业，涵盖了OMS订单管理系统、WMS仓储管理系统、TMS运输管理系统以及财务系统和大数据平台,实现平台的统一,供应链上下游企业间办公的高效协同。

8.8.6 "四化"目标完成情况

通过"五统一"手段举措的实行,"四化"目标计划实现程度如下。

1. 标准化

供应链全链条统一使用 1 200 mm×1 000 mm 标准尺寸 GS1 码托盘以及与标准托盘匹配的物流设施设备,全面实现设施设备的标准化;通过上下游企业的协同与配合,共同编制《快消品供应链标准体系》,包含服务标准、技术标准、作业标准等。

2. 智能化

通过系统平台的统一,使供应链作业全过程智能高效,实现高效分拣、有效期预警、库存监管、数据分析及表单生成等功能;通过对物流设施设备的改造,实现物流作业的智能化,包含尾板车辆的使用、智能叉车等。

3. 协同化

通过系统平台的统一与供应链标准体系的应用,使供应链上下游企业间订单处理高效协同、物流作业高效协同、商品交接与异常处理高效协同。

4. 绿色化

通过带板运输,降低了商品损耗;通过高位货架的使用,提高仓库利用率;通过开展共同配送,降低车辆空载率;通过标准周转筐的循环使用,减少传统纸质包装箱使用,减少了能源损耗,体现了供应链的绿色化和环保。

8.8.7 创新特色

(1)链主企业联合上下游协同企业共同制定供应链协同标准体系,促进降低成本、提高竞争力。

在项目建设过程中,结合原有的物流标准化实施规范,建立起完整的供应链标准体系,由基础标准、技术标准、管理与作业标准三方面构成,提供了供应链上下游相关物流操作环节的标准保障和技术支撑。

①基础标准：由标准化导则、术语与缩略语标准、符号标准、供应链管理，以及绿色仓库要求与评价五部分组成，提供标准体系的总体技术规范。

②技术标准：托盘编码及条码表示、物流设施设备实施规范、共用系统托盘质量验收规范、汽车/挂车及汽车列车外廓尺寸、轴荷及质量限值、联运通用平托盘主要尺寸及公差以及商品条码储运包装商品编码与条码表组成。

③管理与服务标准：由信息标准、供应链管理业务参考模型、安全标准、托盘共用系统运营管理规范、运行管理规范、标准化评价与改进及其他标准组成，为供应链建设体系各环节运行过程提供管理与操作规范。

（2）链主和协同企业在全链条运作上实施推广国家、行业标准的数量。

目前已实施相关国家、行业标准和企业标准39项，实施技术服务标准国家、行业标准25项，标准覆盖率达到90%以上，从设施设备使用、标志标识、操作流程及安全等全过程实施标准，带动供应链上下游企业实施标准20余项，全面提升供应链上下游企业标准化管理水平。

8.8.8 项目取得成效示范推广和带动作用

1. 社会效益与和经济效益

1）该项目的经济效益

项目实施后，实现了链条上下游企业间的商流、物流、信息流及资金流高效协同，大大提高了快消品流通效率，降低了供应链综合成本，为企业提供了更多发展空间，项目实施两年来，带动睢宁县商贸投资1.2亿元，解决就业1 500人，特别是在睢宁县新型农村，项目的建设为商贸综合体赋能，使商贸活动更丰富多样，也是老百姓主要的消费、娱乐场所。

2）该项目的社会效益

该企业作为该地区零售行业代表，有合作供应商400多家，其中品牌供应商200余家，供应商涉及生产生活的各个方面，企业在城乡有经营网点200余家，该项目的建设将该地区相关同一链条上的生产企业、经销企业与连锁企业通过供应链集合在一起，共享信息资源，对应急事件也可快速反应。如疫情期间，作为本地保供重点单位，实现供应链上下游快速联动，快速整合厂商资源，及时调动运输车辆、调整库存商品数量，及时配送并补货，保障防疫用生活物资及时、充足供应，市场价格稳定，满足消费者生活供应需要，得到了政府和广大百姓的一致认可。

2. 项目建设模式经验

该公司的快消品供应链建设模式得到了兄弟企业的认可和推荐，通过快消品供应链体系建设项目的试点，形成了一套标准化的作业流程、服务规范、设施设备标准应用等标准体系，适用于各个城市的快消品供应链体系建设，具有成熟的可推广经验，淮海商联内15家成员单位多次前往该公司交流学习。

8.9 快消品供应链——徐宁苏宁

8.9.1 苏宁集团简介

苏宁物流1990年即开始物流能力的建设，是国内首批从事仓储、运输及配送等供应链全流程服务的企业。苏宁物流形成了独特的仓储、运输、末端配送三张基础网络的资源优势，"仓配、运输、城配、冷链、跨境、售后"6大专业化产品群对外开放，"数据+无人"两大智能生态探索物流前沿科技。苏宁物流聚焦实现两大愿景——中国最具效率的供应链设施服务商和最具创新力的科技物流企业。

徐州徐宁苏宁物流有限公司隶属于苏宁易购集团，主要服务于苏宁易购线上线下销售，公司位于徐州市云龙区大龙湖南商聚路，占地195亩，自建物流中心，总投资3亿元，2012年投入使用，该物流中心定位为苏北地区管理中心，辐射苏北徐、淮、连、宿四座城市。其中仓储建设面积7万 m^2，配套办公楼、宿舍楼1.5万 m^2，目前园区仓储自用5万 m^2，剩余两万 m^2 用于对外招商运营，入驻企业主要有顺丰速运、德邦快运等，此外，办公区入驻企业有中铁四局、律师事务所、教育培训行业及高新技术企业等。

该公司是江苏省重点物流企业，国家级3A物流企业，ISO9001质量认证企业，通过整合上下游资源，推动物流向规模化、集约化、专业化、智能化方向发展。

8.9.2 供应链基本情况

供应链系统平台对接已完成。

苏宁现代供应链平台系统与可口可乐的系统直连已经完成，并投入使用，如图8-48所示。

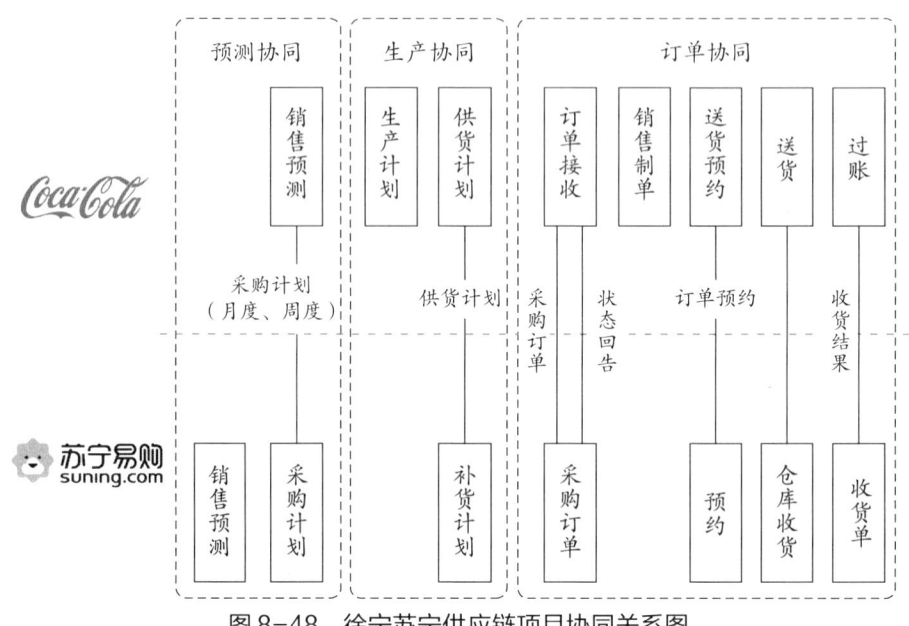

图8-48 徐宁苏宁供应链项目协同关系图

8.9.3 供应链项目建设内容

苏宁物流的任务：

首先，承载整个供应链信息系统的搭建，苏宁与供应商之间基于国标码的管理、标准建立，以及供应链数据协同等，打造全流程贯通的供应链网络。

其次，建设为上下游企业提供全链路的物流环节的供应链服务平台，通过建立产能、仓库、网络、车队、标准货架、托盘、周转箱及冷链等基础设施建设。

同时，搭建不断强化的仓配一体化网络建设，提升物流供应链服务本质，建设基于产能的预约接入、作业单管理、派单系统、商品库内管理及损耗管理等系统，智能化应用仓储升级，提升共同配送能力，倡导绿色环保理念，推广使用新能源车辆等。

最后，将带着 GS1 标准的条形码的商品销售给客户，真正完成供应链的最后一道把关。

可口可乐的任务：

（1）将 GS1 标准码与公司的产品相对应。

（2）完成与苏宁业务对接，提出需求、完成供应链系统对接。

（3）建设 Barcode 系统、易订货小助手、MOA 系统。

苏宁小店的任务：

（1）建设 WMS 相关系统，实现软件化全覆盖，与苏宁供应链系统对接，更好地为苏宁现代供应链体系服务；

（2）以标准化器具使用建设为主，如标准化托盘，标准化周转箱（苏宁小店专用中转箱），冷链循环保温箱等，使供应链上游、下游完成统一。

8.9.4 供应链项目保障措施

1. 组织和人员保障

1）组织团队保障

为了保障项目顺利实施，保证项目建设质量，提升项目建设管理水平，除了设立整体的供应链体系建设总指挥小组外，各个企业均在企业内部成立供应链体系建设工作领导小组。人员设置齐全、功能完善、组织机构灵活，可以高效地按项目实施进度落实方案及应对突发情况。

2）供应链建设总指挥小组

为确保项目顺利推进，该公司组建供应链体系建设总指挥小组，指挥小组成员由各企业分管领导组成，并由项目负责人担任组长。在链主所在企业，定期召开会议，研究解决项目实施过程中出现的问题，确保项目按时按量完成。

供应链体系建设总指挥小组成员情况如下。为推进公司供应链项目顺利实施，进一步提升物流产业标准化、智能化、信息化水平，争取供应链项目政策资金补助，推动物流产业转型升级、健康发展，经公司研究决定，成立供应链项目领导小组，统一领导组织试点项目的规划与实施，并制定相关职责。

（1）项目经理部：负责项目中资源的协调、调配，对项目中发生的重大事情做出决策。

（2）项目经理：负责整个项目的整体安排，人员调派，并完成与各承包商的协调工作。

（3）工程师：负责工程中的技术支持及设备的安装、调试。

（4）财务人员：对实施产生的费用进行处理、监督。

（5）商务人员：按合同提供货物到指定地点，对设备到货、质量、缺陷做出解释，与设备提供商协调提供特殊情况下技术支持。

（6）业务人员：协商各实施细节。

（7）文档配置管理员：过程文档的管理及配置。

（8）质量管理小组：负责规范工程实施流程，及时纠正实施中的不合格现象。

（9）安全员：负责预防整个工程中的故障隐患。

2. 制度保障

项目建设推进管理制度：为加强徐州市流通领域现代供应链体系建设项目的管理，促进供应链体系建设项目联合申报企业及供应链部门专项事务处理过程中的规范化、程序化，项目申报成功后，特制定专门项目制度，各企业及公司供应链部门严格遵照执行。

为保障项目顺利实施，首先，建立工作例会制度。领导小组每月至少召开一次会议，研究解决项目建设中遇到的困难和问题，每季度对重点项目建设、管理情况进行观摩点评。其次，建立信息通报制度。沟通协调项目建设资金的使用情况，对项目建设中的重大事项、进展情况，及时进行通报。最后是建立督促检查制度。督促各部门落实议定事项，强化项目建设各环节的衔接，保证项目进度和工程质量。

第 8 章　徐州市流通领域现代供应链体系建设的优秀案例

8.9.5 "五统一"手段实施情况

在整个供应链系统建设过程中，苏宁物流包含采购、物流、分销作为链主企业重点围绕供应链"四化"(标准化、智能化、协同化及绿色化)，协调打通"五统一"模式(统一标准体系、统一物流服务、统一采购管理、统一信息采集及统一系统平台)。以 GS1 标准统一信息采集和系统平台为支撑，促进商流、物流、信息流与资金流的有机融合。

1. 统一系统平台(见图 8-49)

图 8-49　徐宁苏宁供应链项目系统平台图

基于 GS1 的开放协同服务

服务：对供应链合作伙伴和零售云合作伙伴，全面开放苏宁现代零售能力，提供建立在数据平台、开放平台产品化和规则化基础之上的现代零售解决方案。

协同：基于商品 GS1 码重组供应链上下游资源，变谈判、博弈为共享、协同、服务，为用户提供更精准的商品、服务和内容。

从采购需求端预测开始按商品托盘要求确认采购需求商品整托采购数量，且只能按整数倍调整，供应商接收到采购需求数据，确认采购需求数量后信息返回该公司生成采购订单完成订货，同时，工厂确认采购需求后，安排产品线排产，完成生产过程后，按托盘规格进行存储，托盘上按要求生成 GS1 码，并将采购订单及GS1码绑定到该公司预约系统协同物流预约收货能力安排，预约单成功后，将集成的GS1码的采购订单生成交货作业单，发送至物流系统，形成收货作业计划，便于开展后续物流收货工作。

搭建苏宁物流供应链协同平台，为上游供应商提供一站式协同工作平台，包括采购协同、商品管理、财务结算、增值服务及金融服务，打造既符合苏宁现代零售发展要求，又能满足零售生态圈下供应链合作伙伴与零售云合作伙伴需求的一体化协同工作平台。通过多端口和系统直连实现和供应商在商品、服务、数据上的信息共享，基于GS1的内外部商品编码的共性转换提高了双方在数据共享、信息传输方面的及时性；优化业务流程、简化用户操作，提升用户体验；通过系统自动化、智能化升级，逐步取代人为经验判断，提高用户工作效率和正确性。

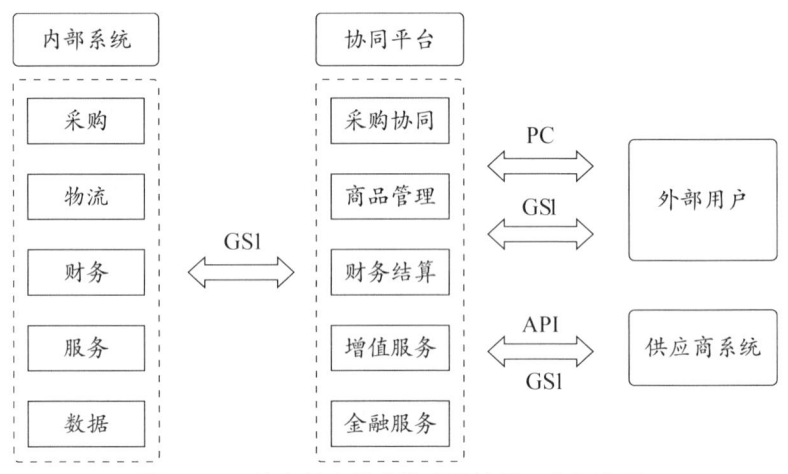

图8-50 徐宁苏宁供应链项目协同工作平台图

2. 统一采购管理

1）供应链管理（见图8-51）

供应链管理中合理化的智能铺货成为评价供应链经营指标是否达标的重要一环，合理化的铺货可以帮助零售企业提升自身服务效率，为终端用户带来更快、更优质的购买体验，对于企业自身，智能铺货亦可以有效地降低库存的滞销率、高缺货、高库存等问题。

第8章 徐州市流通领域现代供应链体系建设的优秀案例

供应链规则管理项目从智能铺货切入,致力于打造苏宁集团内部供应链协同,快速提升供应链运营水平作为项目目标。

结合苏宁集团的多业态经营,全渠道引进数千万量级的SKU,针对海量的SKU进行分类管理,结合不同的品类特点,定制规划其特有的铺货策略。整合并统一管理各业务供应链规则,提供灵活多变的弹性供应链管理方式,基于商品的生命周期,给出不同时期内商品的供应链规则,满足现有业务,实现供应链柔性管理,兼容供应链收货或拓展。

例如:建立供应商服务标准结构、统一商品起订量管理、基于不同业态的供应需求和能力搭建符合其业态能力的供应链链路结构,支持全品类、全渠道、全客群的业态布局。

基于GS1商品国标码管理的供应链管理,全面清晰地反映供应链的经营现状及全貌,依此进行供应链绩效分析与推荐,并给出供应链优化建议,促进供应链规则良性循环,提升供应链的执行效率。

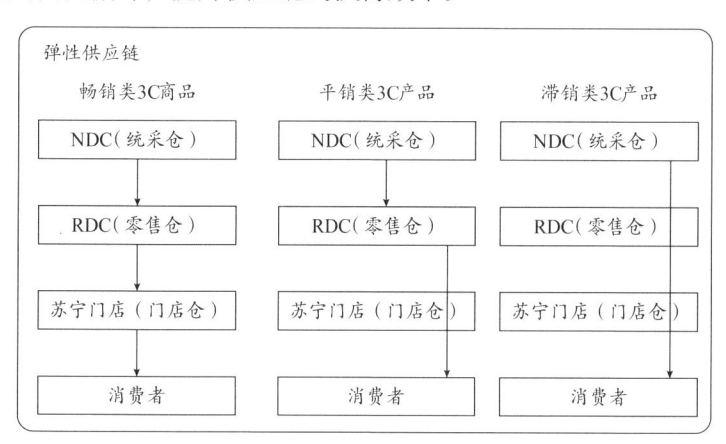

图8-51 徐宁苏宁供应链项目采购管理协同图

2)预测补货系统(见图8-52)

随着苏宁的快速成长,海量级SKU需要大量人力进行下单、跟单,并且造成交付上经常断货、效率上低下、财务上库存成本居高不下。

在这样的背景下,苏宁从企业实际情况,在需求平台上开发构建苏宁未来预测补货管理平台,建立高效敏捷的采购与调拨体系,以用户为中心岗位职能设计，基于商品规划、供应链表现提供预测计算、分析支持，从而实现：

(1) 以采销、督导用户为中心的工作平台。

(2) 基于业态专业化的大数据预测模型。

(3) 基于商品供应链表现的准入准出机制。

(4) 协同高效的采购、调拨执行管理。

(5) 基于商品供应链表现的监控分析。

(6) 基于运营效率供应商采购协同。

(7) 以 GS1 为转换介质形成工厂和企业之间的无缝对接。

(8) 同时销售端使用 GS1 国标码进行销售，实现数据轨迹的可视和可查。

采购需求计划与供应商协同排产后，供应商可根据前期设定的送货标准，按照标准托、标准箱进行送货，送货单中体现托盘码和标准箱码，物流在收货作业时可以按照标准箱码、托盘码进行收货上架，减少仓库的收货作业时间，提升效率。

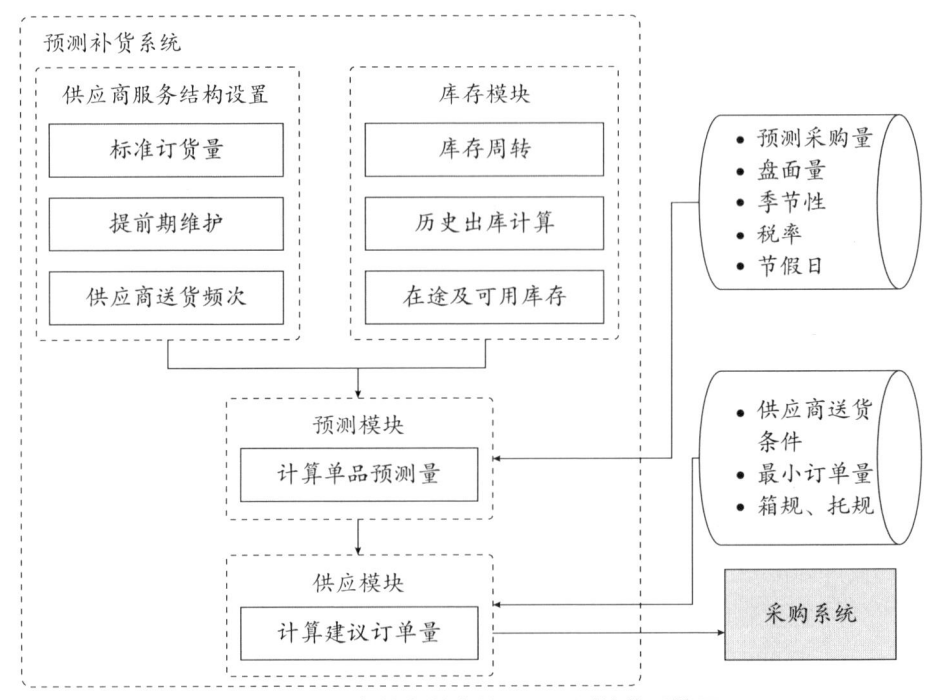

图 8-52 徐宁苏宁供应链项目预测补货系统图

第8章 徐州市流通领域现代供应链体系建设的优秀案例

苏宁预测补货系统（SCFR）定位：根据商品特性和供应链铺货链路，寻找适应性模型，提供精准、高效的需求建议（包含调拨建议、分货建议及采购建议）服务。

基于上述产品定位，产品按业务场景分两块：采购需求与调拨需求。这两块从结构上又分四层：大数据模型库、大数据需求预测、需求执行及监控分析。

利用 AI、大数据技术，以机器学习与统计学相结合的方式设计预测模型和补货模型，结合大数据技术实现海量数据的内存式预测和补货算法。预测采购仓和零售仓库中每天每个区域的销量和备货量，实现自动化补货，满足在营商品中，80%以上畅销商品的智能补货。采购即苏宁外采地点向对应供应商对应商品要货的业务；调拨即苏宁铺货地点向对应下级供应链链路铺货地点分货的业务，从过程上又分要货和分货业务。在整个预测过程中，基于供应商服务能力结构中预设的能力值最小起订量和采购域中的采购量，可以实现整托或者整车的采购预测，在整个预测中会对畅销商品进销补足，同时考虑时间和成本因素对整托或者整车采购的影响，保证在供应过程中利益最大化的同时，考虑销售过程中采购的合理性，见图 8-53。

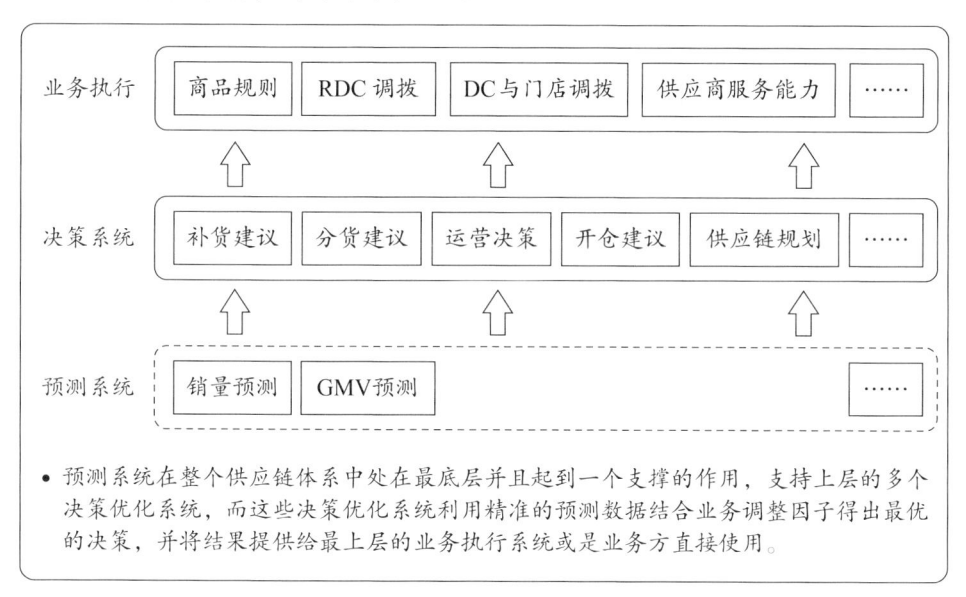

- 预测系统在整个供应链体系中处在最底层并且起到一个支撑的作用，支持上层的多个决策优化系统，而这些决策优化系统利用精准的预测数据结合业务调整因子得出最优的决策，并将结果提供给最上层的业务执行系统或是业务方直接使用。

图 8-53 徐宁苏宁预测系统、决策系统与业务执行系统关系图

3）采购订单管理操作平台

基于 ERP2.0 规划，设计和构建苏宁采购平台，旨在为采购业务用户提供一站式一体化的采购管理工作平台，同时具备未来融入苏宁云商城、开放给苏宁物流 C 店商铺进行采购管理的条件。未来采购平台将具备平台化、专业化、轻量级、规范化及社交化等特点，不仅可以满足苏宁内部采购管理业务，还可以满足苏宁生态圈合作伙伴的采购管理业务，为其提供增值服务；可以为采销管理和执行人员提供专业的操作指引、数据分析、业务预测及辅助决策等功能，优化采购业务作业流程，简化用户操作与培训，提升用户体验和工作效率；建立由业务动因触发采购业务，由商品供应链规则、合同政策等规则约束采购业务的规范化的采购业务模型；脱离采购业务与财务的紧耦合关系，提高采购业务的灵活性，实现对业务的快速响应；以用户体验为中心，产品设计贴近员工习惯，优化系统操作的友好性，通过系统自动化、智能化的服务，让采销人员习惯于借助系统辅助业务管理，建立强烈的自我管理意识。

基于门店的要求需求和库存周计划；调拨苏宁铺货地点向对应的下级供应链链路铺货地点分货的业务，从过程上又分要货和分货业务。

门店配送以整托盘或者苏宁小店料箱订货，整托盘打包，整托盘配送，快速交接，免于验货。在内部分货中，订单中商品总量超出卡车容量，则按照周转降序排，先减少排序最上方的商品订单量，减少后若仍超出卡车容量，则再重新计算周转天数排序，减少排序最上方商品订单量，以此循环，最终保证所有商品订单总量不超出卡车容量。

同时，基于快消品门店的日配商品，可以通过扫 GS1 国标码进行自动采购或者进行需求提报，解决门店补货和采购订单与采购中心的快速协同，保证采购中心、中心上次仓、供应商对门店缺货商品的快速响应，解决门店的销售的需求。

建立高效敏捷的采购体系，基于商品供应链表现提供决策支持。

采购业务与合同管理、价格管理、商品管理及供应链管理等前置管理环节衔接，在商品和供应链规划的基础上开展采购业务；同时连接供应商协同、物流执行、财务核算等下游执行环节，沟通采购上下游。

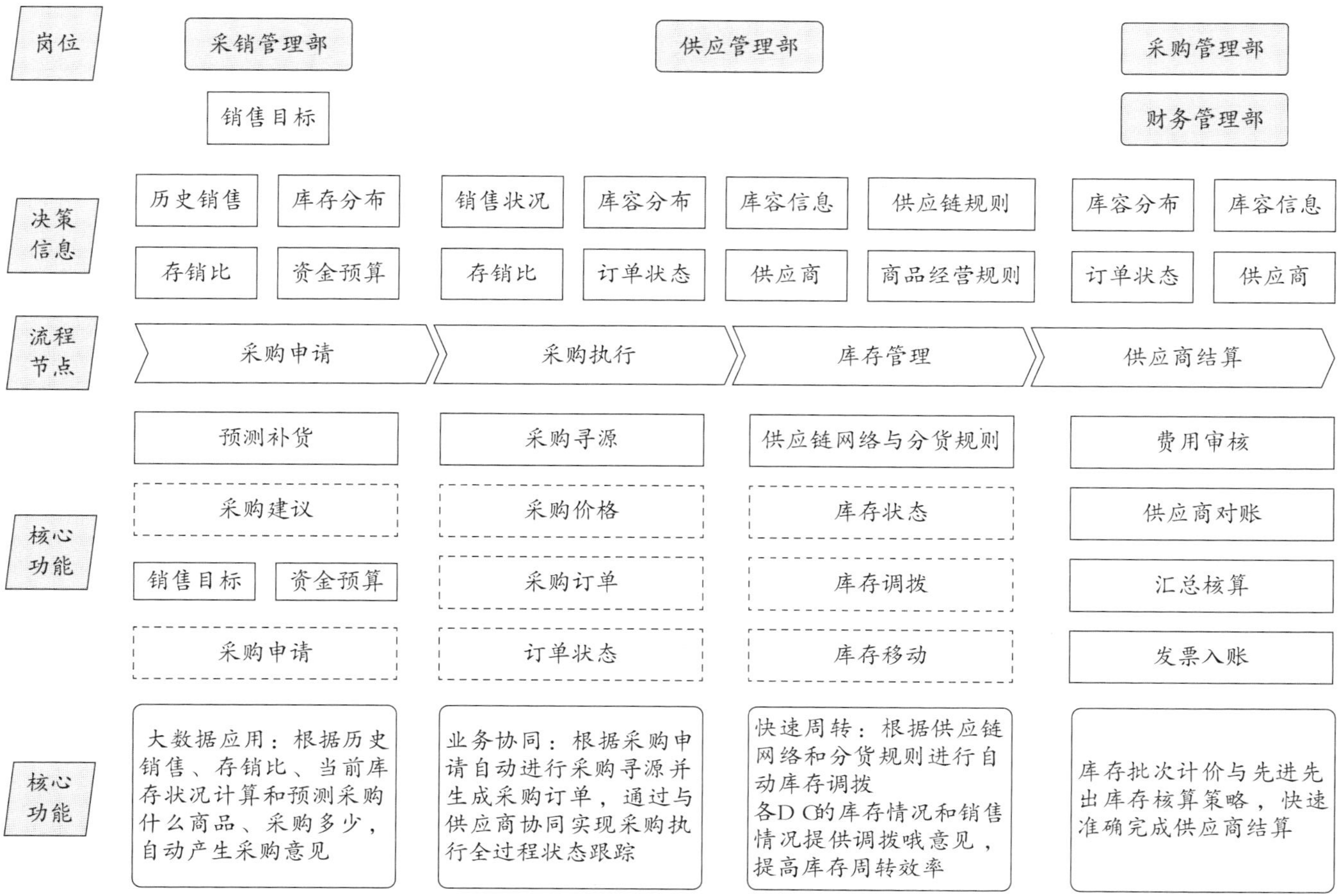

岗位	采销管理部			供应管理部			采购管理部 财务管理部	
决策信息	销售目标 历史销售 存销比	库存分布 存销比	资金预算 销售状况	库容信息 库容分布	供应商 订单状态	供应链规则 商品经营规则	库容信息 库容分布	供应商 订单状态
流程节点	采购申请			采购执行			库存管理	供应商结算
核心功能	预测补货 采购建议 [销售目标 资金预算] 采购申请			采购寻源 采购价格 采购订单 订单状态			供应链网络与分货规则 库存状态 库存调拨 库存移动	费用审核 供应商对账 汇总核算 发票入账
核心功能	大数据应用：根据历史销售、存销比、当前库存状况计算和预测采购什么商品、采购多少，自动产生采购意见			业务协同：根据采购申请自动进行采购寻源并生成采购订单，通过与供应商协同实现采购执行全过程状态跟踪			快速周转：根据供应链网络和分货规则进行自动库存调拨 各DC的库存情况哦意见情况提高库存周转效率	库存批次计价与先进先出库存核算策略，快速出库存核算完成供应商结算准确完成供应商结算

图 8-54 徐宁苏宁采购订单管理操作平台图

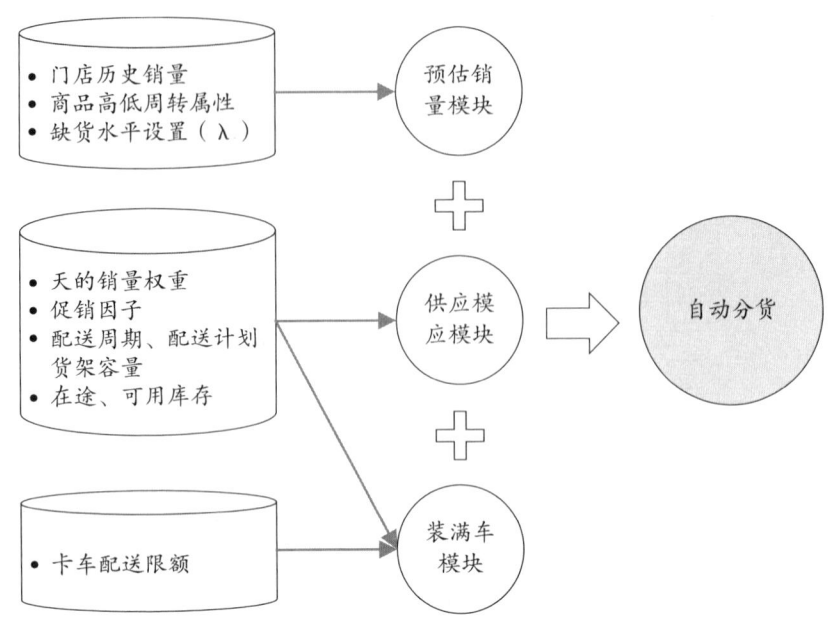

图 8-55　徐宁苏宁自动分拣关联系统关系图

采购时提供必要的数据指标支持和指导，如库存信息、销售信息、缺货情况、供应链规则、商品分类及状态信息、线上 PV/UV 等，避免了采购人员仅凭经验开展采购业务，减少断货、库存积压等情况；同时，提供业务综合分析报表、预警分析报告，辅助业务人员进行采购事后分析，帮助业务人员持续改进采购策略。

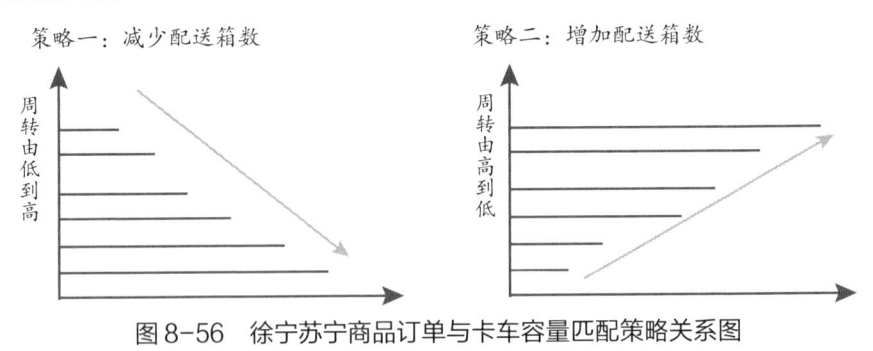

图 8-56　徐宁苏宁商品订单与卡车容量匹配策略关系图

调拨业务支持整进散出，即整箱进，散装出，并对商品的计量单位进行自动转换。同时，基于物流系统评估的物流运力和时效，确定调拨交货日期，实现对交货日期的精准把控。

同时，针对效期较短的商品，如快消品品类的盒饭、冷饮、生鲜等，简化供应链链路，建立快速的货物中转流程，保证单个城市范围内，从门店要货。到大仓收货到门店收货在12小时内完成。

箱规和起订量管理：

从供应链整体物流整体运作效率和成本的角度出发，全链路统一供应链实物流商品包装规格和运输规格，确保从供应商到苏宁大仓的外部供应链再到苏宁从大仓到门店的内部供应链始终保持统一的商品物流作业规格，简化物流作业操作，提升商品实物流流转效率。

具体来讲，供应商商品包装规格（箱规）与苏宁共享，由苏宁内部统一维护，苏宁向供应商下单时按商品箱规的整数倍下单，确保与供应商的配送规格保持一致，同时，苏宁内部从大仓到门店的分货也采用统一箱规控制，确保商品从供应商整箱进，商品从苏宁到大仓整箱出，减少中间拆包等额外操作造成的效率和成本的浪费。对于供应商有最小接单量的要求，与供应商协调一致订单的最小起订量，并在苏宁内部按供应商+地点进行维护，苏宁下单给供应商时会严格遵循最小起订量的要求，充分考虑供应商订单履行效率和成本。

通过全链路的系统自动化控制，确保全链路商品包装规格+运输规格的统一。具体来讲，供应商起订量、箱规、大仓分货起订量等参数信息在系统统一维护，苏宁采购订单创建过程中，自动进行订单量箱规和起订量的校验，对于不满足箱规和起订量的订单，自动根据箱规及起订量参数维护进行调整，确保发放给供应商的订单满足统一的箱规及起订量规则要求。在苏宁内部分货订单的创建过程中，进行箱规和分货起订量的校验，对于不满足箱规及分货起订量的订单自动调整订单量，满足箱规及分货起订量要求。

3. 统一信息采集

以GS1标准统一信息采集和系统平台为支撑，推动托盘条码与商品条码、箱码及物流单元代码关联衔接，规范信息数据和接口，加强信息化建设，促进商流、物流、信息流与资金流的有机融合。在供应链体系建设中，苏宁公司带托运输项目应用于大批量、周转快、包装标准且统一、销售包装条码规范的商品。在实施过程中，标准化托盘尚未配置独立的 ID 条码，无法通过 EDI 对接上游工厂，直接进行商品信息的交换，仍需要苏宁作业人员再次录入托盘信息。物流单元编码与 GS1 标准编码 SSCC 进行关联后，可以通过给托盘建立独立的 ID 编码，在供应商出厂时便将商品的数量、国标码等信息与托盘的 ID 进行绑定，通过 EDI 对接，苏宁方接收供应商的托盘信息数据，便可以再进一步提高信息交互效率，进而节省再次复查的成本，加速入库效率，达到提质、降本、增效。

数据交互方面，通过苏宁开放服务平台实现上游工厂系统与苏宁内部系统的直接对接，打破双方数据交互壁垒，避免出现信息孤岛。苏宁设立业务场景规范、业务环节规范、接口形式规范和数据格式规范，形成了上游工厂和苏宁之间良性的交互环境。在这种环境中，双方可以根据自身需求随时采集需要的数据，避免人为交换数据的延时性和人为统计数据而出现的漏统计、错统计等情形，提高了双方在实际运营过程中的工作效率。

4. 统一标准化体系

在采购订单方面，苏宁采购公司利用苏宁预测补货系统（SCFR），根据商品特性和供应链铺货链路，制定精准、高效的采购需求，根据单品的托盘数（TIHI）为最小基数单元向供应商下达商品采购指令，订单数量为托盘数（TIHI）的整数倍。

在供应商预约方面，供应商在接收到苏宁采购订单指令后，根据实际排产和物流送货时效在 SCS 系统进行预约，以便仓库提前明确任务量并进行作业准备，根据预约日期，按时、保质将商品送达苏宁物流公司基地仓库。

在拼盘要求方面，供应商根据苏宁采购单，及时准备商品在托盘上进行码托，每托盘商品型号数量一致，效期批次统一，码托高度统一（具体的按照详细的商品 SKU 和仓库存储的环境和条件来确定，重量不超过 1 t），码托完成后使用缠绕膜进行固定（建议缠绕膜按照 3-2-3 原则进行固定），将商品码和托盘码绑定进行送货。

第8章 徐州市流通领域现代供应链体系建设的优秀案例

在苏宁收货操作方面,供应商到达苏宁物流公司基地后,到收货部进行登记;及时安排月台位,苏宁向供应商提供有偿叉车卸货服务(针对箱数、件数及托盘数进行验收,数量清点无误后,双方签字确认,实物执行粗收货操作,后期在库内存储、发货环节发现有商品破损等不符合质检标准的商品时,供应商将进行全部补损;有特殊需求,根据商品的属性实际制定。

苏宁开放服务平台为基于苏宁开放平台的资源,开放供应链、物流、服务及数据等服务,实现供应商系统与苏宁系统的完美对接,使业务的处理更加高效、便捷;同时,欢迎 ISV 以及独立开发者,为苏宁商家开发各类商家应用,共享苏宁开放服务资源,形成苏宁商家应用生态圈。

1)业务母体强大、商机无限

苏宁开放服务平台所依托的母体苏宁云商,拥有大量的供应商,苏宁供应商需求的多样性和苏宁业务需求的多样性为各类合作伙伴提供了大量的商业机会。

2)开放范围广、程度深

开放服务平台为外部合作伙伴提供了极大的商业想象空间,该公司不断丰富的 API,涵盖了苏宁核心交易和各项重点业务的主要流程。无论是从业务开放的广度还是深度,苏宁开放服务平台都是国内开放业务规模比较大的开放平台。

3)合作形式丰富

苏宁开放服务平台是基于苏宁开放平台的综合开放平台,除了基本的开放平台特点之外,还有丰富的电子商务业务。该企业的平台把业务开放到尽可能多的领域。目前,已经为合作伙伴提供了以下的合作形式,包括商家系统直连、商家应用等。

4)统一的对接标准

苏宁的开放服务平台有一套完整的标准化体系,也参与行标的申请。总体来讲,包含统一账户体系、安全体系、访问方式以及公共参数格式和效率。

5. 统一物流服务

1)提供全链路供应链服务

苏宁物流依托苏宁现代零售生态发展，围绕六大业务板块，构建"四网四平台"服务矩阵，为客户提供到仓、到家、到店场景化供应链服务，如图8-57所示。

三种场景	到仓	到店	到家
六大业务	仓储　快递	冷链　即时配	物流地产　售后
四张网络	1H 社区网	12H 城市网	24H 农村网　48H 全球网
四个平台	苏宁云仓共享平台	网络货运平台	苏宁邮局社区服务平台　帮客家售后平台

图 8-57　徐宁苏宁供应链项目全链条供应链服务关系图

2）自建骨干仓网覆盖淮海经济区

苏宁物流拥有零售行业领先的自建物流供应链设施网络，截至目前，苏宁物流拥有仓储及相关配套面积33万 m^2，其中大件物流中心1个，小件始发中心1个，小店仓储中心1个，可为大家电、3C、快消及家居等行业客户提供仓配一体行业解决方案。

8.9.6 "四化"目标完成情况

1. 标准化

1）苏宁物流供应链标准化建设

苏宁物流公司已经建立了四个层级的标准化承载单元：1 200 mm×1 000 mm 托盘、600 mm×400 mm×315 mm 运输周转箱、600 mm×400 mm×280 mm 存储周转箱、230 mm×125 mm×110 mm 及 175 mm×110 mm×110 mm 共享快递盒。

该公司使用标准托盘数量占所使用托盘总量比率的60%，预计在今年年底达80%，2017年底快消品运作达100%，传统大件在单品运作上也计划有50%的突破。在整体使用标准托盘中，自购托盘占比18%、静态租赁托盘占比20%、循环租赁托盘占比22%，预计在年底租赁托盘达60%，循环租赁托盘占比要超80%。

2）苏宁物流标准化"带托运输"项目推广

(1) 带托运输项目介绍，如图8-58所示。

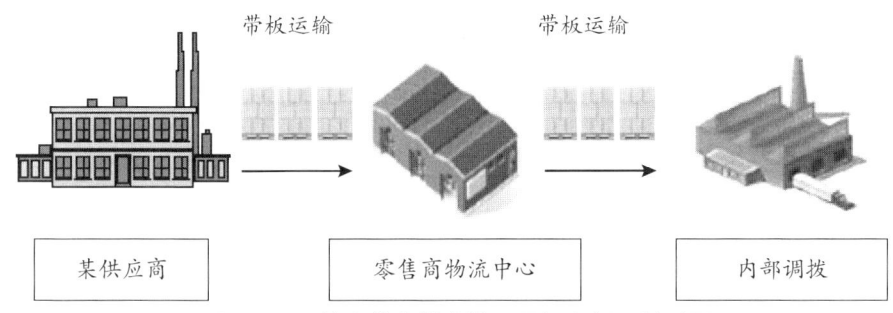

图8-58 徐宁苏宁供应链项目托盘循环关系图

商品出厂发货后带托运输至苏宁仓库，苏宁仓库带托收货入库，高效流转，提升供应商体验，苏宁内部带托调拨至各分公司、各站点、各门店，实现交接单元化、标准化，后期，苏宁将提供上门带托取货服务，覆盖供应物流全环节。

(2) 带托运输项目运作细则。

在采购订单方面，苏宁采购公司利用苏宁预测补货系统（SCFR），根据商品特性和供应链铺货链路，制定精准、高效的采购需求，根据单品的托盘数（TIHI）为最小基数单元向供应商下达商品采购指令，订单数量为托盘数（TIHI）的整数倍。

在供应商预约方面，供应商在接收到苏宁采购订单指令后，根据实际排产和物流送货时效在SCS系统进行预约，以便仓库提前明确任务量并进行作业准备，根据预约日期，按时、保质将商品送达苏宁物流公司基地仓库。

在拼盘要求方面，供应商根据苏宁采购单，及时准备商品在托盘上进行码托，每托盘商品型号、数量一致，效期批次统一，码托高度统一（具体的按照详细的商品 SKU 和仓库存储的环境和条件来确定，重量不超过 1 t)，码托完成后使用缠绕膜进行固定（建议缠绕膜按照 3-2-3 原则进行固定），将商品码和托盘码绑定进行送货。

在苏宁收货操作方面，供应商到达苏宁物流公司基地后，到收货部进行登记；及时安排月台位，苏宁向供应商提供有偿叉车卸货服务，针对箱数、件数、托盘数进行验收，数量清点无误后，双方签字确认，实物执行粗收货操作，后期在库内存储、发货环节发现有商品破损等不符合质检标准的商品时，供应商将进行全部补损；有特殊需求，根据商品的属性实际制定。

过程记录

14:36 车辆到货　　14:40 开始卸货　　卸货中……　　14:44 卸货完毕

图 8-59　徐宁苏宁供应链配送过程记录流程图

3）数据标准化单元 GS1 编码应用

以 GS1 标准统一信息采集和系统平台为支撑，推动托盘条码与商品条码、箱码、物流单元代码关联衔接，规范信息数据和接口，加强信息化建设，促进商流、物流、信息流与资金流的有机融合。

在供应链创新与应用实践中，苏宁物流公司带托运输项目应用于大批量、周转快、包装标准且统一、销售包装条码规范的商品。在实施过程中，标准化托盘尚未配置独立的 ID 条码，无法通过 EDI 对接上游工厂，直接进行商品信息的交换，仍需要苏宁作业人员再次录入托盘信息。物流单元编码与 GS1 标准编码 SSCC 进行关联后，可以通过给托盘建立独立的 ID 编码，在供应商出厂时便将码放商品的数量、国标码等信息与托盘的 ID 进行绑定，通过 EDI 对接，苏宁方接收供应商的托盘信息数据，便可以再进一步提高信息交互效率，进而节省再次复查的成本，提高入库效率，达到提质降本增效。

4）物流供应链信息标准化建设

产品追溯：商品在苏宁的整个流转过程中，先后通过商品编码 EAN 码、承载单元标码、面单号进行商品识别和定位，并支持全程追溯。

实施要点概述：

（1）库内存放时，独立商品根据 EAN 进行识别，并于仓位码进行绑定后，通过仓位码进行具体定位。

（2）库内作业过程中，由商品 EAN 码根据作业需要，实时与料箱、托盘及拣选 AGV 等标码进行绑定，实现识别与定位。

（3）出库后，在分拨环节，通过与 EAN 形成关联的包裹面单号，对包裹进行识别和定位。

（4）运输过程中，面单会与笼车、运输料箱标码的形成绑定关系，再由笼车、运输料箱与运输车车牌进行绑定，通过运输 APP 对车辆进行追踪、定位。

（5）投递过程中，再通过单个包裹的面单号与快递手持的绑定进行定位识别。

在整个过程中，苏宁运用 RF 枪、巴枪、快递手持、RFID、穿戴设备及大型自动化设备进行各种标码的识别，同时过程中所有操作均进行人员工号的绑定，对于所有操作，不仅能追溯商品的流转过程，还能追踪到所有操作的具体人员。

2. 智能化

1）智能云仓

苏宁云仓位于徐州市铜山高新区，占地面积约 350 亩，建筑面积约 14 万 m^2，如图 8-60 所示。

2）信息系统

信息系统是一切自动化、智能化的核心，苏宁云仓的 WMS(仓库管理系统)，完全由苏宁 IT 团队自主开发，强大的 WMS 系统，可以完美记录 2 000 万件商品在库内的每个存储位置信息，同时也能轻松应对海量销售订单的分类处理。

配合苏宁自主开发的"指南针 WCS 系统"(仓库控制系统)，无论是系统的整体性能还是对仓库作业的支撑能力，都实现了质的提升。"指南针系统"的研发突破了物流行业自动化仓库建设目前重硬件轻软件的合作模式，改写了行业

图 8-60　徐州市铜山高新区的苏宁云仓平面图

中甲方依赖购买 WCS 系统的既定规则。自研 WCS 系统一方面使苏宁摆脱了对集成商的依赖，更重要的一方面是能够灵活自主地进行软硬件协同设计和匹配苏宁的物流业务，并可快速完成国内乃至国际领先设备与技术的不断导入和集成。

随着三大网络的规模化发展，苏宁物流公司建立起了强大的 IT 数据平台技术，积木型供应链物流管理信息乐高平台，物流整体运营的数据管理天眼平台，对全局和全链作业数据智能处理的神谕平台，实现全自动化运作、人机结合等多方式柔性生产的指南针系统，四大自主研发的信息系统为苏宁物流公司在行业中的服务管理提供了有效的科技竞争力。

系统整体设计能力：小件商品存储能力 2 000 万件，可存储 150 万 SKU，日峰值出货能力 181 万件。主要服务华东一区（包括江苏、安徽等半径 150 km 范围内的地区）线下门店补货、线上销售以及全国的 DC 分销及补货业务。存储的商品从传统小家电、3C 等品类扩展到超市、百货、日用品、母婴等全品类。苏宁物流自主研发信息系统见图 8-61。

SUNING 苏宁物流 系统自主研发

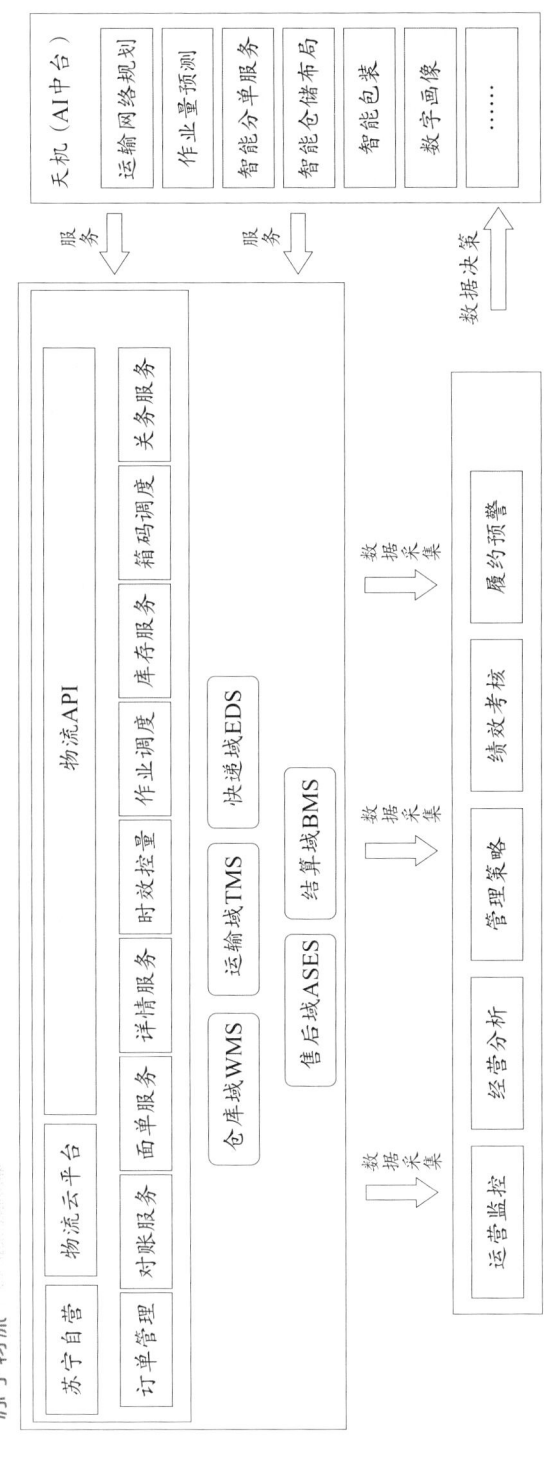

图 8-61 徐宁苏宁自主研发系统平面图

◎ 乐高：基于对未来零售的复杂性和不确定性思考下，为更加敏捷地响应市场而自主研发的服务化、模块化的积木型基础供应链物流信息平台。

◎ 天眼：数据经营管理平台，涵盖全流程监控、风险预警、产能调节、管理报表、经营指标等职能，实现数字化管理、数据化运营，构建内部运营和外部服务的数据管理体系。

◎ 天机（AI中台）：以智能数据模型替代作业环节的人工经验判断，提升大环节作业效率和全流程作业效益。

在苏宁超级云仓一系列先进的自动化存储设备完美配合运作下，约 2000 万件商品能够在这里实现从入库、补货、拣选、分拨到出库全流程的智能化作业，日处理包裹最高达到 181 万件，拣选效率达到每人每小时 1 200 件，每个订单最快可在 30 min 内出库。

3) 实现智能配送—快递点网络布局

苏宁现代物流基于大数据技术和组合预测模型方法，通过用户画像、订单分析、区域分析、构建了一套全新的商机挖掘及服务推荐引擎，用于提升服务营销的精度，提升用户服务的合理性和及时性，主动推荐、销售售后商品。

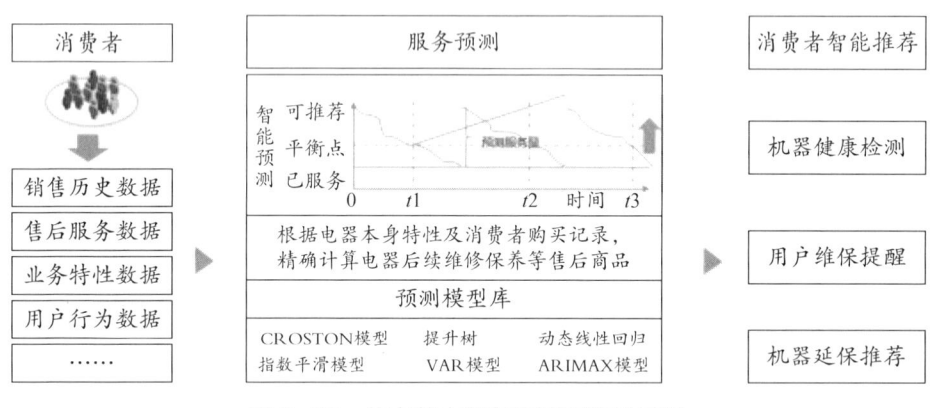

图 8-62　徐宁苏宁服务预测系统关系图

商品在苏宁的整个流转过程中，先后通过商品编码 EAN 码、承载单元标码、面单号进行商品识别和定位，并支持全程追溯。库内存放时，独立商品根据 EAN 进行识别，并于仓位码进行绑定后，通过仓位码进行具体定位；库内作业过程中，由商品 EAN 码根据作业需要，实时与料箱、托盘、拣选 AGV 等标码进行绑定，实现识别与定位；出库后，在分拨环节，通过与 EAN 形成关联的包裹面单号对包裹进行识别和定位；运输过程中，面单会与笼车、运输料箱的标码形成绑定关系，再由笼车、运输料箱与运输车车牌进行绑定，通过运输 APP 对车辆进行追踪、定位；投递过程中，通过单个包裹的面单号与快递手持的绑定进行定位识别。

在整个过程中，苏宁运用 RF 枪、巴枪、快递手持、RFID、穿戴设备及大型自动化设备进行各种标码的识别,同时过程中所有操作均进行人员工号的绑定,对于所有操作,不仅能追溯商品流转过程,而且更能追踪到所有操作的具体人员。

基于大数据技术和组合模型方法,通过 DSR 评分、网点能力、销单轨迹以及路线距离等数据挖掘、场景分析,构建了一套全新的自动派工算法服务引擎,用于提升作业自动派单的准确性,减少手工派单主观性的弊端和人力成本,提升作业效率和用户体验。

随着业务量的增长,对快递公司末端配送能力的要求也越来越高,如果仍然采用传统的方式,依靠人工经验进行网点选址,一方面会导致大量的资源浪费,另一方面,网点布局不合理,末端服务能力差,也会影响客户的消费体验,因此快递点选址系统应运而生,考虑物资的供需状况、运输条件及自然环境等因素,对快递点的位置、辐射范围及配送路径进行规划,使得一个区域内的配送效率和配送成本达到最优。快递点选址系统上线后,规划人员根据系统的推荐结果,进行快递点的合并、拆分、新建、取消等设计,使该公司的配送网络更加智能、更加高效,成本也更加低廉,缩短了送货时长,提高了用户体验。具体快递点布局见图 8-63。

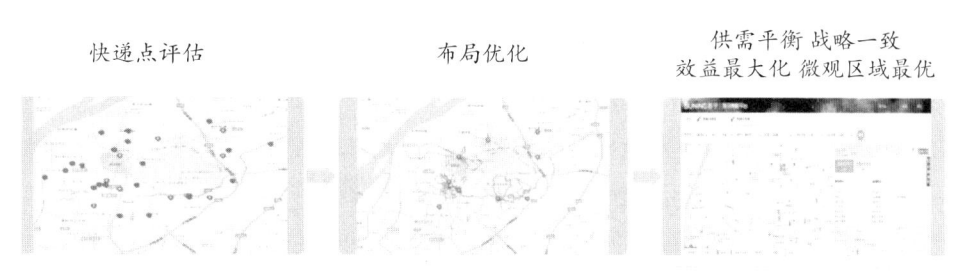

图 8-63 徐宁苏宁智能配送－快递点网络布局图

消费者在苏宁物流网站购买商品,如 818 促销期间 50 min 急速达送至顾客手中。顾客前台下单后,订单立即转至苏宁的自动化仓库系统,将顾客购买的商品从 20 余万个存储仓位中搜索出来,采用货到人拣选方式,拣选至对应周转箱内,经传送带送至包装区域,包装人员根据周转箱码及商品的 EAN 码进行包装打包作业,生成顾客面单对应唯一的包装码,再经传送线送至分拨区域进行派工作业，然后根据所派路由进行装车，送至对应快递站点，最终由苏宁物流公司快递人员送至顾客手中，以上环节全程可按苏宁物流公司现代供应链服务平台追溯运行。

4）门店自动补货系统

随着集团快消业务的全面扩张，门店补货作为线下零售行业的高频场景，高效的补货模式极大地提升了供应链运转效率，为苏宁快消业态将近300家门店提供了有力的支撑。其中，重点针对苏宁小店加强线下拓展以及提升社区服务、用户黏性提供了供应链能力输出。

门店自动补货功能上线后，已推广至苏北苏宁小店、苏鲜生，订货人员只需操作订货、收货两个环节，其余均实现自动化，简化了门店订货的繁杂流程操作，日均减少人效约50人，转换成人力成本约1万元，年度累计约475万元人力成本。具体补货流程见图8-64。

优化小店仓配、中转、直送及日配等多种供货模式（含预售菜场、外加盟）下的订货、收发货链路，小店日均要货30万单，创单时效从原先的150 min降低到了60 min，系统处理时效提升了2.5倍；整体销量预测平均准确率78%左右，每日自动补货平均采纳率85%左右，目前门店缺货率从38%下降至21%；门店库存周转天数从48天下降至30天左右。

大数据销量预测方面，引入了机器学习算法（如随机森林，lightGBM 等）、加权移动平均、时间序列趋势模型，以及移动平均加 AR 的混合模型来分别进行销量的预测；templatejs 模版引擎、angularjs 前端框架及哈希取模（mod）算法分片等前端技术使得操作简化、系统高频处理稳定。

3. 绿色化

1）共同配送

2）新能源车

相比燃油车，新能源物流车运营成本优势明显，随着技术进步，新能源车的续航里程不断增加，充电桩的铺设密度不断增大。苏宁物流持续加大新能源车投放数量，充分利用营业网点、分拨中心同步投建充电桩等配套设施，逐步提高新能源汽车使用比例，逐步更换网点符合标准的专用电动三轮车，并进一步优化装载率，节约运输成本。

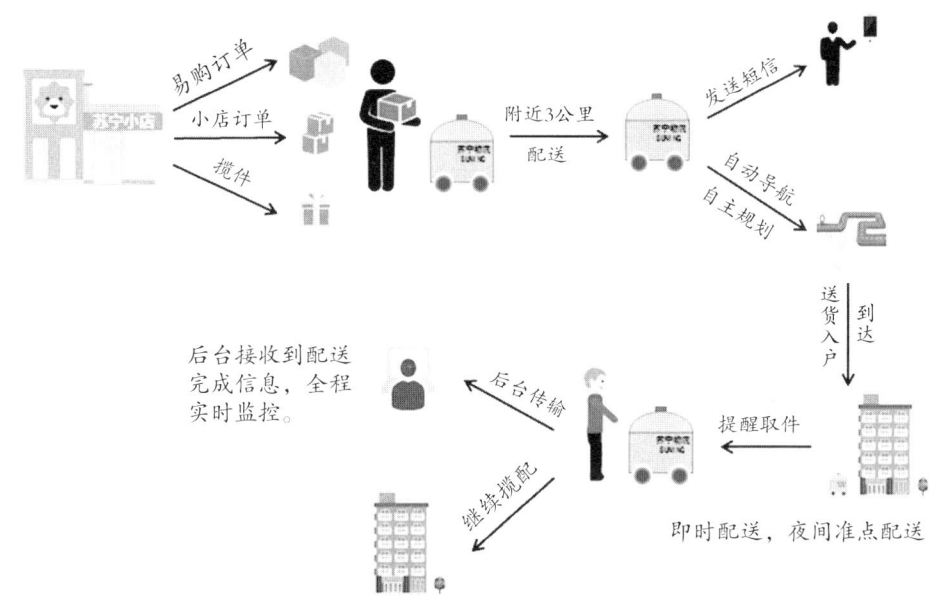

图 8-64　徐宁苏宁共同配送流程图

3）绿色包装

苏宁物流大力推进"青城计划"绿色物流建设，全面升级全链路的绿色物流体系建设，持续推动绿色包装相关生态环保举措在公司业务运营中的落地。主要围绕减量、绿色和提效三个方面进行。

（1）减量：

全方位推进包装减量化，取得一系列成效，其中 42 mm 瘦身胶带使用率已达 99%，一联电子运单 2020 年底使用率将达 80% 以上，电商邮件快件不再二次包装率不低于 98%；另外，苏宁物流大量采购使用低重高强包装箱，共享快递盒已循环使用 1 亿多次，循环周转箱和循环中转袋覆盖率到 2020 年底达到 90% 以上，同时执行简约包装、直发包装和零胶纸箱的减量化等举措。

①共享快递盒。2017 年苏宁物流推出共享快递盒后，已更新迭代两个版本，并推出了二维码快递盒。2019 年双十一期间，苏宁物流更是增投了 20 万

只共享快递盒。在此基础上，2020年3月，苏宁物流再次对共享快递盒的材质、箱体结构及封箱方式等方面进行了全面升级。作为苏宁物流绿色循环包装的创新标杆产品，全国累计投放量突破40万只，投放使用累计超过1.5亿次，节约的胶带可绕地球9.35圈，节约6 000多t碳排放。未来共享快递盒的使用会扩展到更多的商品品类和城市。

苏宁依靠自主研发的指南针系统、乐高平台以及天眼系统，针对共享快递盒建立了一套完善的共享快递盒的回收信息系统，可实时针对盒子进行追踪、定位，以及依靠大数据下的分析汇总，共享快递盒的使用及回收再利用流程见图8-65。

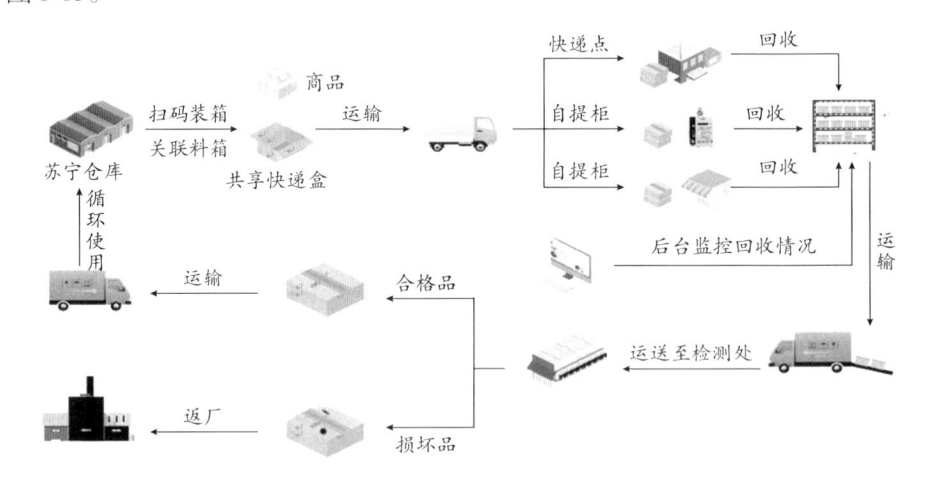

图8-65　徐宁苏宁共享快递盒的回收信息系统图

另外，苏宁物流积极与包装生产企业以及回收企业等加强合作，将循环包装的使用范围向供应链上游推广，通过探索新型运行模式和合作方式，提高循环包装产品的周转率，创新和丰富可循环快递箱（盒）的回收方式，稳步提升回收率，苏宁物流共享快递盒样式见图8-66。

②循环中转袋。苏宁物流前期推广使用了多种循环快递包装产品，包括在中转环节使用的循环周转箱和循环中转袋。2019年10月以来，苏宁物流开始全面推广使用循环中转袋，平均可循环次数达50余次。并对扫码设备进行了升级，提高工作效率及扫码准确率。到2020年底，循环中转袋实现全面覆盖，

第8章 徐州市流通领域现代供应链体系建设的优秀案例

全年可节约近600万个一次性编织袋。

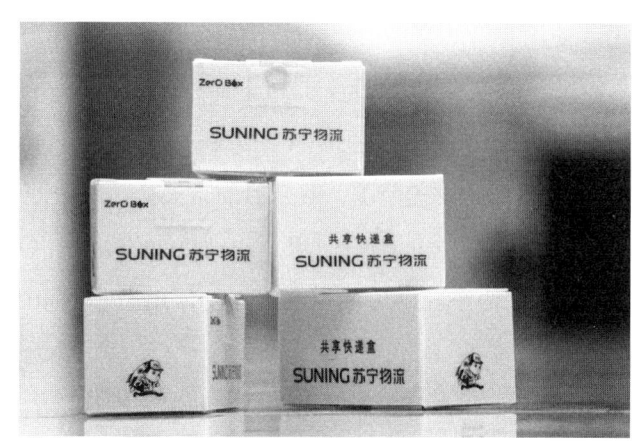

图8-66 徐宁苏宁共享快递盒实物图

③纸箱优化。苏宁物流在前期纸箱优化的基础上，按照国家标准《GBT16606.2-2018 快递封装用品第2部分：包装箱》，结合苏宁物流实际情况，再次对纸箱进行了优化。主要针对纸箱的边压、耐破等技术参数进行了详细的测算调整，在能够保护商品、方便储运的前提下，选用低克重高强度的纸箱，预计全年可减少瓦楞纸箱用纸1.28万t，节约成本800万元。

④直发包装。苏宁物流积极探索直发包装。一方面，联合供应链上下游，加强与品牌商合作，探索了更多适合整箱发货商品的品类，减少仓库发货环节二次包装比例；另一方面，在前期试点使用供应商商品采购入库使用循环周装箱的基础上，进一步扩大了使用的品牌商数量和入库商品比例。

⑤简约包装。苏宁物流联合上游供应商共同推行简约包装，有效降低邮件快件包装全生命周期平均用量，在苏北范围内开展过度包装专项治理。

持续开展"三不"专项治理，在前期下发的《关于落实邮件快件"不着地、不抛扔、不摆地摊"工作的通知》基础上，进一步完善末端网点分拣、投递工作流程和操作规范，避免暴力分拣，大幅减少防护型被动式二次包装和过度包装，为简约包装的推行创造条件。

⑥瘦身胶带。目前苏宁物流（含天天快递）45 mm以下"瘦身胶带"封装比例已达到99.8%，另外，苏宁物流已完成42 mm"瘦身胶带"的苏北推广工作，

· 173 ·

使用率已达98%，到2020年底已基本实现42 mm"瘦身胶带"全覆盖，且基本实现按照《规范》使用胶带的全覆盖。相比于传统48 mm胶带，全年可节约近720万 m^2 胶带。

⑦一联单。在电子面单基本全覆盖的基础上，苏宁物流（含天天快递）积极扩大使用一联电子运单的覆盖范围，截至目前，天天一联单使用率已达70%左右，苏宁一联单也已经在全面推广使用，计划2020年底一联单整体使用率达到90%以上，相比于传统二联单和三联单，整体可节省约40%的面单纸面积，全年可节约近1.29千万 m^2 纸张。

⑧缠绕膜优化。2020年5月，苏宁物流对新型纳米缠绕膜的实际使用效果进行检测，纳米缠绕膜相比于传统缠绕膜具有用量更少、厚度更薄、强度更高的特性。经检测，能够满足实际使用需求，已经在苏北范围内进行推广使用，减少了近25%缠绕膜的使用量。

⑨免胶纸箱。苏宁物流前期推出了免胶纸箱，于2020年针对测试过程中存在的问题进行改善并推广应用，逐步提升免胶纸箱的使用比例。

图8-67 徐宁苏宁免胶纸箱实物图

（2）绿色：

苏宁物流持续推进使用包装废弃物回收箱，优化包装回收管理系统，建设全链路回收体系；积极试点推广生物降解胶带和可降解包装袋，绿色印刷全面覆盖,新能源车持续投放等。

①回收体系。建设全链路回收体系,一方面持续推进包装废弃物回收箱的设置,加强在末端全场景[包括苏宁自营网点、天天网点及苏宁邮菜帮(铺设在苏宁小店的帮客家+苏宁菜场+苏宁邮局)]的投放和覆盖;通过包装废弃物回收箱的全范围推广,为循环快递包装产品的回收增加新的运营模式;另外一方面,优化包装回收管理系统,实现循环中转袋、循环周转箱、共享快递盒及冷链保温箱等循环装备在包装、分拨、运输、配送环节的正逆向物流场景的全链路监控。

②生物降解胶带。继续开展生物降解胶带如牛皮纸水溶性胶带的测试,在测试试点基础上逐步进行推广应用,从而逐步减少不可降解胶带的使用量。

③可降解包装袋。持续探索更多适合物流包装物和填充物的可降解产品,对其物理性能等进行检验测试,并进行推广使用,逐步减少不可降解塑料包装袋的使用量。

④绿色印刷。全面推广使用绿色印刷和水性印刷工艺生产的包装物料,并与上游供应商进行沟通,针对直发包装产品同步推广使用绿色印刷。

⑤LED灯。目前苏宁物流(含天天快递)自建的仓库均采用LED灯,分拨中心使用LED灯比例91%,现已制定LED灯替换计划,未来会陆续开展替换工作,并对线路进行检查,排查因线路老化造成的安全隐患,在2020年底达到LED灯覆盖率99%。

(3)提效:

推进集装化运输单元的应用,加大自动化设备的使用范围。

①单元化运输。推进集装化运输单元的应用,进一步推广供应商采购入库及物流中心之间调拨带托运输的比例,在门店调拨补货和快递点调拨环节加大笼车的应用,制定相应的集装化运输规范,加快装卸搬运效率,减少单个包裹的装卸搬运次数,有效降低物流环节对包裹保护性包装的强度要求。

②自动化设备。进一步加大自动化设备的使用范围,兼顾经济型和运营效率,根据业务规模选配合适的自动化设备类型,重点推动高密度存储设备、自

动化分拣设备及自动打包设备的使用；加快无人化设备的技术研发和运营场景落地，扩大无人车、无人机常态化运营范围，为未来技术的落地提前储备。

(4) 支撑保障：

采取绿色采购、培训和宣传等支撑保障举措。

①绿色网点和绿色分拨。根据绿色网点和绿色分拨中心评价指引，在前期绿色标准化分拨试点建设的经验基础上，全面开展绿色网点、绿色分拨中心的建设工作。制定一系列工作要求，并逐月进行复盘及考核，对绿色网点和绿色分拨中心建设情况进行系统总结，建立奖惩机制，将复盘结果纳入年度绩效考核，打造一批示范绿色网点和绿色分拨中心。

②绿色采购。全面贯彻落实企业绿色采购制度《苏宁物流集团包装耗材绿色采购规范》，监督各子公司和加盟商完成，并根据实际情况持续进行改进和完善。

③培训。组织开展绿色发展理念、节能环保管理和操作的培训教育，提升企业管理人员的环保意识和一线从业人员的绿色技能水平，建设绿色文化，创建绿色企业。

④宣传。在按照行业管理部门要求积极落实宣传任务的基础上，凸显苏宁对绿色环保的重视，对内加大宣传报道力度，完成集团上下全覆盖，对外借助社会媒体和展会等多种形式持续发声，引导社会形成绿色环保的理念，促进企业生态环保工作的落地，梳理苏宁绿色环保的品牌形象。

4. 协同化

苏宁作为集团企业整合内部资源，从传统供应链到现代供应链，从家电到快消品，基于 GS1 标准条码以及与上下游企业的诚信互赢，实现从统一采购、租赁、带托运输等业务，依托网点优势，构建全流程贯通的供应链网络。

同时，协同供应链上下游的消费品生产企业、商贸批发企业及连锁零售企业，通过托盘互换、统一租赁、建联盟等方式，协同推进统一 GS1 条码信息采集、托盘循环使用，共享苏宁小店标准料箱，提升整个供应链条标准化水平；引导客户从仓库内部使用向带托运输转变，提倡现代供应链理念——智

第8章　徐州市流通领域现代供应链体系建设的优秀案例

能、绿色、共享、协同。

小米供应链模式变革（协同仓）项目创建了苏宁首个协同仓业务模式，与苏宁有货平台库存共享，通过该模式，苏宁实现了 TOC 业务以销定采、零库存管理、资金成本优化，同时极大地拓展了 TOB 业务销售规模，如图 8-68 所示。

图 8-68　徐宁苏宁物流配送终端流程图

该模式带来的价值包括：

首先，协同仓模式帮助供应商完成物流集约化，TOB/TOC 多渠道库存共享，协同配送提升双方物流仓储利用效率，优化供应链成本。小米通过订购苏宁的开放物流服务，仓配一体降低物流成本，优质服务提升配送效率。苏宁物流开放社会化业务的同时，紧密结合零售业务，拓展物流经济效益。另外，苏宁物流也将原有的自营库存全部转换，优化了库存利用率，达成三赢。

其次，该模式协助供应商提升销售效率，小米在 TOC 业务上通过协同仓模式在苏宁物流销售小米商品，销售数据打通，供应商深度参与经营。以销定产，极大地提升上下游协同效率，增加商品露出，提高销售机会。售后退货不退厂，苏宁协助供应商专注商品供应。

另外，协同仓模式还可以提升供应商资金效率，通过销售按单结算，快速回款（资金使用率提升了数十倍）。同时，苏宁协助供应商拓展对公业务，小米在 TOB 业务上通过协同仓模式在苏宁有货分销小米商品，与有货众多小 B 分销商建立渠道，形成规模化分销。

小米作为首批应用苏宁协同仓模式的供应商，已在供应链的精细化运营上进行实践。后续苏宁将持续拓展协同仓模式，协助更多供应商，提升供应商的供应效率效益。

8.9.7 创新特色

（1）构建快消品现代供应链体系信息化系统，集成供应链上、下关联企业信息平台，实现供应链链条上信息的无缝对接。

（2）通过"五统一"手段中统一标准体系的运用，使相关配套设施设备适应性、衔接性得到改善，物流单元标准化率、装卸货效率等显著提升。

（3）上游供应商、苏宁徐宁物流基地、下游苏宁小店与分销商间实现标准托盘的循环使用，苏宁徐宁物流基地、下游苏宁小店与分销商间实现标准周转箱的循环使用。

8.9.8 项目取得成效示范推广和带动作用

承担企业：托盘、周转箱（苏宁小店标准料箱）等物流单元标准化率82%以上；装卸货工时效率提高2倍；重点供应商产品质量合格率95%以上；平均库存周转率同比提高10%以上；同口径对比的情况下，企业包装耗材同比减少10%以上。

供应链协同：供应链重点用户系统数据对接畅通率85%以上，单元化物流占供应链物流比例同比提高10%以上，供应链综合成本（采购、库存、物流、交易成本）同比降低25%以上，订单服务满意度（及时交付率、客户测评满意率等）90%以上，如表8-14所示。

表8-14　徐宁苏宁供应链项目成效一览表

成本与效益（2020年度）	标准周转筐率	95%	数据对接畅通率	99.90%
	物流单元标准化率	99.50%	单元化物流占比	98%
	供应链综合成本率	93%	装卸货工时效率	130 m³/h
	平均库存周转率	1.91%	同口径对比，包装耗材降低率	−6%
	供应商产品合格率	99.80%	客户服务度	99.80%

8.10 徐州农特产电商供应链项目建设——徐州汇尔康食品有限公司

8.10.1 徐州汇尔康食品有限公司

徐州汇尔康食品有限公司成立于 2010 年，是一家集农业种植、养殖，农副产品深加工，传统特产食品研发生产，以及线上、线下全渠道销售于一体的全产业链大型食品企业。该公司目前拥有"汇尔康""源尔康""快挑食"等多个子品牌。

多年以来，该公司秉承徐淮地区深厚的饮食历史文化底蕴，运用科学化、标准化的现代加工生产工艺，推出包括传统糕点、水果罐头、调料酱菜、休闲零食、谷物冲饮、养生茗茶及生鲜农产品等 7 大类百余款产品，深受广大消费者的青睐。

目前，该公司形成了电子商务、直营连锁及连锁加盟三大平台。通过电子商务平台，汇尔康食品行销全国各地。直营连锁，实现产品展示、销售、售后一站式服务。连锁加盟，占领市场据点，实现公司和加盟者互惠互利、多平台的建成以及相互配合，形成公司产品市场多头并进的战略格局。

8.10.2 供应链基本情况

全链条组合以及具体供应链结构模式如图 8-69 和图 8-70 所示。

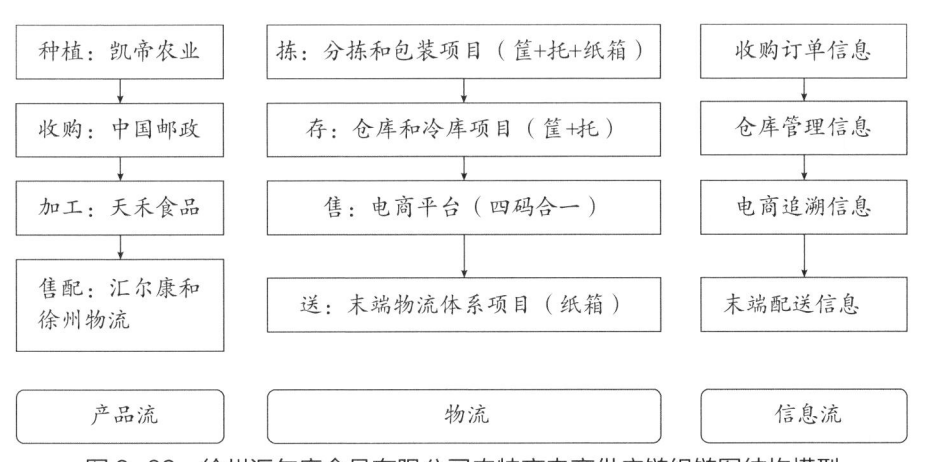

图 8-69 徐州汇尔康食品有限公司农特产电商供应链组链图结构模型

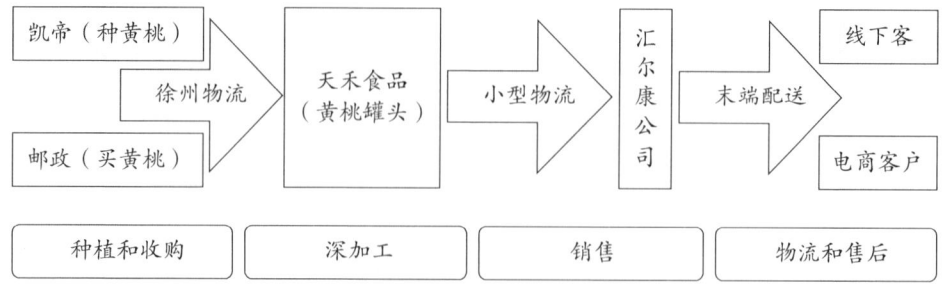

```
┌─────────────┐
│凯帝(种黄桃)│─┐                                        ┌──→ 线下客
└─────────────┘ │  ┌──────┐  ┌────────┐          ┌────┐  │
                ├──│徐州物流│──│天禾食品│──小型物流──│汇尔│──末端配送
┌─────────────┐ │  └──────┘  │(黄桃罐头)│          │康公司│  │
│邮政(买黄桃)│─┘            └────────┘          └────┘  └──→ 电商客户
└─────────────┘
```

┌──────────┐   ┌──────┐   ┌──────┐   ┌──────────┐
│种植和收购│   │深加工│   │ 销售 │   │物流和售后│
└──────────┘   └──────┘   └──────┘   └──────────┘

图 8-70 汇尔康黄桃罐头电商供应链组链图

8.10.3 供应链项目建设内容

徐州农特产电商供应链项目预算投资为 1 030 万元，实际总投资为 1 437 万元，超出预算 407 万元，分别投往四个项目。其中，农产品包装和分拣项目 228 万元；通用仓库和冷库改造项目 445 万元；供应链全程产品追溯体系项目 513 万元；末端配送体系项目 250 万元。截至 2020 年 6 月 30 日，所有分项目全部建成并正式运营，如表 8-15 所示。

表 8-15 汇尔康徐州农特产电商供应链项目投资明细表

分项目	投资额/万元
农产品包装和分拣项目	229
通用仓库和标准化冷库改造项目	445
供应链全程产品追溯体系	513
末端物流体系建设	250
总计	1437

8.10.4 供应链项目保障措施

8.10.4.1 组织和人员保障

为推动供应链项目的实施，成立供应链项目领导小组。小组设立项目组长 1 名，由汇尔康总经理担任，下辖 4 个分项目小组，各协作企业指派 1 人担任分项目负责人，为供应链项目副组长和成员。

徐州农特产电商供应链项目在 2018 年 10 月经市商务局评审公示确定后，该公司根据市商务局《关于开展 2018 年流通各领域现代化供应链体系建设的通知》要求，于10月15日联合徐州汇尔康食品有限公司、江苏凯帝农业投资有限公司、徐州威马电子商务有限公司、徐州天禾食品有限公司及中国邮政徐州物流分公司五家协同企业负责人召开会议，专题研究供应链项目启动建设的具体事宜，决定首先成立项目实施领导小组，落实工作责任，健全工作机制，其次由链主企业牵头、协同企业配合，共同研究制定项目实施计划，形成工作方案，确保项目顺利、有序地开展建设，最后确定建立例会制度，每月召开一次项目实施进度会议，充分发挥协调机制，及时解决项目实施中出现的问题。

8.10.4.2 资金保障

徐州农特产供应链项目累计投资额为1 437万元，在项目建设过程以及完成之后，共获得财政资金补助为111.6万元。

供应链建设带动社会总投资为9111万元，占到了供应链总投资的630.5%。

对于政府补贴资金，项目领导小组执行专款专用，项目发票、合同、银行流水已经过审计机构审计。

1. 项目投资额

供应链项目经审计核定，总投资金额为1437万元。分项目看，农产品分拣和包装项目投资229万元，通用仓库和标准冷库改造项目投资445万元；供应链全程追溯体系建设投资513万元；末端物流配送体系投资250万元。

供应链项目预算投资为1 030万元，实际投资超出预算407万元，实际投资占计划投资139.51%。

项目总投资表见表8-16。

表8-16　汇尔康徐州农特产电商供应链项目内容一览表

分项目	投资额/万元
农产品包装和分拣项目	229
通用仓库和标准化冷库改造项目	445
供应链全程产品追溯体系	513
供应链全程产品追溯体系	250
总计	1 437万元

2. 分项目投资表（见表 8-17~表 8-20）

表 8-17　汇尔康供应链项目农产品分拣和包装项目投资明细表

项目名称	金额
包装设备采购	5 110 元
绿色包装模块	1 600 000 元
标准化托盘	393 997 元
托盘全自动码垛和卸垛设备	290 000 元
总计	229 万元

表 8-18　汇尔康供应链项目通用仓库和标准化冷库改造项目投资明细表

项目名称	金额
仓库维护用设备	103 834.29 元
仓库改造工程费	499 500 元
农副产品标准化仓库改造费	485 000 元
仓储监控系统	28 460 元
标准化冷库改造	2 460 000 元
叉车	198 000 元
仓储软件开发服务费	670 355 元
合计	445 万元

表 8-19　汇尔康供应链项目全过程产品追溯体系投资明细表

项目名称	金额
电商追溯平台编码设计费	850 元
商标注册认证费	13 116 元
活动推广费用	10 100 元
电商平台技术服务采购	4 972 562 元
会展服务采购	29 000 元
鉴证认证费	10 000 元
追溯平台维护费	90 222 元
合计	513 万元

表8-20　汇尔康供应链项目末端配送体系项目投资明细表

项目名称	金额
末端物流派送服务采购费	2 336 921.05元
运输费	30 152.86元
车辆维护费	10 446元
交通费	41 619.9元
物流派送通信费	72 978.01元
合计	250万元

3. 带动社会资本投资额

农特产电商供应链项目投资总额为9 111万元，全部由汇尔康公司进行投资，这也带动了协同企业的投资积极性。根据汇尔康公司向协同企业去函询问、实地考察、查阅合同等方式，本研究对带动投资情况进行了统计。

1) 项目带动凯帝农业投资情况

根据汇尔康公司询问和统计，农特产电商供应链建设之后，凯帝农业的投资主要集中在三个方面，如表8-21所示。

表8-21　汇尔康供应链项目凯帝农业投资明细表

投资项目	投资金额	证明
农产品收购（增量）	1 000万元	采购协议
电商平台投资（丰县馆）	500万元	上线平台截图
农业一体化项目投资（渊子湖项目）	1 000万元	项目规划图、鸟瞰图、实拍图
合计	2 500万元	—

一是增加了对农产品的采购，该公司2018年全年增加采购农产品300万元，2019年比2018年增加采购700万元。项目建设期间，凯帝农业增加采购农产品为1 000万元以上。

二是开始在电商领域进行投资。从2018年10月份开始，凯帝农业参照汇尔康的运作模式，进行电商平台建设，先后上线了"京东丰县馆""淘宝店"等电商店铺，过去两年总投资为500万元。

三是在农业相关领域进行投资。2018年，凯帝农业投资了"渊子湖"项目，该项目集种植、农业采摘、电商为一体，总投资为1 000万元。

2）项目带动天禾食品投资情况

由于仓储和冷库的改建，天禾食品的生产加工技术、能力、产品品质均得以提升，这直接激励了该公司增加了对原材料的采购。我们获得了部分天禾食品原材料采购合同，合同总金额为900万元，如表8-22所示。

表8-22 汇尔康供应链项目天禾食品投资明细表

投资项目	投资金额	证明
2018年原材料采购（增量）	400万元	采购协议
公司函件		
2019年原材料采购（增量）	500万元	采购协议
公司函件		
包装材料采购	100万元	公司函件
合计	1 000万元	—

3）项目带动汇尔康公司投资情况（非供应链项目投资）

供应链项目的建设对汇尔康公司的促进作用非常明显，也加速了汇尔康公司近两年的投资力度。汇尔康公司近两年在电商平台、种植园区、物流项目及创业孵化等方面均有投资，如表8-23所示。

表8-23 汇尔康供应链项目带动投资投资明细表

投资项目	投资金额	证明
农业种植园项目	800万元	公司果园实拍
新增电商平台（京东苏陕扶贫馆）（自建电商：罐头网）	500万元	线上平台截图
电商直播模块	200万元	直播间图片
商品采购（新增）	400万元	采购协议
总额	1 900万元	—

4）项目带动威马电商投资情况

威马电商是一家创新电商公司，其定位有别于传统的电商公司，业务聚焦于跨境、直播、微商、短视频及内容营销等领域。汇尔康公司去函询问，威马电商过去两年新增投资在 500 万元以上，如表 8-24 所示。

表 8-24　威马电商徐州物流投资明细表

投资项目	投资金额	证明
跨境电商项目	400 万元	公司函件和项目获奖图
微商业务	100 万元	公司函件

5）带动徐州物流投资

由于供应链项目增加了徐州物流的订单量，也增加了徐州物流在设备、服务等方面的采购。徐州物流向汇尔康公司提供了近两年来的投资项目汇总表。过去两年累计投资额在 2 000 万元以上，如表 8-25 所示。

表 8-25　徐州物流向汇尔康公司投资明细表

投资项目	投资金额	证明
工程项目	111 万元	招标文件
车辆采购	400 万元以上	公司函件
派送外包	1 400 万元以上	公司函件
人员开支（增量）	300 万元以上	公司函件
合计	2 211 万元	—

6）带动其他主体的投资

供应链项目的建设也带动了相关主体的投资，包括种植户、电商平台入驻企业、汇尔康下属企业及协作企业合作伙伴，等等。本研究通过去电询问的方式，获得如表 8-26 和表 8-27 所示的投资数据，累计投资额超过 1 000 万元。

表 8-26　汇尔康供应链项目重点供应商投资明细表

投资项目	投资金额	证明
砀山县海利罐头食品有限公司	200	去电询问
徐州康来健食品有限公司	300	去电询问
徐州金地杰农业科技发展有限公司	400	去电询问
吉林省荣华食品有限公司	100	去电询问
合计	1 000 万元	—

表 8-27　徐州供应链项目带动社会投资明细表

序号	名称	规格、型号	数量	金额
1	黄桃采购	鲜果	1 000 t	400 万元
2	草莓采购	鲜果	1 000 t	300 万元
3	绿色蔬菜采购	时令蔬菜	1 000 t	100 万元
4	苹果采购	鲜果	1 000 t	100 万元
5	山药、梨采购	当季	1 000 t	100 万元
6	电商平台设计费	京东平台	1 次	50 万元
7	电商平台技术服务费	京东平台	—	200 万元
8	电商平台运维费用	京东平台	—	250 万元
9	种植园土建工程	公开招标		1 500 万元
10	种植园观光车	电动六人座	5 台	200 万元
11	果树种植挖沟机	小型履带挖掘机	6 台	200 万元
12	果树移栽机	八齿轮式	2 台	100 万元
13	黄桃采购（2018 年）	当季鲜果	1 000 t	300 万元
14	草莓采购（2019 年）	当季鲜果	350 t	100 万元
15	黄桃采购（2018 年）	当季鲜果	500 t	200 万元
16	草莓采购（2019 年）	当季鲜果	1 000 t	300 万元
17	种植园土地租赁	—	10 000 亩	400 万元
18	种植园果苗	—	100 万株	200 万元
19	果树移栽机械设备	移栽机、挖沟机等	5 台	200 万元
20	新增电商平台设计费（汇尔康）	—	5 次	100 万元
21	电商平台技术服务费（汇尔康）	京东平台	—	200 万元
22	电商平台推广维护费	市场采购服务	—	300 万元
23	直播设备	摄像机、手机等	15 台	100 万元
24	直播间装修	市场采购服务	20 m²	50 万元
25	MCN 机构费用	—	—	50 万元
26	商品采购	广西农产品、食品	300 t	400 万元
27	跨境电商平台	—	1 个	200 万元
28	跨境物流仓库	标准规格仓库	1 000 m²	200 万元
29	微商佣金		70 位	100 万元

续表

序号	名称	规格、型号	数量	金额
30	工程项目	公开招标	2 000 m²	111 万元
31	车辆采购	2050 厢货车	20 辆	400 万元
32	派送外包	公开招标	80 万件以上	400 万元
33	人员开支（增量）	社会招聘	20 人	300 万元
34	原材料采购（海利罐头）	黄桃采购	500 t	200 万元
35	原材料采购（海利罐头）	草莓采购	600 t	300 万元
36	原材料采购（海利罐头）	苹果采购	800 t	400 万元
37	原材料采购（海利罐头）	橘子采购	150 t	100 万元
	合计			9111 万元

8.10.4.3 制度保障

1. 专项资金管理制度

为确保项目拨付资金合理使用，依据《徐州市流通领域现代供应链体系建设专项资金使用和管理办法》，供应链项目领导小组和链主企业汇尔康公司建立了两项资金管理制度。

为了管理资金拨付的流程，建立了《农特产电商供应链项目资金管理办法》，并且组织汇尔康和协同企业财务人员，对如上两项制度进行了培训和学习。

2. 列支范围目录

为了对徐州农特产电商供应链项目拨付和投资资金进行有效监督，依据财政部办公厅 商务部办公厅《关于开展2018年流通领域现代供应链体系建设的通知》(财办建〔2018〕101号)、徐州市财政局 徐州市商务局关于印发《徐州市流通领域现代供应链体系建设专项资金管理办法》(徐财规〔2018〕5号)、市政府办公室关于印发《徐州市流通领域现代供应链体系建设实施方案》的通知(徐政办发〔2018〕116号)以及商务部研究院产业所《关于提供试点资金不宜支持范围参考清单的通知》等文件的内容和支持，并结合本项目和参与企业实际情况，制定项目清单目录。

3. 统计制度

汇尔康公司为了确保该项目顺利推进，汇尔康公司设立了三项小制度。

一是定期报送制度。汇尔康公司按季度进行项目进度、投资情况的汇报。

二是专人统计制度。汇尔康公司在2019年3月份，建立了"项目投资制度"，指派专人进行项目相关数据的统计。

三是违规统计制度。对统计过程中弄虚作假的行为，明确条规，进行处罚。

8.10.5 "五统一"手段实施情况

1. 统一标准体系

以凯帝农业和中国邮政使用的分拣设备，实现收购农产品的质量统一；以周转筐和绿色化包装模块，实现包装的统一；以仓储和冷库的使用，促进产成品质量标志统一；以电商平台为基础，实现电商服务的标准统一；以末端物流配送体系建设，实现物流配送的统一。如表8-28所示。

表8-28 汇尔康供应链统一标准体系手段一览表

统一标准体系	手段
农产品质量的统一	分拣系统建设
农产品包装的统一	托盘+周转筐+绿色化包装模块
产成品质量标准统一	仓储和冷库
电商服务标准的统一	电商产品可追溯体系建设
物流配送的统一	末端物流配送体系建设

2. 统一物流服务

在供应链项目中，物流服务由徐州物流统一承担，包括承担农产品零担运输任务、承认产成品零担转运任务以及承担电商销售商品配送任务。

关于物流服务的质量，徐州物流按照中国邮政物流的服务标准和制度执行。统一物流服务手段见表8-29。

表8-29　汇尔康供应链统一物流服务手段一览表

统一物流服务	手段
服务标准	依据中国邮政物流服务标准
农产品零担	徐州物流
产成品转运	徐州物流
电商订单配送	徐州物流＋末端配送体系

3. 统一采购管理

在该项目中，由中国邮政集团统一采购，监督对农产品进行绿色模块包装或者周转筐装配，如表8-30所示。

表8-30　汇尔康供应链统一采购服务手段表一览表

统一采购管理	手段
质量	依据中国邮政采购标准
包装	周转筐＋绿色化包装模块
数量	电商平台下单数量
结算	专款支付、定期结算

4. 统一信息采集

在供应链项目中，由汇尔康公司承担信息采集任务，主要采集订单、物流及仓储等信息，如表8-31所示。

表8-31　汇尔康供应链统一信息采购手段一览表

统一信息采集	手段
订单信息	通过电商平台采集
物流信息	依托"可追溯体系"进行采集
仓储信息	依靠仓储信息软件（库贝）采集
设备信息	依托"四码合一"进行采集

5. 统一信息平台

该供应链包括电商平台、物流信息平台、仓库信息平台三大平台，平台均由汇尔康公司负责统一管理和权限分配，如表8-32所示。

表8-32 汇尔康供应链统一信息平台手段一览表

统一信息平台	手段
电商平台	汇尔康公司运营
物流平台	物流公司与电商平台对接
仓库信息管理平台	授权使用权限

8.10.6 "四化"目标完成情况

1. 标准化目标以及实现

在该项目建设中，标准化主要体现在产品标准化、服务标准化，以及管理标准化三个方面。农产品分拣系统的建设，实现了新鲜农产品的标准化；汇尔康电商平台属于第三方（京东）电商平台决定了销售服务的标准化，若违反标准，京东平台会有一系列的惩戒和要求改正措施。管理标准化主要体现相应产业链核心设施的开放式管理，由于目前冷库、分拣系统、仓储及物流逐渐开始开放，仓储管理标准化已经开始实施，如表8-33所示。

表8-33 汇尔康供应链标准化目标表

标准化目标	预定目标	实现目标
产品标准化	标准化生产流程	
产品符合质量标准	产品合格率99%	
物流标准化	物流单元标准化率达到60%	物流单元标准化率达到80%
管理标准化	仓储的标准化管理	库贝软件投入

2. 智能化目标以及实现

该项目今后可能在智能分拣、智能仓储方面，加强智能化建设。不过由于农产品与工业品的形态差异，实现智能分拣和智能仓储，预计难度较大，推进可能也会慢一些，如表8-34所示。

表8-34 汇尔康供应链智能化目标表

智能化目标	预定目标	实现目标
智能分拣	农产品机械分拣达到了40%以上	农产品机械分拣达到了50%以上
智能仓储	单元化物流比例60%	单元化物流比例63%

3. 协同化目标以及实现

目前供应链中的企业有汇尔康、天禾食品、邮政集团、徐州物流、凯帝农业，参与在协同化方面已经有所进展，主要体现在信息协同以及包装协同两个方面，如表8-35所示。

表8-35 汇尔康供应链协同化目标表

协同化	预定目标	实现目标
信息协同	数据对接畅通率80%	数据对接畅通率90%
包装协同	单元化物流比例60%	单元化物流比例63%

在信息协同方面，主要体现在信息软件的共用和共享。仓库信息管理软件库贝的使用方包括汇尔康公司、徐州物流及天禾食品等，三家公司均可查看库存数量等信息；在包装协同方面，托盘、周转筐和绿色化包装模块，实现了对接。一个周转筐可以装45斤（1斤=0.5 kg）黄桃（56个左右），1号包装箱可以装2.55 kg重量的黄桃罐头，一个托盘可以平铺66个1号箱，如表8-36所示。

表8-36 汇尔康供应链包装协同表

标准化包装	数量
标准筐	10 000个
绿色化标准箱	1套全年使用（四种规格：1号标准箱、2号标准箱、3号标准箱、4号标准箱）
托盘	1 501个
模块化包装	一个周转筐可以装45斤黄桃（56个左右），1号包装箱可以装2.55 kg重量的黄桃罐头，一个托盘可以平铺66个1号箱

4. 绿色化目标以及实现

供应链项目绿色化主要体现在绿色采购、绿色仓储和绿色包装三个方面，如表8-37所示。

表8-37 汇尔康供应链绿色化目标表

绿色化目标	预定目标	实现目标
绿色包装	仓库利用率95%	仓库利用率95%
绿色仓储	新能源车比率提升至95%	新能源车比率提升至98%（仓库采用电动机械）
绿色采购	采购环节商品损耗率降低到5%	采购环节商品损耗率降低到3%

8.10.7 创新特色

1. 以电商为核心

在传统经济下，供应链的核心都是生产性企业、资产厚重企业，但是，电商供应链是以汇尔康公司电商平台为核心的。以此为核心，向上游种植和加工企业延伸，向下游物流和其他电商企业拓展，以此完成组链。

2. 以标准为起点

一流的企业做标准，但是标准具有外部性，自己做标准，但是他人受益，这导致很多短视的企业对标准并不重视。电商供应链考虑协同企业的起点就是"是否接受和实践标准"，以此为开端，让周转筐、托盘及绿色化包装模块得到应用。

3. 以信息做串联

链主是如何将协同企业吸纳到供应链之中的呢？秘诀就是信息。汇尔康公司向凯帝农业提供订单信息，天禾食品向汇尔康提供仓储信息，徐州物流向汇尔康提供物流信息，信息流贯穿整个供应链。

4. 以链主做主导

农特产电商供应链的全部投资都来自汇尔康公司，这是本研究在供应链建设过程中调整的结果，并且这一尝试是有益的。链主投资项目，可以强化链主对整条供应链的控制，这更加有助于打造"农产品和食品安全"。

5. 以开放赋潜能

电商供应链参与企业是五家，但是并不意味着只有这五家。电商供应链是开放的，包括物流单元、仓储设施、冷库及电商平台，后续都会逐渐开放给同行企业，让更多企业参与农特产供应链。

8.10.8 项目取得成效示范推广和带动作用

1. 项目可以应用于农特产电商企业

在该项目申报之前，本研究已经对多位电商同行进行过考察，特别是在京东平台已经运营有地方馆的电商企业。这些企业与汇尔康存在同样的问题，即特产供应链不完整、不完善、不标准、不统一，导致地方农产品很难"上行"，即便部分品种通过电商平台销售，也存在物流成本高、效率低的问题。

所以，本书认为，徐州市是我国流通领域供应链建设试点城市，那么，作为农特产电商供应链建设试点企业，本书的试验成果，对其他农特产电商企业来说，是一种激励，也是宝贵经验。

2. 项目的供应链结构模型可复制

本研究认为，电商供应链的建设，关键工作在于选择合适、恰当的企业加入供应链之中。在徐州农特产电商供应链项目中，本研究将江苏凯帝农业科技发展有限公司、徐州天禾食品有限公司引入该供应链。江苏凯帝农业科技发展有限公司的加入缩短了电商供应链的长度，让整个供应链更为简洁、高效。天禾食品的加入提高了供应链的水平，让供应链的规模和产成品质量均有提升。所以，该项目的供应链结构模型是可以被其他有建立和优化供应链战略的企业所借鉴和模仿的。

3. 项目具体产品供应链可以被其他农产品品种借鉴

虽然不同农产品种类，在包装、运输及加工等方面存在差异。但是如果从供应链的角度看，大多数的农产品要上行，必须要经过采摘、分拣、包装、加工、仓储、冷藏及快递这样的环节。也就是说，在该项目中明确指出的黄桃供应链，也是可以被其他农产品所借鉴的。

4. 项目的技术和管理经验是可以被学习和模仿的

在该项目实施的过程中，势必会总结出一些技术经验和管理经验。如采摘技术、分拣技术；如供应链管理经验、供应链成本管理经验，等等，本研究认为，这些技术积累和管理经验积累，是足以让同行学习、借鉴的。

5. 该供应链较为开放，后续可扩容、可延伸

徐州农特产电商供应链是开放的供应链，是具有延伸性的供应链。在供应链完善和成熟的基础上，是可以吸引更多的企业加入进来，共享供应链资源，扩大徐州农特产电商供应链的外部性。

总之，徐州电商农特电商供应链项目，是可以被复制和推广的项目。

8.11 基于智慧 MSCM 轮胎生产服务一体化供应链建设
—— 江苏江昕轮胎有限公司

8.11.1 江苏江昕轮胎有限公司简介

江苏江昕轮胎有限公司成立于 2000 年 5 月 25 日，坐落于邳州滨河工业园，自主研发生产国际专利产品免充气空心轮胎，是集研发、生产、销售为一体化的龙头骨干企业，是全球唯一的军民两用免充气空心轮胎生产厂家和国内领先水平的免充气轮胎设备研发基地，为国家单项冠军企业、国家高新技术企业、军民融合企业、国防动员保障单位。

免充气空心轮胎彻底解决了传统轮胎易漏气、爆胎的安全问题，是未来轮胎发展的方向，可替代传统充气轮胎。企业拥有自主知识产权的国内外专利 300 多项，产品已经形成八大系列，拥有 500 多个规格品种。该产品自批量投产以来，市场上供不应求，2019 年主营业务免充气空心轮胎国内市场综合排名第一位，广泛应用在军工轮式车辆，军事战略意义重大。

物流标准化的机遇：

2018 年通过参与物流供应链建设项目，在项目建设中提高了对物流标准化的认识，对公司的提升发展有了新的信心。通过参加项目，全面学习了物流标准化知识，完成了标准托盘及相关设施设备的改造，建立了企业标准体系，在整个流转环节大大提高了仓储物流作业效率，成为生产企业控制成本受益极大的企业。

供应链体系建设：

在现代供应链体系建设项目中，江昕作为供应链链主企业，整合上下游整个物流供应链体系建设，租赁了标准化托盘，购置了电动搬运车、高位标准货架，建设标准立体库，扩大了仓储库存面积，优化完善了信息化平台，实现 WMS、OMS、TMS 等信息平台无缝对接，为推动企业又好又快的发展打下了坚实的基础。

企业发展规划：

目前，通过公司标准化建设，该公司迎来了共享电单车飞速发展的机遇，让该公司各项工作效率大大提高、经济效益显著提升。该公司新拿500亩土地，建设江昕产业园，以及配套物流、仓储和物流调度中心等，借助供应链体系建设成效带来的利好优势，在实践中提高认识，在实践和认知过程中不断前行，打造具有特色的生产服务型物流产业园。

8.11.2 供应链基本情况

现代供应链体系由江苏江昕轮胎有限公司、邳州市迅腾物流有限公司、徐州凌之风商贸有限公司和邳州市瑞扬再生物资回收有限公司共4家企业组成，其中链主企业为江苏江昕轮胎有限公司，协作企业为邳州市迅腾物流有限公司、徐州凌之风商贸有限公司和邳州市瑞扬再生物资回收有限公司，共同开展供应现代链项目的投资建设工作。链主企业为现代供应链体系建设项目工作的总指挥，联合供应链上下游企业建立领导小组、制定实施计划与方案，根据项目实施方案，按时间节点保质保量完成项目建设任务。在项目建设过程中，整理编制供应链标准体系，形成成熟可推广的经验。协同企业负责配合链主企业完成项目建设，协助链主企业建立供应链标准体系，具体供应链结构模型见图8-71。

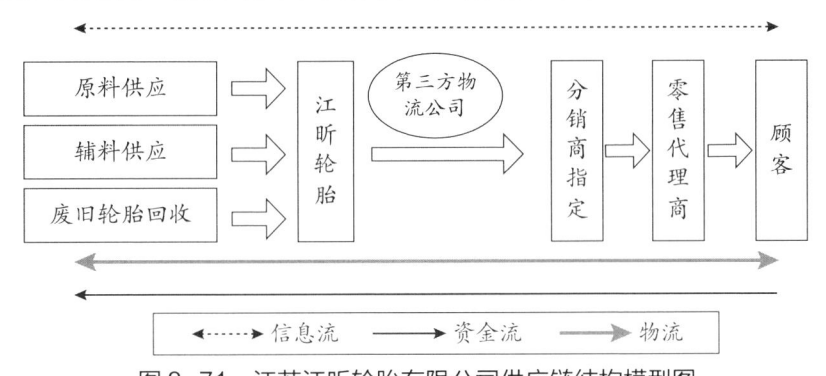

图8-71 江苏江昕轮胎有限公司供应链结构模型图

8.11.3 供应链项目建设内容

1. 明确工作目标

基于智慧 MSCM 轮胎生产服务一体化供应链建设项目建成后，实现整体供应链可视化、管理信息化、整体利益最大化和成本最小化，提高整体供应链系统管理水平。供应链围绕上下游核心企业对信息流、物流、资金流的控制，从采购原材料开始，到在制品及最终产品的制造，最后由销售网络将产品送到消费者手中，发展服务型供应链，进一步拓展供应链服务下游产业。确定链主企业的引导辐射地位，实现各环节设施设备的衔接、数据交互顺畅、资源协同共享，实现合理化配置，在轮胎行业起到示范推广作用。

项目完成后，单元化物流占供应链物流比例提升 65.8%，平均库存周转率提高 23%，供应链重点用户系统数据对接畅通率 92.5%，企业托盘周转箱等单元标准化率提高 74.3%，供应链综合成本同比降低 21.9%，商品合格率 99.74%，企业包装耗材同比减少 67.3%，装卸货工时效率提高 31%。

2. 建设内容及投资

项目计划总投资 2 100 万元，主要建设内容如表 8-38 所示。

表 8-38　江苏江昕轮胎有限公司供应链投资一览表

序号	主要建设内容
1	MSCM 供应链系统建设（整合 TMS、WMS、ERP）软件开发
2	改造标准数据中心，购置服务器，调度显示屏幕 1 套
3	租赁带 GS1 码的标准化托盘（1 200 m×1 000 m），购买软件
4	对标准化仓储 4 300 m² 基础设施改造
5	采购新能源物流叉车、搬运小车
6	建设数据中心具有呼叫、指挥、调度等功能
7	购置标准化仓储高位货架
8	购买新能源托盘搬运叉车、物流运输车

8.11.4　供应链项目保障措施

1. 组织和人员保障

为确保供应链项目建设顺利开展，根据市商务局对项目建设的总体要求，我们在项目公示批准实施后，联合 3 家协作企业共同研究项目推进工作。

第 8 章 徐州市流通领域现代供应链体系建设的优秀案例

围绕生产服务型供应链主题，以满足客户需求为导向，发挥公司在轮胎供应链中的链主主导作用，保证项目的顺利实施。公司成立现代供应链建设小组，领导小组由链主企业董事长担任组长，负责现代供应链体系建设项目工作的总指挥；由协同企业邳州市迅腾物流有限公司、邳州市瑞扬再生物资回收有限公司、徐州凌之风商贸有限公司负责人担任副组长，负责现代供应链体系建设项目的对接负责人；链主企业相关人员担任组员，负责现代供应链体系建设项目的宣传、组织、培训，以及各项标准的整理。

2. 资金保障

项目计划投资 2 100 万元，实际完成投资 1 682.5 万元，占计划投资金额 80.1%，项目带动社会资本投资 5 381 万元，为政府财政补贴的 23 倍。项目主要投资明细如表 8-39 所示。

表 8-39 江昕轮胎供应链项目投资一览表

序号	品名	规格型号	单位	金额/元
1	托盘搬运叉车	中力、金彭	台	2 026 200.00
2	新能源电动搬运车	中力、金彭	台	239 600.00
3	标准物流运输车	仓栅式运输车	台	252 530.97
4	电动托盘搬运设备	套	台	277 800.00
5	物流条码标签	个	Pcs	678 628.40
6	物流供应链系统	套	台	2 248 358.15
7	SCM 供应链管理信息平台	个	个	220 000.00
8	物流仓储货架	个		4 623 620.00
9	物流监控设备	套		461 074.98
10	物流集装箱	个		19 600.00
11	物流分拣设备	套		6 060 000.00
12	物流流转条码专用高速打印机	台		140 000.00
13	仓库高位电动升降设备	台		650 000.00
14	GS1 码（存量托盘贴码）	个		14 000.00
15	服务器	个		128 469.00

| 16 | 物流软件开发服务（接口调试） | | | 20000 |

续表

序号	品名	规格型号	单位	金额/元
17	通信设备		台	19 377.98
18	室内P1.56全彩显示屏		台	148 000.00
19	切换器、路由器、行为管理器、采集器、		套	103 292.98
20	共享托盘租赁费			420 273.20
合计				16 824 917.28

为加强项目专项资金的管理、合理、有效、规范使用专项资金，该公司制定了《徐州市流通领域现代供应链体系建设项目专项资金管理制度》，做到专款专用、专账管理；保证每一笔投资都做到购货发票、采购合同、银行流水、现场实物绝对统一。

3. 制度保障

（1）专项资金管理制度：在领导小组领导下，制定了《徐州市流通领域现代供应链体系建设项目专项资金管理制度》，明确了项目建设过程中的列支范围，对项目过程中的资金使用进行全程监管，保障资金规范使用，实行专账管理，确保账务清晰，数据真实可靠。

（2）指标统计制度：根据项目建设需要，经领导小组研究，共同参与制定了《徐州市流通领域现代供应链体系建设项目指标统计制度》，明确了统计指标范围、指标计算方法，统计指标包含：GS1编码标准托盘标准化率、在线运行率、装卸工时效率、重点供应商产品质量合格率、平均库存周转率、平台系统数据畅通率、单元化物流占比、供应链综合成本及订单服务满意度等；多维度、全方面统计和分析现代供应链体系建设过程中的重要指标，以确保项目建设有计划性、有目的性地有序开展。

8.11.5 "五统一"手段实施情况

1. 统一标准体系

供应链一体化运作和协同发展相关的设施设备等"硬"标准体系及流程服务等"软"标准体系的构建，包括设施设备、信息管理、运作流程和管理服务，统一的托盘尺寸、装卸标准、收货验收标准及异常处理标准等。该公司制定编写标准如：起草行业标准城乡配送服务质量规范；企业标准废旧轮胎回收体系服务质量规范；企业标准免充气轮胎堆放标准；企业标准免充气轮胎标签标码规范等标准。

2. 统一物流服务

该公司指定迅腾物流公司作为第三方物流服务商，为供应链上下游企业提供统一调配资源、统仓统配等管理服务，包括运输、仓储及装卸货等。

3. 统一采购管理

通过系统平台的打通，上下游的库存数据、销售数据实时互通，为上下游企业分析数据提供基础数据支撑，帮助企业准确、及时地完成采购订单；通过系统平台的升级，以及OMS订单管理系统的开发，统一供应链上下游企业间的采购管理，通过计划控制、协同共享和系统整合，推动供应链上下游企业实现集中统一采购，产供销高效协同降低库存，推动供应链增值。

4. 统一信息采集

推动供应链上下游企业产品和物流信息使用统一GS1编码格式和采集方式，完善了数据的快速抓取，促进供应链全链条的信息数据有效传输和共享。

5. 统一系统平台

该公司开发MSCM系统，为供应链上下游企业的WMS仓储管理系统、OMS订单管理系统和TMS运输管理系统的整合，提供数据接口一致、信息对接顺畅，打通信息流的系统平台，实现办公统一，办公的高效协同。

基于智慧MSCM轮胎生产服务一体化供应链建设，公司从采购原材料开始，到在制品及最终产品的制造，最后由销售网络将产品送到消费者手中，发展服务型供应链，进一步拓展供应链服务下游产业。确定链主企业的引导辐射地位，实现各环节设施设备的衔接、数据交互顺畅、资源协同共享，实现合理化配置，实现物流供应链全流程环节的闭环，三码合一，在生产流通供应链体系中全过程监管追溯，保障商品流通环节的安全性，仓储利用率大大提高，链条中倡导应用新能源车辆，充分体现了供应链的绿色化，实现产品完全还原再利用，符合国家的基本国策，在轮胎行业起到示范推广作用。

8.11.6 "四化"目标完成情况

1. 标准化

该公司在现代供应链管理系统设施建设方面，按照国家标准制定系统内部设施、机械装备及专用工具等各个分系统的技术标准。购置了国家标准的 1 200 mm×1 000 mm 塑料托盘及其配套托盘笼、周转箱、周转搬运叉车，同时进行与标准托盘关联的货架、搬运叉车及基础设施改造。按配合性要求，初步实现流通领域整个物流系统的标准。

2. 智能化

开发新型 MSCM 系统，建设 WMS 仓储管理系统、订单管理系统、TMS 物流管理系统，实现与上下游企业的信息共享与交流，如与协调厂、供应商、销售商及运输商等单位的资源共享，打造信息化、智慧化物流供应链体系，对轮胎信息化 WMS 体系建设。从标准化托盘的增添、规范和循环共用体系入手，购置国家标准的 1 200 mm×1 000 mm 塑料托盘及其配套托盘笼、周装箱等，同时进行与标准托盘关联的货架、搬运叉车、装卸月台、服务器、扫码枪、RFID 标签及二维码标签等信息编码。智能化使库存周转率提高了 33%，库存周转率整体提升较大。

3. 协同化

智慧 MSCM 轮胎生产服务一体化供应链建设使物流系统无缝连接，实施物流供应链管理，协调运作，运输的货物能够及时准确，满足了不同客户的需求，使供应链的合作功能凸显。缩短了企业订单处理周期，缩短了生产过程的周期。可平均使订单处理周期从 5~6 天缩短到 3~4 天。使现金循环周期缩短，提高服务水平，提高物流系统的快速反应能力。

4. 绿色化

绿色化除体现为物流配送共同化，还包括：物流的资源利用共同化、物流设施与设备利用共同化，以及物流管理共同化。

其一，共同化配送就能统一规划，协调共用国有或地区（集团）所有的物流设施与设备，使物尽其用，减少城市交通堵塞和环境污染等社会问题。

其二，采用自行配送与企业间的共同化配送在运输组织方面有较大的差异，企业采用配送共同化的方式比自行配送占有较大的优势。若采用共同化的物流管理机制，互通有无，优势互补，与一些其他企业横向集约联合，便可以做到资源互用，效益共享，从而大大提高企业的应变能力。

8.11.7 创新特色

该公司通过现代供应链体系建设项目，供应链上下游企业间高度协同，从设施设备到软件系统再到管理制度，都是规范化管理，系统对接通畅，数据交互顺畅，整个链条共享标准化托盘及业务数据，实施带托运输流程紧密高效；经过三年的项目建设，现代供应链全链条的运行达到了规范、高效的目的，上下游企业受益匪浅。

8.11.8 项目取得成效示范推广和带动作用

1. 社会效益与和经济效益

通过现代供应链体系的建设，促进轮胎行业供应链管理理念的提升，有效推动供应链企业之间的高效协同、设施设备衔接、信息互联互通，促进资源要素跨行业流动与合理配置，实现行业间、企业间提质、增效、降本。打造与轮胎服务合作的新平台，实现供、销、配、存、运一体化及质量可追溯，实现轮胎服务新模式，保障供应高效、安全、可及。同时也推进轮胎生产流通行业向扁平化、库存前置、网络一体化、多仓运作及信息共享方向发展，构建轮胎生产流通行业新型供应链关系，提升企业参与市场竞争能力，仓储物流成本从5%降低至3.5%，直接降低运营成本近800万元，同时减少了上下游企业固定资产投资约2 000万元，带动社会投资2 300余万元。

2. 项目建设模式经验

物流业是关系国计民生基础性、战略性、先导性行业。在每个城市、任何时间都是必不可少的。服务于流通业的仓储物流，作为社会基础设施，也是不可或缺的组成部分。以统仓统配为切入点，重塑现代供应链体系的模式，正在许多城市应运而生。通过现代供应链体系建设项目的试点，形成了一套标准化的作业流程、服务规范及设施设备应用标准等标准体系，适用于各个城市的现代供应链体系建设，具有成熟、可推广的经验。

现代供应链体系建设，通过链条架构的重组，减少了商品流通环节，提高了商品流通效率，降低了供应链综合成本；通过标准化设施设备的应用与统一的物流服务，使得商品破损率大大降低、装卸配送效率大大提升；通过供应链管理平台的统一，供应链上下游企业间的沟通成本减少，运营效率提升，体现了供应链上下游企业间的高效协同。以统仓统配模式赋能的现代供应链体系建设，减少了仓库、车辆及相关设施设备的使用数量，提高了仓库的利用率、车辆的满载率、作业人员的单位能效，减少了城市道路的拥堵、尾气的排放等，充分体现了现代供应链体系的智能化与绿色化。

项目建设过程中，多次有相关企业前来学习交流，其中以玲珑轮胎为代表，该企业成功地把借鉴到的经验模式运用到他们生产服务型供应链体系建设中，是值得其他生产企业学习、借鉴和推广的样板。

第9章 徐州市流通领域现代供应链体系建设与城乡高效配送的融合发展

9.1 徐州市城乡高效配送的现状

9.1.1 城乡配送物流需求庞大。

徐州市作为江苏省三大都市圈的中心城市、淮海区经济区的核心城市，在经济总量、城市规模及区域影响等方面都处于领头羊的位置。2020年，全市实现地区生产总值7 319.77亿元，总量位居全省第六位，排名全国大陆地区前27强，徐州市商贸业发达，2020年社会消费品零售总额近3 286.09亿元，比上年下降7%。其中，城镇消费品零售额2 743.09亿元，下降6.8%；农村消费品零售额543亿元，下降8.0%；全市三次产业结构调整为9.8∶40.1∶50.1。工业生产稳定增长，全市规模以上工业增加值同比增长6.3%，高新技术产业完成产值全市规模以上工业中，高新技术产业产值比上年增长15.4%，占规模以上工业总产值比重为46.6%；战略性新兴产业产值比上年增长17.4%，占规模以上工业总产值为53.0%。形成能源、机械、食品、建材、化工及电子产业的现代制造业布局。发达的商贸业、高密度人口及先进的制造业，对生活资料与生产资料物流都有较高的要求，城乡物流配送需求规模在逐步增大。

9.1.2 城乡配送物流基础设施初具规模。

截至2020年底，徐州运营及在建的物流园区58个，所有园区总占地面积401 570 737.8 m^2。其中，货运服务型物流园区4个，总占地面积8 463 000 m^2，商贸服务型物流园区14个，总占地面积25 836 298 m^2 生产服务型物流园区8个，总占地面积2 963 868 m^2 医药型物流园区4个，总占地面积146 000 m^2，综合型物流园区 28 个，总占地面积 364 311 571.8 m²。具体构成情况和功能定位统计见图 9-1 和表 9-1。

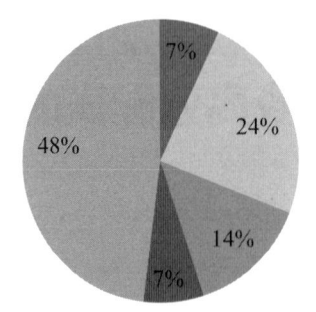

图 9-1 徐州市已运行和规划物流园区各类型的构成情况

表 9-1 徐州市已运行和规划物流园区类型与功能定位统计表

序号	物流园区名称	物流园区的类型	物流园区的功能定位	占地面积/m²
1	金驹物流园	生产服务型物流园区	钢材等生产资料集散地	484 909
2	徐州孟家沟物流园	货运服务型物流园区	港口物流（生产资料的运输与销售）	230 000
3	徐州香山物流园	商贸服务型物流园区	生活资料的仓储、运输和配送	174 500
4	新物资市场	生产服务型物流园区	机电、五金等生产资料集散地	376 956
5	徐州万寨港粮油食品物流产业园	生产服务型物流园区	粮油食品和农产品加工	666 000
6	嘉宝商城（北环港地块）	商贸服务型物流园区	电器、五金等批发与零售	74 775
7	徐州双楼物流园区	货运服务型物流园区	港口枢纽型物流园区（生产资料）	6 300 000
8	徐州新耿旅游开发有限公司耿集冷链物流中心	商贸服务型物流园区	农副产品	12 000
9	徐州允盛物流园	生产服务型物流园区	生产资料集散地	270 000
10	徐州美安物流园	商贸服务型物流园区	生活资料物流仓储服务	132 352
11	徐州宝通物流园	综合型物流园区	生产资料、生活资料、化学危险品	299 700
12	徐州宏康物流园	综合型物流园区	生产资料、生活资料仓储报关报验运输	146 667
13	徐州华东煤炭交易市场	生产服务型物流园区	煤炭交易与物流	100 000
14	徐州经济技术开发区现代服务业集中区	综合型物流园区	现代物流与仓储服务	51 333
15	徐州经济技术开发区鑫凤港仓储物流基地	货运服务型物流园区	港口物流及仓储	143 000

第9章 徐州市流通领域现代供应链体系建设与城乡高效配送的融合发展

续表

序号	物流园区名称	物流园区的类型	物流园区的功能定位	占地面积/m²
16	徐州经济技术开发区综合保税区	货运服务型物流园区	保税物流	1 790 000
17	雨润农副产品全球采购中心	商贸服务型物流园区	农副产品	866 671
18	苏山商贸物流园	综合型物流园区	生产资料和生活资料	2 000 010
19	徐州综合物流产业园	综合型物流园区	生产资料和生活资料	1 000 005
20	徐州工程机械国际物流博览中心	生产服务型物流园区	生产资料集散地	600 003
21	徐州安远仓储服务有限公司	综合型物流园区	生产资料和生活资料	53 946
22	江苏大成物流中心	综合型物流园区	生产资料和生活资料	628 900
23	徐州钢铁铸造工业集聚区铁路物流园	生产服务型物流园区	铁矿石、钢材、焦炭等生产资料的集散地	240 000
24	徐州淮海综合物流园	综合型物流园区	汽摩、食品及食品机械等仓储与配送	1 200 000
25	徐州新城现代物流园	综合型物流园区	医药、电器、汽车等仓储与配送	2 000 000
26	新沂市交通物流园	综合型物流园区	生产资料和生活资料	200 000
27	睢宁县高作、沙集、李集快运物流园	商贸服务型物流园区	生产资料和生活资料	200 000
28	新沂市快递物流园	商贸服务型物流园区	生产资料和生活资料	20 000
29	沛县快递物流园	商贸服务型物流园区	生产资料和生活资料	20 000
30	丰县快递物流园	商贸服务型物流园区	生产资料和生活资料	40 000
31	邳州快递物流园	商贸服务型物流园区	生产资料和生活资料	16 000
32	鼎易恒物流园	商贸服务型物流园区	生产资料和生活资料	80 000
33	丰树物流园	综合型物流园区	生产资料和生活资料	116 032
34	淮海国际陆港	综合型物流园区	生产资料和生活资料	110 000 000
35	淮海综合物流园	商贸服务型物流园区	生活资料	3 600 000
36	维维物流仓储中心	商贸服务型物流园区	生活资料	50 000
37	贾汪冷链物流园区	综合型物流园区	生活资料物流仓储服务	15 000
38	林安(徐州)商贸物流园	综合型物流园区	生产资料和生活资料	600 000
39	五洲公路港	综合型物流园区	信息交易、电子商务、城际货运班车总站、智能车源中心、管理服务等	210 000

续表

序号	物流园区名称	物流园区的类型	物流园区的功能定位	占地面积/m^2
40	平安物流园	综合型物流园区	电子商务、供应链金融等仓储配送	210 116 000
41	江苏八里钢铁物流园	商贸服务型物流园区	钢材机电贸易、建材家居、电子信息、现代物流等	20 500 000
42	徐州北盟物流园(必康综合体)	综合型物流园区	医药、保税、信息交换等	33 000 000
43	申鑫建材物流园	生产服务型物流园区	集加工仓储、现货交易、国际贸易等的石材市场	226 000
44	顺堤河多式联运交通物流园	综合型物流园区	大宗物资多式联运功能、内贸期货交易功能、保税物流功能、加工增值功能、电子商务服务功能等	1 933 000
45	沙集镇电商物流园	综合型物流园区	物流中转	60 000
46	高作物流园	综合型物流园区	物流中转	50 000
47	中国供销睢宁古黄河农产品物流园	综合型物流园区	蔬菜、水产、水果、副食特产、干货调味、肉食冻品等	14 000
48	旭旺物流园农产品集配中心	综合型物流园区	蔬菜、水产、水果、副食特产、干货调味、肉食冻品等	53 333
49	百盛润家物流中心	综合型物流园区	蔬菜、水产、水果、副食特产、干货调味、肉食冻品等	40 000
50	新沂市公路港物流园	综合型物流园区	信息交易、商贸物流、仓储配送等	103 146
51	新沂悦佳联华配送中心	综合型物流园区	蔬菜、水产、水果、副食特产、干货调味、肉食冻品等	20 000
52	江苏欢乐买农产品物流园	综合型物流园区	蔬菜、水产、水果、副食特产、干货调味、肉食冻品等	330 000
53	沛县飞马配送	综合型物流园区	物流配送	24 500
54	丰县共配中心	综合型物流园区	物流配送	46 000
55	淮海医药物流中心	医药型物流园区	医药配送	46 000
56	国药控股徐州有限公司	医药型物流园区	医药配送	20 000
57	瑞康医药(徐州)有限公司	医药型物流园区	医药配送	30 000
58	恩华医药物流园	医药型物流园区	医药配送	50 000

9.1.3 现代装备和先进技术应用加快。

徐州市作为国家第二批物流标准化试点城市、国家第二批流通领域现代供应链体系建设试点城市、国家城乡高效配送试点城市及商务部农商互联农产品供应链重要试点城市等，通过项目试点，试点企业及其关联企业的现代装备和先进技术应用加快。具体表现为在试点企业中，GS1码标准托盘的应用进入常态，标准货架、标准月台、标准尺寸的配送车辆应用数量增长较快，叉车作业代替人工搬运，自动分拣线的应用普遍，物联网、大数据等信息技术广泛应用。商品码、箱码、托盘码与货位码相匹配，商业交接模式实现了标准化。供应链链条企业间实现了信息平台的对接和信息共享。

9.2 徐州市城乡高效配送的特点及问题分析

9.2.1 城乡配送基础设施不足

目前，徐州市区的配送基础设施相对完善。但县域的配送基础设施还需要进一步完善。睢宁县、邳州市还没有集中的快递物流园，丰县的快递物流园规模偏小。沛县与新沂市的快递物流园功能不完善。五县（市）的快消品配送基础设施需要在现有基础上，加强功能的迭代与标准的提升。徐州市区及五县（市）的生鲜农产品配送的冷链比例偏少。仓库的标准化程度需要进一步提升，GS1码的托盘循环共用体系还需要完善，标准尺寸的配送车辆比例偏少，城乡配送网络体系还不完善。

造成此类问题的原因主要有：一是项目试点企业毕竟是少数，没有参与试点项目的企业，整体上基础设施水平较低；二是政府缺少整体规划或规划落实不到位；三是物流需求与业态的快速发展之间不匹配。

9.2.2 物流信息化建设不足，物流服务效能不高

目前，徐州市物流信息化水平较低，主要体现在以下两个方面。一是缺乏统一的物流管理和服务信息平台：全市没有统一的物流管理信息平台和面向中小企业的物流信息服务平台，导致职能部门既无法在微观层面逐步完善、强化

全市物流行业的信息采集和处理、数据交换及信息发布,又无法在宏观层面掌握全市物流行业发展情况,不利于全市物流资源的整合。二是物流企业信息化水平偏低:调研发现,多数物流企业对信息的收集、整理、开发及使用等尚处于手工操作阶段,物联网、云计算及大数据等新技术应用不多,仓储管理系统(WMS)、运输管理系统(TMS)及电子订货系统(EOS)等信息化工具建设少;第三方物流发展不足,缺乏信息化管理手段,导致车货匹配不充分,配送车辆空返率达40%以上,物流效率较低、成本高。

造成此类问题的原因主要有:一是物流企业发展能级低,对现代物流信息化建设认知有限,对物流装备进行更新换代和信息化建设的意愿和投入不足;二是引导和扶持机制不完善,对公共物流信息平台建设和企业信息化建设的支持不足。

9.3 徐州市城乡高效配送项目建设的具体措施

9.3.1 徐州市城乡高效配送项目建设的指导思想

高举中国特色社会主义伟大旗帜,深入贯彻党的十九大和中共第十九届二中、三中、四中、五中全会精神,坚持以习近平新时代中国特色社会主义思想为主导,按照商务部等五部门"城乡高效配送专项行动"的总体要求,以全国城乡高效配送试点城市建设为目标,以市场为导向,以企业为主体,以物流园区、物流中心及终端为载体,以网络建设为基础,以模式创新为引领,以技术应用为支撑,以共享协同为重点,整合资源、改革创新,提升信息化,城乡高效配送低碳化、优化配送路径,营造有利于城乡高效配送发展的政策环境和配套的基础设施环境,大力推广现代流通方式,不断完善现代流通体系,培育一批具有城乡高效配送条件且有竞争力的物流园区、物流中心、物流终端及物流企业,构建城乡高效配送网络体系,增强徐州市城乡高效配送的效率与水平,推进城乡高效配送网络化、集约化、标准化,切实降低物流"最后一公里"的成本,便利居民消费,促进城乡双向流通,为把徐州市建设成为全国性的城乡高效配送示范城市提供有力支撑。

9.3.2 徐州市城乡高效共同配送总体发展目标

通过整合资源、合理规划城乡物流节点，逐步完善城乡配送网络体系。重点支持城乡高效配送节点项目、第三方物流配送项目及城乡高效配送信息化项目。制定城乡高效配送的系列标准，提高物流配送机械化与自动化，培育一批辐射范围广、服务能力强的城乡高效配送物流企业，加快商贸流通与城乡高效配送的协同化、集约化、社会化发展。

1. 总体目标

2025年的总目标：完善城乡高效配送网络体系，重点建设物流信息与物流配送两大平台。科学合理地规划配送节点及配送末端，整合资源，优化城乡配送方式，推广应用现代物流技术与标准，搭建一套适合徐州市特点、布局合理、运行高效、绿色环保、便捷的城乡配送网络体系。制定城市与农村高效配送车辆标准与通行政策，引导和推进批发、零售、连锁企业及第三方物流企业的供应链协同创新。培育一批现代化城乡高效配送服务企业和城乡高效配送示范项目，提高城乡高效配送水平，全面提高流通效率，大幅度降低物流费用，提升整个城市与农村配送的功能和形象。

2. 具体目标

（1）市区建设一个快消品物流配送园，每个县（市）至少建设一个快递物流配送中心。县域配送中心连接着城市与农村，在整个城乡高效配送体系中，起到枢纽作用。正在运营中的配送中心，完善其功能；规划中的配送中心，提高规划标准，完善其功能。

（2）终端网点全覆盖。在学校、小区、村设立终端网点。

（3）完善的配送体系。力争至2025年构建起布局合理、运行高效、技术领先、网络健全、与城市功能定位和城市商贸流通业发展相匹配的城乡高效配送体系。

（4）完成一系列数据指标。

城乡高效配送网点覆盖率从50%提高到85%以上。

社会物流总费用占 GDP 比重从 14.7% 降至 13%。

城乡高效配送服务面积占全市 80% 以上；服务人口占全市 90% 以上。

货物周转量提高 20% 以上。

(5) 培育出城乡高效配送 3 种模式，并提炼成典型案例。

9.3.3　徐州市城乡高效配送发展的重点任务

主要包括完善城乡三级配送网络（主要包括城市三级配送网络、农村三级配送网络及城市与农村间网络的衔接）；推进城乡配送重点领域发展（主要包括建设商贸物流综合服务平台、推进徐州市冷链物流体系建设，以及健全徐州市应急物流体系）；优化城市配送车辆便利通行政策（主要包括推动城市配送车辆科学管理、支持城乡配送标准化提升）；培育城乡高效配送龙头企业；加强新一代信息技术应用。

9.3.4　徐州市城乡高效配送的总体空间布局

结合徐州市现有物流园区及配送网络的现状，围绕徐州市经济总体发展情况、产业布局的特点、徐州市物流潜在需求及物流产业的战略定位，市区规划由 6 个重点物流园、25 个公共及专业配送中心和 N 个末端节点构成的三级城市物流空间体系，形成"$6 + 25 + N$"的总体空间布局。徐州市县域配送总体空间布局依据基础设施的分布和货物流量需求，依托物流园，结合多式联运，设立 23 个县域物流分拨配送中心网点，形成引领各县域配送发展的一级配送网络。

9.3.5　徐州市城乡高效配送具体实施

城乡高效配送采取共同配送模式。共同配送，又称协同配送、联合配送，是由连锁企业、制造企业及农业生产商组成的一体化配送网络，通过整合物流资源、优化配送功能，从而降低物流成本，提高服务质量。配送时间选择分为白天配送和夜间配送。

在城乡高效配送的过程中，整合利用社会各界资金、信息等可利用的一切社会资源，搭建徐州市城乡配送信息服务平台，并鼓励物流配送企业开发建设各自物流信息系统，加强 GPS、GIS、WMS、TMS、RFID、Web、E-DI 及 GPRS 等信息技术综合实际使用。企业物流信息系统与徐州市城乡配送信息服务平台连接，同时加强供应链上下游信息共享，整合供应链有效信息，为城乡配送提供信息支持。通过信息引导与共享，提高徐州市城乡配送效率。

在城乡配送的过程中，充分利用已经形成的城市及县域三级网络体系，生活性产品和生产性产品配送共用网络体系，实现"一网多用"。将生产、物流及市场终端的各个节点有机连接，将日用消费品、农资商品和农产品的生产、流通与销售融为一体，利用"一网多用"引导消费观念更新，推动经营结构调整，创新经营方式，发展新的经营业态。

在网络配送终端网点，与中国邮储银行、移动、电信、保险公司、社保及医院等深化合作，通过网点赋能，提供便民服务，充分实现"一点多能"。

在城乡高效配送的过程中，合理安排配送线路，降低返程车辆的空载率。提高新能源车辆配送比重，选择标准尺寸的配送车辆，加大标准托盘、标准周转筐及托盘笼的使用，提高车辆的满载率，提高商业交接模式的标准化，真正实现绿色环保配送。

在城乡高效配送过程中，对生鲜农副产品生产、检测、存储、加工、配送、销售到消费的所有环节加强温度控制与监测，保障食品安全。

最后对医药、生鲜农产品、快消品及快递等给出具体的实施方法。

9.4 流通领域现代供应链体系建设推动城乡高效配送发展

9.4.1 徐州市流通领域现代供应链项目体系建设为城乡高效配送打下较好基础

城乡配送要实现高效配送，在硬件、软件等方面要具备一定的条件，同时，在上下游企业间要形成良性的互动关系。徐州市作为国家的流通领域现代供应链项目体系建设试点城市，在诸多方面为徐州市城乡实现高效配送打下了较好基础。

徐州市试点工作开展以来，按照财务部办公厅、商务部办公厅《关于开展 2018 年流通领域现代供应链体系建设的通知》（财办建〔2018〕101 号）要求，围绕平均库存周转率、供应链综合成本、订单服务满意率、产品质量合格率、物流单元标准化率、系统数据对接畅通率以及单元化物流占供应链物流比重等目标，科学遴选和确定试点链条及项目，最终确定了快消品、农产品、药品、电商、餐饮及生产服务型 6 大类型 12 条试点链条。12 条试点链条中，共有上市公司或上市公司子公司 4 个、国家高新技术企业 2 个、江苏省重点物流企业 1 个，4 个省级城乡高效配送试点企业入围试点项目。6 类 12 条供应链试点项目计划有效总投资 1.6 亿元，实际完成实际有效投资 1.64 亿元，有效投资完成率为 102%。

徐州市市循环共用标准 GS1 托盘池已达到 8.4 余万片，并建立了两处运营服务中心，与徐州市及周边地区 10 余家大型商贸流通企业达成合作，近十万余套标准托盘和料箱的循环共用。

项目聚焦快消品、农产品、冷链、药品及电子商务等民生领域，重点围绕"四化""五统一"要求，按照"一链一模式、一企一方案、有选有备"的工作思路，因地制宜、因链制宜，突出抓好行业标准、团体标准的推广应用，并把是否形成国家、行业、地方、团体标准作为加分项目列入绩效评价指标，鼓励试点企业加大标准制定的投入力度。目前，所有试点企业实施、推广国家、行业标准的数量均超过 20 项，试点企业结合国标、行标制定的完整的供应链协同标准已达 12 个。

供应链项目试点过程中，试点企业在积极使用国家相关标准的同时，结合企业实践情况，制定系列团体标准，通过江苏省冷链学会备案，具体有《快速消费品供应链物流配送规范》《药品冷链物流运作规范》《数字温湿度记录仪》《医药冷链电气控制箱》《绿色冷库评价方法》《乳制品供应链物流配送规范》《复合调料装卸搬运规范》《生菜生产操作规范》《虾滑生产操作规范》《生鲜农产品供应链冷链物流配送规范》《农产品冷链物流配送中心建设与运营规范》《中央厨房加工、贮藏及运输卫生规范》等，企业管理水平得到整体提升。

试点企业在做好项目建设同时，积极申报各类奖项，具体有江苏百盛润家商贸有限公司流通领域快消品现代供应链体系建设项目荣获中国物流与采购联合会评选的物流业科技进步"二等奖"；江苏万邦生化医药集团有限责任公司荣获2019年"省长质量奖"；江苏省精创电气股份有限公司荣获中国物流与采购联合会评选的2018—2019年度医药供应链"金质奖"、科学技术"二等奖"、江苏省人民政府颁发的科学技术"三等奖"；徐州汇尔康食品有限公司荣获2019年"徐州市质量奖"等，企业的科技水平等到整体提升。

9.4.2 通过试点企业供应链建设，推动城乡高效配送发展

徐州市流通领域现代供应链体系试点企业中，有一部分是徐州市城乡高效配送试点企业。上药控股徐州医药有限公司、徐州库派同城物流有限公司、徐州旭旺超市有限公司及徐州徐宁苏宁物流有限公司等企业既是供应链试点项目的链主企业，又是城乡高效配送试点企业。供应链项目的试点，是比城乡高效配送要求更高的项目试点，4家链主企业通过供应链项目的试点，供应链链条结构构建合理科学，软硬件基础设施建设有一个飞跃式提升，链条企业间的信息平台实现对接，"五统一手段"实施到位，"四化目标"实现，等等。通过供应链项目的试点，制定标准货架、GS1码标准托盘、标准周转筐、托盘笼、标准月台及标准尺寸的厢式货车等一系列硬件设施设备标准，为物流作业效率提升、车辆的满载打下基础。链条企业间信息的共享，解决了城乡高效配送的信息孤岛问题，一系列物流标准的使用，提升了物流水平，商业交接模式的标准化节省了货物的交接时间。试点企业的供应链项目建设，推动了城乡高效配送的更好实施。

供应链试点企业的项目建设，带动了与之相关联企业的整体物流的软、硬件的建设，企业的供应链管理水平也有了一定程度的提升。通过"以点连线""以线带面"的联动效用，徐州市城市与农村的商贸物流企业间物流标准化水平整体提升，供应链更加稳定。通过试点企业供应链建设，推动城乡高效配送发展。

第10章 绪论与展望

10.1 结论

本书的主要研究工作及研究结论如下。

1. 徐州市流通领域现代供应链体系项目建设成果显著

徐州市作为国家流通领域现代供应链体系项目建设试点城市,项目完成后,江苏省商务厅委托第三方对徐州市流通领域现代供应链体系建设项目进行评估,是优秀等次,表现在以下几个方面。

(1)试点供应链链条结构合理,包含业态较多,供应链建设到位,从硬件的建设到软件的运作,都与流通领域供应链密切相关。

(2)通过"五统一"手段具体建设,大大提升供应链链条企业间的物流效率,降低了供应链链条企业间的交易成本。

统一标准体系逐步完善,统一供应链上下游企业的托盘尺寸标准;全链条使用GS1码标准托盘(1 200 mm×1 000 mm);统一装卸标准、收货验收标准、带盘运输标准;统一叉车使用标准;统一配送车辆选型标准;配送车辆使用内径尺寸为2 450 mm或2 050 mm,有一定比例的配送车辆统一装配货车液压尾板;形成应用完整的标准体系,包含基础标准、技术标准、管理与作业标准等。

统一物流服务逐步实现,为上下游企业提供统一的物流服务,包含运输、仓储、装卸等,实现了作业一贯化,大大提高了物流效率。

统一采购管理比例大幅度提升,上下游企业通过链主企业的供应链管理平台实现下单采购、库存数据、销售数据及退货数据共享,帮助企业准确、及时地完成采购订单,实现了上下游企业间采购的统一管理;实现了零售终端自动补货，根据缺货数量，自动生成采购订单。

统一数据采集已经实现，通过信息系统的打通，以及GS1编码托盘的使用，完成了与商务系统的接口对接，实现"四码合一"，完成数据的实时抓取，全过程记录和监管商品的流转，统一信息采集。

统一系统平台实现对接，链主企业开发的供应链管理系统，已经全部应用于供应链上下游企业，涵盖了OMS订单管理系统、WMS仓储管理系统、TMS运输管理系统，以及财务系统和大数据平台，实现平台的统一，供应链上下游企业间办公的高效协同。

(3) 四化目标达成到位。

标准化。供应链全链条均使用1 200 mm×1 000 mm的标准GS1编码托盘以及与标准托盘匹配的物流设施设备，全面实现设施设备的标准化；通过上下游企业的协同与配合，使用国家标准40余项，在供应链试点企业间，实现了商业交接标准化。

智能化。通过系统平台的统一，使供应链作业全过程智能高效，实现高效拣选、智能调度、效期预警、库存监管及大数据分析等功能；通过对物流设施设备的改造，实现物流作业的智能化，包含尾板车辆的使用、穿梭式密集存储及智能叉车等；

协同化。通过系统平台的统一与供应链标准体系的应用，使供应链上下游企业间订单处理高效协同、物流作业高效协同、商品交接与异常处理高效协同。

绿色化。通过开展带板运输，降低了商品损耗；通过密集存储货架的使用，提高仓库利用率；通过开展共同配送，减少了物流车辆进城，减少了城市污染与道路拥堵等；通过包装尺寸的标准基础模数（4060）改变，提高了标准匹配度，提高了物流作业效率及车辆的满载率，等等，这些都是供应链绿色化的体现。

(4) 试点企业通过流通领域现代供应链体系项目建设，主动在质量管理及物流科技内涵上下功夫。试点期间，有两个企业获中国物流与采购联合会的科技进步奖。其余奖项有江苏百盛润家商贸有限公司"流通领域快消品现代供应链体系建设"项目（2020年，科技进步"二等奖"）；江苏省精创电气股份有限公司"基于全冷链温控系统的构建"项目（2020年，科技进步二等奖）；江苏万邦生化医药集团有限责任公司荣获2019年江苏省"省长质量奖"；徐州汇尔康食品有限公司荣获2019年"徐州市质量奖"；江苏省精创电气股份有限公司荣获中国物流与采购联合会评选的2018—2019年度医药供应链"金质奖"、江苏省人民政府颁发的科学技术"三等奖"等。企业的科技水平与管理水平都得到整体提升。

（5）标准应用意识增强，主动制定团体标准。供应链项目试点过程中，按照项目建设的要求，主动应用国家推荐的一系列标准，部分企业根据企业的自身情况及供应链建设情况，主动制定适合企业的团体标准，在江苏冷链学会备案。

具体有：《快速消费品供应链物流配送规范》《药品冷链物流运作规范》《数字温湿度记录仪》《医药冷链电气控制箱》《绿色冷库评价方法》《乳制品供应链物流配送规范》《复合调料装卸搬运规范》《生菜生产操作规范》《虾滑生产操作规范》《生鲜农产品供应链冷链物流配送规范》《农产品冷链物流配送中心建设与运营规范》及《中央厨房加工、贮藏及运输卫生规范》等，企业管理水平活得整体提升。

2. 流通领域现代供应链标准体系逐步完善

在徐州市流通领域现代供应链体系试点建设完成后，回头看，徐州市商务局对试点企业的必须建立供应链标准体系的要求是完全正确的，其中最重要的是物流标准体系的建立。

企业通过物流标准体系的构建，对物流标准体系的内容有一个大概的了解。物流标准体系包括物流标准体系框图、物流标准的具体内容，以及物流标准的实施等三个方面。了解了明确的结构、内容、关系，在具体的操作中就会有方向，有目标，有尺度。"取法其上上、仅得其上；取法其上、仅得其中；取法其中、仅得其下。"高的要求，也取得了较好的效果。

3. 托盘循环共用体系初步形成

通过引入供应链管理企业阿帕科技集团与本土企业勋马物流（国内最大的托盘运营商之一）的供应链体系，承担徐州市 GS1 标准托盘循环共用体系建设。项目建设完成后，徐州市循环共用标准 GS1 托盘池已达到 8.4 余万片，并建立了两处运营服务中心，与徐州市及周边地区 10 余家大型商贸流通企业达成合作，近十万余套标准托盘和料箱的循环共用。通过标准托盘，带动供应链上下游企业的物流标准化提升，初步建立起 GS1 码托盘循环共用体系。

4. 供应链链条企业间信息平台对接，实现信息共享

徐州市的流通领域现代供应链项目建设，筛选了 6 种类型 12 条供应链，每一条链都要求实现供应链链条企业间信息平台的对接，每个企业的仓储管理系统、订单管理系统及运输管理系统等要实现信息共享，有效地避免供应链的牛鞭效用。随着互联互通的平台数量逐步增加，平台企业的数量越来越多，供应链会从流通链向生产链延伸，在整个供应链上实现信息的共享，提高供应链的稳定性，通过延链、补链、固链工程，延长产业链，提升价值链。

10.2 本研究的主要创新点

1. 对徐州市流通领域现代供应链体系项目建设运用追踪法进行研究

笔者作为徐州市流通领域现代供应链体系项目专家委员会的成员，自徐州市成为国家流通领域现代供应链体系项目试点城市之日起，就全程跟踪并记录了试点的全过程。从项目的评审、项目的辅导、项目问题的讨论、商务部到徐州中期检查、项目的验收等全过程参与。每一个项目的前期调研、中期的辅导及后期验收，笔者都全程参与。作为徐州市流通领域现代供应链体系项目试点城市项目的参与者、见证者，运用专业的知识，结合亲历的过程，梳理并记录徐州市流通领域现代供应链体系项目建设过程，也是笔者的一份责任。

2. 将试点链条的成功经验编写成案例

徐州市流通领域现代供应链体系项目试点的 6 种类型 12 条供应链中不乏

优秀成功的建设经验。将其按照统一模板形式编写成案例，对试点企业是一个建设过程的梳理与回顾，对其他企业是一个有益的借鉴，对徐州市主管部门而言是一个总结。

3. 对试点企业的相关数据进行梳理对比

从企业的申报表与最终验收报告中，将试点前的数据与试点后的数据分别进行梳理，试点前徐州市流通领域现代供应链体系建设的现状与试点后的建设成效数据对比，说明建设成效，一目了然。

10.3 研究展望

本书虽然研究了徐州市流通领域现代供应链体系的发展情况，但还有些问题值得进一步研究与思考，主要问题如下。

（1）对流通领域现代供应链体系建设的评价没有建立起指标体系，对不同的建设类型，如何建立科学的评价体系是接下来需要考虑的问题。

（2）流通领域现代供应链与生产领域现代供应链间如何科学合理衔接、中间的瓶颈有哪些，以及如何来解决是接下来的研究需要考虑的问题。

（3）流通领域现代供应链与城乡高效配送间如何深入融合？融合还存在哪些问题？本研究的深度不够，需要在协同性方面展开研究。

参考文献

[1] 迈克尔波特.竞争战略 [M].北京：华夏出版社. 2005：14-63.

[2] 殷俊明，王跃堂.基于价值链的集成成本管理系统 [J].华东经济管理. 2011（09）：127-130.

[3] 杨建华，桑莉.供应链管理的研究现状与发展趋势 [J].工业工程.2003：14-17.

[4] Richard Hall, Pierpaolo Andriani.Analysing Intangible Resources and Managing Knowledge in a Supply Chain Context[J].European Management Journal, 1998, 16(6):685-697.

[5] Stevens G C. Successful Supply Management[J]. Management Decision.1995, 28(8):60-63.

[6] 燕翔山.A 公司供应链环境下供应商选择研究 [D].北京：北京理工大学. 2017.06：7-13.

[7] Cooper M C, Lambert B M, Pagh J D. Supply chain management:More than a new name for logistics [J], The International Journal of Logistics Management, 1997(1):42-43.

[8] 王东霞.H 公司采购管理评价研究 [D].秦皇岛：燕山大学. 2017.12：3-5.

[9] Walker W T, Alber K J.Understanding supply chain management[R].APICS The Performance Advantage, 1999, 99(1).

[10] 王影，张纯.供应链治理模式及其演化 [J].中国流通经济，2017，31(2): 64-72.

[11] 李维安, 李勇建, 石丹. 供应链治理理论研究: 概念、内涵与规范性分析框架 [J]. 南开管理评论, 2016, 19(1): 4-15.

[12] 何明珂, 王文举. 现代供应链发展的国际镜鉴与中国策略 [J]. 改革, 2018(1): 22-35.

[13] 于海东, 叶怀珍. 基于AHP法的局部选择构建供应链 [J]. 物流科技, 2000(1): 17-23.

[14] 尹柳营, 杨志红. 供应链的构建及相应的问题 [J]. 技术经济与管理研究, 2001(1):50-51.

[15] Douglas Lambert.fundamentals of logistic management[M].Harpercollins, 1998: 10-23.

[16] Charles H Fine. Clock speed: Winning Industry Control in the Age of Temporary Advantage[M]. (IMVP)Perseus Publishing, 1998: 45-56.

[17] 杜丹丽. 企业供应链构建与优化对策研究 [J]. 经济师, 2003(8): 152-153.

[18] Goffin K M Szwejczewski, C New.Managing Suppliers:When Fewer Can Mean More[J]. International Journal of Physical Distribution and Logistics Management, 1997(7):422-436.

[19] Robert J Liles D H Justifying alliances and partnering a prepequisite for virtual enterprising[J]. Omega, 1997, 25(1): 29-36.

[20] 范体军, 胡清淮. 大型供应链设计的基本数学模型与算法研究. 中国管理科学 [J]. 2004, 12(6):46-51.

[21] Vonderembse M A and Tracey M. The Impact of Supplier Selection Criteria and Supplier Involvement on Manufacturing Performance[J]. The Journal of Supply Chain Management,1999(8):33-39.

[22] 沈钰琳. 基于物联网的生鲜农产品供应链物流体系构建研究 [D]. 重庆: 重庆交通大学, 2017.

[23] Maldonado-Macías A, Realyvásquez A, García-Alcaraz J L, et al.Assessment of

Ergonomic Compatibility on the Selection of Advanced Manufacturing Technology [M].Current Trends on Knowledge-Based Systems.Springer International Publishing, 2017.

[24] 赵玮. 征程再起 携手共赢 日立汽车系统（中国）有限公司 2016 第一届售后经销商大会成功举行 [J]. 汽车与配件，2017(15):28-29.

[25] 王学龄. 基于 IATF16949：2016 的汽车企业质量管理体系构建 [J]. 科学技术创新，2019(20)：154-156.

[26] Rajesh R, Ravi V.Supplier selection in resilient supply chains: a grey relational analysis approach[J].Journal of Cleaner Production, 2015, 86:343-359.

[27] Pitchipoo P, Venkumar P, Rajakarunakaran S.Grey decision model for supplier evaluation and selection in process industry: a comparative perspective[J]. International Journal of Advanced Manufacturing Technology, 2015, 76(9-12): 2059-2069.

[28] Blane D Lewis. Does Local Government Proliferation Improve Public Service Delivery Evidence from Indonesia[J]. Journal of Urban Affairs, 2017(8):46-47.

[29] Sergio C, Vittorio C, Vito I. A multiagent model for coordinated distribution chain planning[J]. Journal of Organizational Computing & Electronic Commerce, 2003(3): 267-287.

[30] 胡文斌，王少梅. 基于多 Agent 的物流决策支持系统协调通讯机制研究 [J]. 计算机集成制造系统，2003(9): 118-122.

[31] 付金龙，陈梅，李石山. 构建协同的供应链 [J]. 科技与管理，2005(1): 70-74.

[32] Liu S,Wang H W. Agent architecture for agent-based supply chain integration& coordination[J]. ACM SIGSOFT Software Engineering Notes, 2003(4): 5-10.

[33] 赵涛，高远洋，梁艳. 供应链管理中的协调机制设计 [J]. 价值工程，2003(增刊):37-40.

[34] 綦永挂，谢黎明，王保民. 网络化制造系统中协同决策体系研究 [J]. 机械设

计与制造, 2006(5): 138-140.

[35] 站培志, 廖文和. 基于 Information Hub 模型的供应链管理信息系统研究 [J]. 南京航空航天大学学报, 2004(1): 135-138.

[36] 樊雪梅. 供应链绩效评价理论、方法及应用研究 [D]. 长春: 吉林大学, 2013.

[37] 谭旭, 薛飞, 毛太田, 等. 顾客满意度视角下的零售供应链协同绩效智能评价 [J]. 工业工程与管理, 2015, 20(3): 74-82.

[38] 李旭东, 王耀球. 跨境电商多元模式下跨境物流企业服务功能整合优化 [J]. 商业经济研究, 2016(5): 78-80.

[39] 张滨, 刘小军, 陶章. 我国跨境电子商务物流现状及运作模式 [J]. 中国流通经济, 2015(1):51-56.

[40] 黄明山. 供应链绩效评价综述 [J]. 经济师, 2012(4): 21-23.

[41] Bendiner J. Understanding supply chain optimization[J]. APICS-the performance advantage,1998(1): 34-40.

[42] Lee H L, Padmanabhan V, Whang S.Information Distortion in a Supply Chain: The Bullwhip Effect[J].Management Science, 1997, 43(4): 546-558.

[43] Fritz M M C , Schoeggl J P , Baumgartner R J .Selected sustainability aspects for supply chain data exchange: Towards a supply chain-wide sustainability assessment[J].Journal of Cleaner Production, 2017, 141(JAN.10):587-607.

[44] 沈厚才, 陶青, 陈煜波. 供应链管理理论与方法 [J]. 中国管理科学, 2000, 8(1): 1-9.

[45] Mihalis Giannakis, Michalis Louis.A multi-agent based framework for supply chain risk mangaement[J].Purchasing &Supply Management, 2011(17): 23-31.

[46] Chen D Q, Preston D S, Swink M.How the Use of Big Data Analytics Affects Value Creation in Supply Chain Management[J].Journal of Management Information Systems, 2015, 2(10): 864-866.

[47] 赵先德, 谢金星. 现代供应链管理的几个基本观念 [J]. 南开管理评论, 1999

(1): 62-66.

[48] 苗玉霞. 农产品供应链的物联网安全 [J]. 江苏农业科学, 2017(10):188-193.

[49] 慕静, 祁赫. 基于物联网的农产品供应链风险及其防控 [J]. 商业经济研究, 2017(6):164-165

[50] Yanhong Guo, Wenjun Zhou, Chunyu Luo, et al.Instance-Based Credit Risk Assessment for Investment Decisions in P2P Lending[J]. European Journal of Operational Research, 2015.

[51] 闫慧. 我国中小企业融资问题研究 [J]. 财会学习, 2019(1):144-146.

[52] 吴煜宁. 供应链金融信用风险评估方法研究 [D]. 西北农林科技大学, 2018.

[53] 宋玉涛. 集成化供应链及其绩效评价框架研究 [J]. 价值工程, 2007, 26(8): 54-57.

[54] 夏绪辉, 刘飞. 逆向供应链物流的内涵及研究发展趋势 [J]. 机械工程学报, 2005, 41(4): 103-109.

[55] 黄国青, 华凤燕. 绿色供应链绩效评价的模型研究 [J]. 工业工程, 2007, 10(1): 116-121.

[56] 王勇, 张培林, 陈星. 低碳的生鲜农产品供应商评价实证分析 [J]. 商业经济研究, 2018(05): 127-130.

[57] P Chithambaranathan,Nachiappan Subramanian. Service supply chain environmental performance evaluation using grey based hybrid MCDM approach[J].International Journal of Production Economics,2015(7):163-176.

[58] Lin K P, Hung K C, Lin Y T. Green Suppliers Performance Evaluation in Belt and Road Using Fuzzy Weighted Average with Social Media Information [J]. SUSTAINABILITY,2018,10(1):1-11.

[59] Burki U. Green Supply Chain Management, Green Innovations, and Green Practices [M]. Springer Nature Singapore Pte Ltd, 2018:312.

[60] Onur etin, Knouch M. Sustainable Competitive Advantage in Green Supply Chain

Management.Sustainability and Social Responsibility of Accountability[M]. Springer Nature Singapore Pte Ltd, 2018:353.

[61]Liu K, Liu Y W, Qin J D. An integrated ANP-VIKOR methodology for sustainable supplier selection with interval type-2 fuzzy sets[J].Granular Computing, 2018, 3 (3):193-208.

[62]赵然，安刚，周永圣.浅谈智慧供应链的发展与构建[J].中国市场，2015(10)：93-94.

[63]徐新新，郭唤唤.基于模糊综合评判法的智慧供应链绩效研究[J].智慧工厂，2017(8)：67-69.

[64]申强，王军强.会展服务供应链创新设计与系统构建——基于"互联网+"和"云"计算角度[J].商业经济研究，2017，24(1)：175—177.

[65]Gunasekaran A, Patel C, Tirtiroglu E.Performance measures and metrics in a supply chain environment[J].International Journal of Operations & Production Management, 2001, 21(1/2): 71-87.

[66]冯华，何佳莉，刘洋.供应链物流能力绩效评价体系的调研分析[J].中南财经政法大学学报，2014(1)：113-118.

[67]Anbanandam R, Banwet D K, Shankar R.Evaluation of supply chain collaboration: a case of apparel retail industry in India[J].International Journal of Productivity & Performance Management, 2011,60(2): 82-98.

[68]陈雅琴，王花，贾志绚，等.基于模糊层次分析法的零售业供应链协同绩效评价研究[J].物流技术，2017，36(2)：132-136.

[69]Kumar G, Banerjee R N.Supply chain collaboration index: an instrument to measure the depth of collaboration[J].Benchmarking An International Journal, 2014, 21(2): 184-204.

[70]肖主宸.大型连锁超市的绿色供应链绩效评价体系构建[J].中国管理信息化，2017，20(12)：89-90.

[71] 管志杰, 顾亚梅. 基于熵权 TODIM 法的柴油机企业绿色供应链管理绩效评价研究 [J]. 常州大学学报 (社会科学版), 2016, 17(2): 60-68.

[72] 贾鹏, 董洁. 基于 BSC 的物流服务供应链绩效指标可拓优度评价 [J]. 统计与决策, 2018(3): 44-48.

[73] 于巧娥. 电子商务环境下供应链战略联盟的绩效评价 [J]. 商业时代, 2016(13): 133-135.

[74] 刘雪红, 郭顺生. 基于网络中介的制造业虚拟供应链绩效评价体系研究 [J]. 机械制造, 2009, 47(2): 61-64.

[75] 李玉凤, 邢淋淋. 智慧供应链绩效评价指标体系构建 [J]. 统计与决策, 2017(3): 183-185.

[76] 郝晓旭, 李向波. 敏捷供应链库存管理绩效评价研究 [J]. 东南大学学报 (哲学社会科学版), 2014(s1): 68-71.

[77] 聂召, 周国华. 考虑不确定性的供应链战略绩效评价体系 [J]. 科技进步与对策, 2008, 25(6): 132-134.

[78] 何昇轩, 沈颂东. 基于第三方 B2B 平台的线上供应链金融风险评估 [J]. 东南学术, 2016(3): 139-147.

[79] 刘晓峰, 李传富. 基于物元分析法的物流企业服务创新绩效评价 [J]. 物流技术, 2015, 34(21): 94-97.

[80] 胡奇英, 胡大剑. 现代供应链的定义与结构 [J]. 供应链管理, 2020(1): 35-45.

[81] 迈克尔·波特. 竞争优势 [M]. 李明轩, 邱如美, 译. 北京: 中信出版社, 2014.

[82] Christopher. 管理经济学 [M]. 陈章武, 杨晓丽, 译. 北京: 机械工业出版社, 2010.

[83] 朱传波. 物流与供应链管理: 新商业·新链接·新物流 [M]. 北京: 机械工业出版社, 2018.

附　录

附录1　徐州市流通领域现代供应链体系建设实施方案

为加快推进现代供应链体系建设，促进经济发展提质增效降本，根据《财政部办公厅商务部办公厅关于开展2018年流通领域现代供应链体系建设的通知》(财办建〔2018〕101号)要求，结合我市流通产业发展实际，制定本实施方案。

一、总体思路与目标

(一)总体思路

全面贯彻党的十九大和习总书记视察徐州重要指示精神，按照"市场主导、政策引导、聚焦链条、协同推进"原则，聚焦民生消费行业领域，开展现代供应链体系建设。重点围绕供应链"四化"(标准化、智能化、协同化、绿色化)，以"五统一"(统一标准体系、统一物流服务、统一采购管理、统一信息采集、统一系统平台)为主要手段，充分发挥"链主"企业的引导辐射作用，供应链服务商的一体化管理作用，加快推动供应链各主体各环节设施设备衔接、数据交互顺畅、资源协同共享，促进资源要素跨区域流动和合理配置，整合供应链、发展产业链、提升价值链，加快发展大市场、大物流、大流通，实现供应链提质增效降本。

(二)工作目标

通过开展供应链体系建设，到2020年培育一批在淮海经济区乃至全国有重要影响力的供应链重点企业，总结一套成熟可复制的经验模式。在重点企业带动下，区域供应链管理整体水平明显提升，产业转型升级明显加快，流通领域供给侧结构性改革取得重大突破。社会消费品零售总额增幅以及社会物流成本降幅高于全国、江苏省平均水平。

1. 物流标准化水平明显提升

标准化物流设施、设备广泛运用，托盘、周转箱（筐）等物流单元标准化率达到85%以上；单元化物流占供应链物流比例同比提高10%以上；骨干企业物流费用率降低到7%左右。

2. 绿色仓储利用率明显提升

仓库利用率达到90%以上，绿色仓库与新能源车辆比例达到30%以上；快消品、药品、农产品等重点行业平均库存周转率同比提高10%以上；商品损耗率下降10%以上。

3. 供应链管理水平明显提升

供应链综合成本（采购、库存、物流、交易成本）同比降低20%以上；订单服务满意度（及时交付率、客户测评满意率等）达到80%以上；供应链重点用户系统数据对接畅通率达到80%以上。

二、重点任务

（一）构建高效衔接的物流体系，夯实供应链发展基础

加快物流基础设施建设，提升骨干物流园区及配送中心的公共属性及综合服务功能，推动物流企业向供应链服务商转型。搭建城乡高效配送体系，提高区域商品流通效率。

1. 改造提升一批综合共配中心

重点推进骨干物流园区实施标准化改造和功能提升，加快由单一功能向多功能转型，由系统内、行业内服务向社会化公共服务转型，打造一批具备较强区域影响力的共配中心。加快制定并实施大中型批发市场仓储、物流功能剥离规划，引导批发市场将仓储和配送业务外包于共配中心；推动城市仓储、零担、电商、邮政、快递等各类企业向综合共配中心集聚，强化综合共配中心的公共属性和集聚辐射功能，为供应链发展提供核心载体支撑。

2. 规划建设一批县域分拨中心

通过规划保障和政策引导，充分调动社会资源，利用废旧厂房等基础设施，新建和改造一批县域公共分拨中心。鼓励跨部门资源共享和跨行业协作联

营,发挥县域公共分拨中心衔接城乡"承上启下"的功能优势,强化与城市综合共配中心的有效衔接,打造衔接有效、往返互动的双向流通网络。

3. 健全"县-镇-村"三级配送网络

总结推广丰区农村物流示范县创建和×沛县城乡高效配送改革试点经验,以整合电商快递资源为切入点,支持和鼓励电商快递企业设立第三方共配企业开展电商快递共配业务。通过搭建公共信息平台,逐步实现门店共享、客服共享、进城车辆共享、快递员共享。推动实体商业配送与快递配送在分拨中心、配送中心环节加强合作,共享末端配送资源,促进快递、邮政、商超、便利店、物业、社区等末端配送资源的有效组织和统筹利用,打造"共享""共治""共生""共促"的城乡物流生态圈。

(二)提升物流服务标准化信息化,促进供应链上下游衔接

深入总结推广物流标准化试点建设经验,推动骨干商贸物流企业在仓储、分拣、包装、配送等各环节采用标准化和先进适用的物流设施、设备,提高物流单元化水平。强化信息化建设,大力发展智慧供应链。

1. 深入推广标准化物流设施设备

鼓励标准物流设备运营商进一步壮大循环共用池规模,拓展服务范围和业务领域,以我市为中心,打造淮海经济区标准托盘(1 200 mm×1 000 mm)循环共用体系。引导有市场影响力的生产企业、流通企业及第三方物流企业租赁、交换标准托盘,大幅提高标准托盘使用率。支持果蔬生产基地、农村合作社、大型超市及批发市场等使用符合 600 mm×400 mm 模数系列的标准周转箱(筐),提高流通环节标准周转箱(筐)普及率,鼓励企业探索标准周转箱(筐)与托盘组成集装单元。支持企业更新和改造与标准托盘相配套的设施设备以及货架、叉车、笼车、公路运输车辆(厢体内廓 2 450 mm 或 2 050 mm)等。

2. 提升物流服务标准化水平

推动发展自动化物流仓储中心,推动仓储、包装、分拣、装卸、配送的流程服务标准化,促进物流单元化、一体化作业。支持仓储企业进行绿色化改造,支持采用分拨调配系统、智慧化仓储管理系统,利用信息化手段,将订单

运营、分拣加工、客户服务等功能进行整合，建立智慧化仓储管理信息系统。利用二维码、无线射频识别（RFID）等感知技术，提高货物信息在仓库管理流程中数据录入的效率和准确性，确保企业及时准确地掌握货物流转情况，合理保持和控制企业库存。鼓励企业实施、推广国家、行业标准，结合国标、行标，建立企业物流标准体系。

3. 提升物流服务信息化水平

全力推广基于全球统一编码标识（GS1）的商品条码体系，推动托盘条码与商品条码、箱码、物流单元代码关联衔接，实现商品和集装单元的源头信息绑定，并沿供应链顺畅流转。推动大数据、云计算、区块链及人工智能等技术与供应链融合，发展具有供应链协同效应的公共型平台，支持上下游用户的生产、采购、仓储、运输、销售等管理系统相对接，平台与平台之间相对接，实现相关方单元化的信息数据正向可追踪、逆向可溯源、横向可对比，发挥供应链在优化生产、加快周转、精准销售、品质控制及决策管理等方面的作用。

（三）聚焦重点供应链，推进流通领域提质增效降本

结合我市以及淮海经济区流通产业发展实际，重点围绕农产品、快消品、药品、日用电子产品、汽车零部件、家电家具、纺织服装，以及餐饮、冷链、物流快递、电子商务等行业领域，加快推进流通领域现代供应链体系建设。

1. 快消品供应链

从统仓统配的供应商切入，推广使用标准化的单元技术，发展供应链协同平台，整合上下游商流、物流、信息流、资金流，实现供需对接、集中采购、统管库存、支付结算及物流配送等功能整合，提高供应链自动补货、快速响应及资源共享能力。支持骨干快消品共配企业发挥其仓配一体化服务优势，融合供应商、实体零售门店、网络零售的配送需求，发展面向各类终端的共同配送，实现多样化的最后一公里配送。支持连锁企业在提升系统直营店、加盟店共配率的同时，进一步整合社会商业配送资源，由系统内向系统外拓展，扩大共配覆盖面。支持快消品共配企业、连锁企业采用高规格立体仓库，循环共用标准托盘、周转箱（筐），提升带板运输率，实现交接单元化、标准化，提高物

流作业效率，降低物流运输单位成本。支持利用大数据分析消费者消费需求，通过引厂进仓和建立自主服务网络品牌，构建F2C(生产商→消费者)和C2F(消费者→生产商)商贸营销模式，提高工厂直发率，减少周转环节，降低商品库存和损耗率。

2. 农产品供应链

充分发挥农产品批发市场在农产品流通供应链中的主导作用，加快推进以市场需求为核心的农产品供应链模式向市场需求、农业生产、物流配送融合发展的供应链模式转变。鼓励农产品批发市场拓展产销对接、安全检测、加工包装、统仓统配及溯源查询等功能，加快线上线下融合发展；积极推广以标准托盘、周转箱（筐）为单元进行全程货物监控、"不倒托、不倒箱（筐）"的标准化冷链，推动具有适销对路农产品的产区合作社、新型农村经营主体等建设产地公用型预冷库或推广使用冷藏集装箱，弥补冷链"短板"，鼓励生鲜农产品的供销合作、农超对接，培育一批综合性冷链服务企业。

3. 药品供应链

推进医药流通向扁平化、库存前置、网络一体化、多仓运作、信息透明化方向发展，构建医药流通新型供应链。支持骨干医药物流园以条码技术为抓手，打造与医疗机构"药事"服务合作的新平台，实现供、销、配、存、运一体化及质量可追溯，打造"药事"物流新模式。支持骨干医药物流园建设第三方仓储管理平台，推动库存统一管理，提高仓储配送效率。加强配送车辆的统筹调配和返程调度，预约卸货时间，准确查询到货时间、入库时间，推广循环取货、返程取货等方式，降低车辆空载率。

4. 生产服务型供应链

推动家电、汽车零部件、日用电子产品等发展生产服务型供应链。鼓励优势生产企业聚焦研发主业、辅助业务外包，占领价值链高端；推动专业物流企业嵌入采购、生产、物流、销售全环节，提供一体化供应链服务。

5. 柔性供应链

推动纺织服装、家具等领域发展柔性供应链。适合消费个性化、多样化特点，打造流通与生产深度融合的供应链，提高创意设计、柔性化定制、快速响应能力，缩短生产周期，优化库存结构。

6. 其他领域供应链

电商供应链（含跨境电商）建设重点突出统仓、统配、末端共同配送、城乡往返共享资源、城市社区共享取货点设置等关键领域和环节。餐饮（中央厨房）供应链建设重点突出统仓、统配以及冷链、代购代销等关键领域和环节，保障食品的质量安全。

（四）推广绿色技术模式，提高供应链绿色化水平

鼓励企业结合供应链战略进行绿色流程再造，推广使用新能源物流车、仓储设施设备节能技术及绿色智能包装新材料，推广共同配送、单元化载具循环共用等先进模式。积极探索按配送渠道回收、委托回收、集中回收等社会化回收再利用模式，推动减量包装、可循环包装及环保可降解包装等各种绿色包装技术应用，降低环境负荷和企业成本。

四、时间安排

（一）启动阶段（2018年7月—2018年10月）

组建市流通领域现代供应链体系建设工作领导小组和专家委员会；出台具体实施方案、资金管理办法，明确体系建设工作具体目标、重点任务、推进措施、实施步骤以及资金管理、使用要求；组织企业申报供应链体系建设重点项目，开展项目评审、入库；组织宣传动员、培训指导。

（二）实施阶段（2018年11月—2020年6月）

指导和督促项目实施单位按照实施方案推进项目建设；抓好项目跟踪、调度、指导和服务，做到周调度、旬督导、月通报。定期召开领导小组办公会议，协调解决体系建设中存在的困难和问题。委托行业协会和专业委员会，切实加强行业统计，及时上报项目建设情况及取得成效。

（三）中期评估阶段（2019年5月—2019年7月）

对重点项目实行动态管理，通过开展中期评估，对未按实施方案要求进行建设、进度明显落后于节点计划、未取得实际成效的项目，整改后仍未出现明显好转的，经领导小组办公室集体研究同意后予以淘汰。同时，在充分调研的基础上，对符合申报条件的新项目，按规定更新入库并督促实施，确保体系建设工作成效。

(四) 验收阶段 (2020 年 1 月—2020 年 8 月)

根据不同类型项目，分别制定验收细则，对项目进行分期审计并组织验收。将审计和验收情况进行公示，按照实施方案和资金使用管理办法有关规定，拨付专项资金并跟踪资金拨付情况，确保专项资金及时、足额拨付至相关企业。

(五) 总结阶段 (2020 年 9 月—2020 年 10 月)

根据商务部现代供应链体系建设绩效评价要求，对项目进行综合评估和绩效评价，上报国家、省级商务及财政主管部门，并向相关行业、企业推广供应链体系建设机制创新、政策创新及模式创新等经验成果；利用各类媒体资源，形成系列报道，扩大流通领域现代供应链体系建设的社会影响力。

五、保障措施

(一) 加强组织领导

成立市流通领域现代供应链体系建设工作领导小组，由市政府分管领导任组长，成员单位由市商务、财政、发改、经信、公安、交通、质监、供销及邮管等部门组成，负责对供应链体系建设工作的宏观指导、综合协调、规划实施和政策落实。领导小组办公室设在市商务局，负责体系建设日常协调、项目推进及行业统计等具体工作

(二) 建立工作机制

组建市流通领域现代供应链体系建设专家委员会，协助开展项目申报、评选、认定、指导、评估及验收等工作，为体系建设提供全过程智力支持。加强与苏皖物流标准化联盟城市的交流合作，共建、共享供应链。建立信息通报制度，定期向上级部门报送工作进展情况。发挥相关行业协会的作用，研究制定

流通领域供应链统计体系和标准，定期统计并评估供应链发展水平和成效。

(三) 加强项目管理

对项目实施统一申报、统一评审，支持供应链有关企业联合申报，跨区域带动供应链。实行动态管理和不合格清退制度，与项目承担企业签订全过程责任承诺书，强化项目指导和进展跟踪、质量监督；分类制定验收细则，分期审计并组织验收。市财政安排必要的工作经费，保障重点项目评审、审计及验收等各项工作顺利开展。

(四) 强化政策保障

加强政策支持力度，围绕供应链体系建设出台土地、财政、税收及通行等集成政策，支持标准托盘公共服务网点建设，将共配中心、分拨中心以及城乡配送仓储设施建设纳入土地利用规划和城乡建设规划，以规划保障体系建设。制定《徐州市流通领域现代供应链体系建设专项资金使用管理办法》，明确专项资金的支持范围、支持方式，规范项目申报、评审、入库、验收及资金拨付等程序，确保专项资金使用安全、规范。引导金融机构支持，在风险可控和商业可持续的前提下，鼓励金融机构加大对项目承担企业的支持力度，创新金融产品和服务，帮助企业改善融资环境和条件。

(五) 加强宣传推广

充分发挥我市科教资源丰富的优势，支持和鼓励行业协会、高校、科研单位、企业从事供应链体系研究工作并开展相关培训。编制供应链体系建设工作手册、政策汇编，建立案例库和优秀成果推广平台。加强对项目承担企业的指导和培训，围绕目标任务开展业务专题辅导、对接交流活动。及时总结工作中出现的新特点、新模式，加大媒体宣传力度，宣传推广典型经验和成功模式，为淮海经济区乃至全国流通领域现代供应链体系建设工作提供示范引领。

附件1-1：徐州市流通领域现代供应链体系建设工作领导小组成员名单

附件1-2：徐州市流通领域现代供应链体系建设工作领导小组成员单位职

责分工

附录1-1　徐州市流通领域现代供应链体系建设工作领导小组成员名单

组长：徐东海（副市长）。

领导小组下设办公室，办公室设在市商务局，张颖同志兼任办公室主任。

附录1-2　徐州市流通领域现代供应链体系建设工作领导小组成员单位职责分工

市商务局：负责领导小组办公室日常工作；会同市财政局制定实施方案和专项资金使用管理办法，组织项目申报、入库、实施、验收等工作；会同市财政局加强项目跟踪问效，做好项目实施管理；做好工作基础统计，委托行业协会、专业委员会开展统计分析和监测；建立相关统计、培训机制和项目评审、验收机制；引入第三方审计和项目评审，提出资金支持方案；及时向上级商务部门汇报建设实施情况。

市财政局：会同市商务局制定实施方案和专项资金使用管理办法并组织实施；参与项目评审、日常督导和验收；对资金的使用及绩效情况进行监督检查，按规定拨付资金；及时向上级财政部门汇报建设实施情况。

市发改委：协助推动工作实施；协助完善相关规划、政策；配合做好各环节无缝连接、高效运行。

市经信委：支持汽车零部件、日用电子产品等生产服务型供应链体系建设工作。协助做好生产服务型供应链项目申报、评审、验收、跟踪管理等工作。

市公安局：科学配置进城车辆资源，探索发展城乡配送公交化运行模式；落实企业主体责任，加强对运输、配送等环节的安全管理。

市交通运输局：加快推进货运枢纽（物流园区）基础设施建设，增强仓储及配送中心公共属性及综合服务功能，指导道路运输企业购置与标准托盘匹配的厢式货车、集装箱车辆，进一步丰富运输组织模式。

市质监局：协助指导企业建立较为完善的标准化体系；配合开展行业重要

领域标准的制定；建设相关标准专题库，为企业提供标准订阅、查询、分析解读等专业服务。

市供销合作总社：做好供销领域相关供应链调所、摸底，支持供销领域开展供应链建设工作；推动供销领域在培育农资物流龙头企业、上海蔬菜外延基地冷链建设、促进农产品流通等方面取得新突破。

市邮政管理局：做好邮政系统相关供应链调研、摸底，支持邮政系统开展供应链建设工作；联合市商务局推进电商快递整合，搭建电商快递"县－镇－村"三级配送网络。

附录2　徐州市流通领域现代供应链体系建设专项资金管理办法

第一章　总　则

第一条　为加快我市流通领域现代供应链体系建设，规范中央财政专项资金的使用和管理，根据财政部办公厅、商务部办公厅《关于开展2018年流通领域现代供应链体系建设的通知》(财办建〔2018〕101号)和市政府办公室《关于印发徐州市流通领域现代供应链体系建设实施方案的通知》(徐政办发〔2018〕116号)有关文件精神，结合我市实际，特制定本办法。

第二条　本办法所称徐州市流通领域现代供应链体系建设专项资金(以下简称专项资金)是指由中央财政预算安排的用于支持徐州市流通领域现代供应链体系建设的资金。

第三条　专项资金由市商务局与市财政局共同管理。市商务局、市财政局分别履行以下管理职责。

市商务局：负责流通领域现代供应链体系建设工作的组织推进、规划实施、综合协调、宣传推介和行业统计，负责组织项目的申报、评审、项目企业认定及验收等工作，负责制定具体的验收细则和申报指南，会同市财政局对资金的使用及绩效情况进行监督检查。

市财政局：负责专项资金的财政预算管理、资金拨付。会同市商务局对专项资金使用开展绩效考评。

第二章　资金支持方式、标准和内容

第四条　专项资金通过"以奖代补"的方式安排到具体项目。

第五条　专项资金按照先建设实施、后安排补助的办法，对单个项目补助额不超过项目总投资额的40%，补助总额不超过800万元。为加快推进重点项目建设，可对进度较快、成效明显的项目，按照不高于拟补助金额50%的比例预拨资金。

第六条 专项资金主要用于支持整合、发展、提升供应链，加快发展大市场、大物流、大流通，实现供应链提质、增效、降本。具体包括以下几个方面。

（一）支持具有基础性、公益性的物流设施节点标准化建设与改造。包括服务辐射范围大的商贸物流园区、专业市场的物流设施升级改造与建设，社会化的物流配送中心由存储型向快速周转型仓储升级，大型商圈、商业街的集成共享平台、公共仓配中心及卸货区设施改造和设备更新，开放共用的自提设备、终端配送设备的改造建设。

（二）支持开展托盘、周转箱、集装箱循环共用和包装箱循环利用的第三方运营商做大做强，包括购置标准化的集装单元器具，物联网信息设备及管理系统投入，运营体系网点租赁，推广GS1编码及质量认证费用。

（三）支持围绕标准托盘及其循环共用进行的相关物流设施建设改造、物流设备购置。包括标准化的通用仓库、冷库，及货运车辆、货架、叉车、分拣、包装等设备。

（四）支持用户租赁标准化的周转箱、托盘、集装箱等单元器具（不支持购买），或盘活存量标准单元器具开展社会化租赁共用服务，推动提高供应链效能。

（五）支持围绕打通供应链上下游信息流进行的信息化投入及系统研发改造，大数据应用，包括GS1商品条码、箱码信息采集、感知和处理设备，标准接口一致的采购系统、仓储系统及销售系统等系统的升级，以及服务于供应链各用户的具有"四流合一"功能的信息平台建设。

（六）支持电商物流领域推广节能设施设备，及绿色智能包装材料技术的研发与推广，促进标准化、绿色化、减量化。

（七）其他事项，包括商品质量认证费用、供应链专业培训及供应链标准的制定与应用等。

第七条 专项资金不支持楼堂馆所、办公楼、道路等建设；不得用于征地拆迁、购买非标车辆和提取工作经费；不支持有金融风险、发展模式不成熟的平台。申报企业不得将关联方交易额纳入申报项目总投资，不得将同一集团公司信息平台项目多地重复申报。

第三章 申报条件、资料、程序及验收

第八条 申报专项资金的企业应具备下列条件。

（一）在本地注册且具备独立法人资格，有独立、健全的财务核算和管理制度，财务管理规范、信誉及财务状况良好。在外地注册法人并在本地有实体，及在本地注册法人并在其他地区建设实体的机构，也可在本地申报项目。

（二）申请主体应对流通领域现代供应链体系建设项目有明确的投资计划书或实施方案，具备实施项目的基本条件。

（三）申请主体应为流通领域现代供应链体系建设重点项目的实际投资主体。

（四）建设期内未申请或未获得过与申报项目相关的其他中央财政资金扶持。

第九条 申报企业，需提交项目申请报告，包括以下内容。

（一）所在地财政、商务主管部门推荐文件。

（二）申报企业基本信息表。

（三）申报项目基本信息表。

（四）申报项目实施方案，包括联合国标、行标联合制定的完整的供应链协同标准体系。

（五）申报项目支出预算明细表。

（六）申报项目全过程承诺责任书。

（七）申报企业所取得的供应链建设方面的成果、证书等其他相关材料（如无，可不提供）。

（八）申报企业法人营业执照（复印件）。

第十条 申报和审核程序。

（一）申报受理：申报企业应在规定期限内向市商务局提出申请。同一个企业申报项目最多不超过两个。

（二）项目评审：由市商务局组织专家组对项目申请材料进行评审，提出评审意见。

（三）项目答辩：由市商务局制定答辩打分标准；根据专家组评审意见，组织专家组对入围企业进行现场答辩并打分。

（四）项目确定：市商务局根据评审意见和答辩得分情况，确定入围的重点企业和项目名单。

（五）项目公示：市商务局在门户网站对入围的重点企业和项目名单进行公示。

（六）项目备案：市商务局、财政局根据公示结果，建立重点企业和项目库并编制项目资金预算，上报商务部、财政部以及省商务厅、财政厅备案。

（七）项目验收：重点项目实施完成后，由项目申报企业提出项目验收申请。市商务局委托第三方机构对项目实施及投资情况进行审计，并组织专家组进行项目现场验收。对因特殊原因造成不能按期验收的项目，经领导小组办公室集体研究同意后，可延期验收，但延期不得超过3个月.超过3个月仍达不到验收标准的，取消其申请专项资金资格。

（八）资金拨付：验收合格的项目，由市商务局向市财政局提出拨款申请，市财政局按照预算管理及国库集中支付制度等有关规定办理资金拨付手续。

第十一条　项目验收提交的材料。

（一）申报项目投资开支的合同，正规发票原件、复印件（发票开具时间为2018年6月1日至申请验收日），银行付款凭证等。项目投资情况将由第三方机构进行专项审计。

（二）与申报项目投资计划书、实施方案等申报材料相对应的证明材料；试点项目成果证明材料，包括项目成果书、影像资料等。

（三）申报项目验收除需提供以上材料外，第三方机构将对项目实施情况进行专项审计并出具审计报告；专家组将到项目地进行现场验收，并出具项目验收报告。

第四章　绩效评价及监督管理

第十二条　获得专项资金的企业收到资金后，应当按照国家财务、会计制度的有关规定进行账务处理，严格按照规定使用资金，并自觉接受监督检查。

第十三条　绩效评价。使用专项资金的企业应及时总结供应链建设和发展情况、资金使用情况，并在规定期限内将项目推进及资金使用情况报告各县(市)区、徐州经济技术开发区财政、商务主管部门。各地区要及时总结专项资金的使用情况、带动本地区投入情况、帮助企业发展及预期效益(含经济效益、社会效益、环境效益及可持续影响)等绩效评价情况，并报送至市商务局、财政局。市商务局、财政局对专项资金管理使用情况进行绩效评价，市商务局采取不定期形式对专项资金实行跟踪检查，主要检查考核项目目标完成情况、项目组织管理水平、项目实施产生的经济和社会效益、企业财务管理状况及财务信息管理质量等方面内容，以加强资金使用情况和项目执行情况的监督检查，切实做好追踪问效工作。

第十四条　使用监管。专项资金必须专款专用，严禁截留、挪用。凡使用专项资金的项目，不得擅自改变主要建设内容和建设标准。对发现的弄虚作假、截留、挪用等违反国家法律法规或有关纪律的行为，将限期收回已拨付资金，取消项目法人和项目负责人继续申报项目资格，并按照《财政违法行为处罚处分条例》(国务院令第427号)予以处理，情节严重或触犯国家法律的，依法追究相关人员或单位的责任。

第五章　附　则

第十五条　本办法自2018年8月30日起执行，有效期三年。
由市商务局、财政局负责解释。

附录3 徐州市流通领域现代供应链体系建设项目申报指南

一、流通领域现代供应链体系建设资金支持重点

专项资金主要用于支持整合、发展、提升供应链，加快发展大市场、大物流、大流通，实现供应链提质增效降本。具体包括以下几方面的内容。

（一）支持具有基础性、公益性的物流设施节点标准化建设，包括服务辐射范围大的商贸物流园区、专业市场的物流设施升级改造与建设，社会化的物流配送中心由存储型向快速周转型仓储升级，大型商圈、商业街的集成共享平台、公共仓配中心及卸货区设施改造和设备更新，开放共用的自提设备、终端配送设备的改造建设。

（二）支持开展托盘、周转箱、集装箱循环共用和包装箱循环利用的第三方运营商做大做强，包括购置标准化的集装单元器具，物联网信息设备及管理系统投入，运营体系网点租赁，推广GS1编码及质量认证费用。

（三）支持围绕标准托盘及其循环共用进行的相关物流设施建设改造、物流设备购置。包括标准化的通用仓库、冷库，以及货运车辆、货架、叉车、分拣和包装等设备。

（四）支持用户租赁标准化的周转箱、托盘、集装箱等单元器具（不支持购买）或盘活存量标准单元器具开展社会化租赁共用服务，推动提高供应链效能。

（五）支持围绕打通供应链上下游信息流进行的信息化投入及系统研发改造，大数据应用，包括GS1商品条码、箱码信息采集、感知和处理设备，标准接口一致的采购系统、仓储系统、销售系统等系统的升级，以及服务于供应链各用户的具有"四流合一"功能的信息平台建设。

（六）支持电商物流领域推广节能设施设备，及绿色智能包装材料技术的研发与推广，促进标准化、绿色化、减量化。

（七）其他事项，包括商品质量认证费用、供应链专业培训、供应链标准的制定与应用等。

专项资金不支持楼堂馆所、办公楼、道路等建设；不得用于征地拆迁、购买非标车辆和提取工作经费；不支持有金融风险、发展模式不成熟的平台；申报企业不得将关联方交易额纳入申报项目总投资，不得将同一集团公司信息平台项目多地重复申报。

二、资金支持方式

(一)专项资金通过"以奖代补"的方式安排到具体项目。

(二)专项资金按照先建设实施、后安排补助的办法，对单个项目补助额不超过项目总投资额的40%，补助总额不超过800万元。为加快推进重点项目建设，可对进度较快、成效明显的项目，按照不高于拟补助金额50%的比例预拨资金。

三、申报条件

(一)申报项目条件

1.项目应为在建或新建，原则上应于2020年5月31日前能够完成建设和验收工作。资金支持部分需基于2018年6月1日至申请验收日发生的实际支出金额计算。

2.符合国家、省、市产业政策，符合《徐州市流通领域现代供应链体系建设实施方案》(徐政办发〔2018〕116号)明确的主要任务方向。

3.已取得相关审批、核准或备案等文件。

4.建设资金落实，并有明确的投资预算计划安排。

5.同一项目未获得其他专项资金补助。

(二)申报单位条件

1.在本地注册且具备独立法人资格，有独立、健全的财务核算和管理制度，财务管理规范、信誉及财务状况良好。在外地注册法人并在本地有实体，以及在本地注册法人并在其他地区建设实体的机构，也可在本地申报项目。

2.申请主体应对流通领域现代供应链体系建设项目有明确的投资计划书或实施方案，具备实施项目的基本条件。

3. 申请主体应为流通领域现代供应链体系建设重点项目的实际投资主体。

4. 建设期内未申请或未获得过与申报项目相关的其他中央财政资金扶持。

四、申报时间

按照"项目申报工作通知"执行。

五、项目申报提交的材料

申报材料主要包括但不限于以下内容资料（A4纸装订），详见附件。

（一）所在地财政、商务主管部门推荐文件。

（二）申报企业基本信息表（附后）。

（三）申报项目基本信息表（附后）。

（四）申报项目实施方案。

（五）申报项目支出预算明细表（附后）。

（六）申报项目全过程承诺责任书（附后）。

（七）申报企业所取得的供应链建设方面的成果、证书等其他相关材料（如无，可不提供）。

（八）申报企业法人营业执照（复印件）。

六、申报程序

（一）组织工作。徐州市流通领域现代供应链体系建设工作领导小组办公室（徐州市商务局）召开项目申报工作会议，对试点项目申报工作进行部署。由各县（市）区商务、财政等部门具体开展项目征集、初审、汇总、上报等工作。

（二）项目申报。项目单位根据申报通知和要求，做好项目申报书面材料，一式四份及电子版，向单位注册所在地商务、财政部门申报。

（三）初审及上报。注册地商务、财政部门对企业申报的项目材料进行初审。初审符合条件的，联合行文将项目申报材料汇总（包括电子版）报送至徐州市流通领域现代供应链体系建设工作领导小组办公室（徐州市商务局）。

（四）评审、公示。徐州市流通领域现代供应链体系建设工作领导小组办公室对项目汇总审核，并按照"总量控制、突出重点、兼顾类型、注重绩效"的原则，组织专家或委托中介机构对项目进行评审论证，确定拟扶持项目，在徐州市商务局网站上进行公示。经公示无异议的项目，建立项目库，并报送至市政府，省商务厅、财政厅，以及商务部、财政部备案。

  附件3-1：徐州市流通领域现代供应链体系建设重点项目申报材料（封面）

  附件3-2：申报企业基本信息表

  附件3-3：建设项目申报表

  附件3-4：徐州市流通领域现代供应链体系建设项目实施方案

  附件3-5：申报项目支出预算明细表

  附件3-6：申报项目全过程承诺责任书

  附件3-7：徐州市流通领域现代供应链体系建设项目全过程承诺责任书

附件 3-1

徐州市流通领域现代供应链体系建设重点项目申报材料

（封面）

供应链名称：××××

链主企业：(盖章) ××××

协作企业：××××

协作企业：××××

协作企业：××××

协作企业：××××

链主企业负责人：××××

链主企业地址：××××

联系电话(请务必填写手机)：××××

传真：××××

电子邮箱：××××

申报时间：××××

附件 3-2　徐州市流通领域现代供应链体系申报企业基本信息表

链主企业名称						
注册地址				注册资金（万元）		
联系人		联系电话		手机号		邮箱
企业登记类型		□国有　□集体　□私营　□外资　□其他				
2017年营业收入（亿元）		同比%		现有职工人数		自有运输车辆数（辆）
仓储设施（平方米）		自用所用比重%		仓库类型	□立体库 □单层库 □堆场	货物储存量（万吨）
使用托盘总数　个	按照托盘标准化					
	按照托盘所有者					
	按照托盘使用范围					
	物流设施设备标准化改造情况					
	□通用仓库　□配送中心　□货架　□月台 □管理信息系统　□物流配送车辆的车厢　□车辆　□装卸设备					
	供应链建设目标					
标准化托盘的使用率	由　提升至	标准化托盘的租赁率	由　提升至	装卸货效率		由　提升至
货损率	由　降低至	综合物流成本降低	由　降低至	带托运输比率		由　提升至
仓库利用率	由　提升至	平均库存周转率	由　提升至	供应链综合成本降低率		由　降低至
绿色仓库率	由　提升至	新能源汽车占比	由　提升至	单元化物流占供应链物流比例		由　提升至
规范和标准	参与国家标准制定　个 参与地方标准制定　个			参与行业标准制定　个 制定企业规范和标准　个		

附件 3-3 徐州市流通领域现代供应链体系建设项目申报表

申报单位（公章）： 　　　　　　　　　　　　　　　　　　　　　单位：万元

供应链全称：			填报时间：2018 年 9 月		
申请项目类别：	□快消品供应链　□电商供应链　□药品供应链　□农产品供应链　□餐饮供应链　□柔性供应链　□生产服务型供应　□标准物流设备循环共用供应链				
一、链主企业基本情况					
企业名称					
企业类型	□物流企业　□大中型商超　□农产品流通企业　□药品流通企业　□物流信息化服务企业　□快消品、药品共配企业　□物流设施设备服务企业　□快消品、药品生产企业　□工业品生产企业　□其他				
注册资本			2017 年纳税额		
2017 年营业收入			营业收入同比增长		
纳税所属区		建设项目所属市、区		企业性质	
企业法人		项目负责人		电话	
二、项目情况					
项目名称					
项目地址					
项目计划投资额（2018.6.1—2020.5.31）	其中：				
	自筹经费		银行贷款	其他来源	
项目投资期	建设时间			完成时间	
申报项目是否申报或获得过其他中央财政资助			□是 □否		
项目拟建设内容	1. 项目投资：　　万元。 2. 建设内容： 3. "五统一"的具体表现： 4. "四化"的具体体现： 5. 物流设备在供应链上下游的衔接 6. 信息在供应链上下游的衔接				
项目预期目标	项目完成后，标准化托盘的使用率由　　提升至　%，标准化托盘的租凭率由　　提升至　　，装卸货效率由　　提升至　　，货损率由　　降低至　　，综合物流成本由　　降低至　　，带托运输比率由　　提升至　　，仓库利用率由　　提升至　　，平均库存周转率由　　提升至　　，供应链综合成本降低率由　　降低至　　，绿色仓				

项目预期目标	库率由 提升至 ，新能源汽车占比由 提升至 ，单元化物流占供应链物流比例由 提升至 。订单满意度从目前的 提高到 。供应链重点用户系统数据对接畅通率从目前 提高到 。	

项目所在辖区商务、财政部门初审意见（盖章）	辖区商务部门意见：
	
	盖章
	  年 月 日
		辖区财政部门意见：
		
		盖章
		  年 月 日

附件3-4 徐州市流通领域现代供应链体系建设项目实施方案

项目实施方案由链主企业牵头，其他协作企业参与，共同编写。主要内容包括以下几个方面。

一、供应链基本情况

(1) 链主企业及协作企业注册资本及基本情况简介；供应链组成（链主企业和协作企业）；供应链上各企业现阶段发展情况（主要是与本供应链相关的内容）以及在供应链中各自承担的主要任务。链主企业需另提供2017年度营业收入及纳税情况、所属行业、在该行业中的地位及排名，企业的优势和亮点。

(2) 现有物流设施、设备、托盘及包装等情况（含标准、非标）；信息平台建设情况。

(3) 企业建立标准体系情况（设施标准、管理标准、技术标准及服务标准）。

(4) 供应链体系建设情况（上下游企业数量，标准设备、信息衔接情况等）。

(5) 2017年度企业经营收支情况，物流成本占比等。

二、推进供应链建设的总体思路

(1) 供应链建设的总体思路和运营模式。围绕供应链"四化"（标准化、智能化、协同化、绿色化），以"五统一"（统一标准体系、统一物流服务、统一采购管理、统一信息采集、统一系统平台）为主要手段，发挥"链主"企业的引导辐射作用、供应链服务商的一体化管理作用，推动供应链各主体各环节设施设备衔接、数据交互顺畅、资源协同共享，促进资源要素跨区域流动和合理配置。

(2) 主要措施。需包含推广应用GS1、标准托盘及周转箱（筐）；以五统一为抓手，打通供应链上下游各个企业，实现四化目标的具体做法等内容。

三、供应链建设的总体目标（供应链整体目标、各企业目标和申报表中要求的具体目标）

项目建成后，企业的标准化托盘、周转箱（筐）等物流单元标准化率从目前的××%提高到××%；单元化物流占供应链物流比例从目前的××%提高到××%；企业物流费用率从目前的××%降低到××%；仓库利用率从目前的××%提高到××%；绿色仓库与新能源车辆比例从目前的××%提高到××%；平均库存周转率从目前的××%提高到××%；商品损耗率从目前的××%降低到××%；供应链综合成本（采购、库存、物流及交易成本）从目前的××%降低到××%；订单服务满意度（及时交付率、客户测评满意率等）从目前的××%提高到××%；供应链重点用户系统数据对接畅通率从目前的××%提高到××%。

四、主要内容、进度安排

（1）结合工作思路，突出内容做法、模式创新及可操作性。

（2）细化时间进度安排和工作内容。

五、项目保障措施

（1）项目总投资、资金筹措渠道及分类预算；对应"支持内容"的投资预算。

（2）组织和人员保障，成立专门组织机构，项目负责人简历，项目拟投入的人员情况。

（3）项目建成后产生的经济效益和社会效益分析，包括经济效益、行业影响及社会影响效果分析等。

（4）项目方案中涉及的商业技术及专利秘密的声明等

附件3-5 徐州市流通领域现代供应链体系建设项目支出预算明细表

	项目名称		
项目投资			金额/万元
		项目总投资	
		其中：自筹资金	
		银行贷款	
		其他来源	
		对应"支持内容"投资额	
项目支出明细预算		项目支出明细	金额/万元
		其他	
填表说明			

附件 3-6

徐州市流通领域现代供应链体系建设项目全过程承诺责任书

对(项目名称)申报徐州市流通领域现代供应链体系建设重点项目的有关事宜,我单位郑重承诺:

(1)对提交的供应链体系建设重点项目的各项申请材料的真实性、有效性负责,复印件与原件是一致的。申请人隐瞒有关情况或提供任何虚假材料,愿意承担一切法律后果,并同意有关部门记录入相关的企业征信体系中。

(2)严格按照有关规定做好项目实施、资金使用专账管理工作,确保项目实施效果。

(3)在项目完工后1个月内将项目实施、资金使用等情况向主管部门书面报告,申请项目验收。

(4)配合做好项目实施进度、资金使用、验收及绩效评价等工作的跟踪管理,配合审计机构进行审计检查。

(5)本项目未享受过其他中央专项补助资金,保证试点项目在××年××月按期完成。

(6)项目完成质量和效果按申报内容和目标达到验收合格要求。

(7)如未履行以上承诺或违反项目管理相关规定,我公司将自动退出流通领域供应链体系建设工作。

项目申报责任人(签名):

申请企业法人代表(签名):

申请企业(盖章):

附件 3-7 相关证明材料

营业执照、税务登记、组织机构代码、生产许可证、专利证书、会计师事务所出具的 2017 年度审计报告等证照复印件并加盖本单位公章，其他需要提供的文字、表格、图片等实证材料等，新建及在建项目需提供相关佐证材料。

户报企业所取得的供应链建设方面的成果、证书等其他相关材料（如无，可不提供）。

附录 4 验收细则

附件 4-1：

附表 4-1-1 徐州市流通领域现代供应链体系建设绩效评价指标及评分标准

一级指标	二级指标	三级指标	分值权重	评分标准	得分	备注
工作组织评价（14分）	组织机制（2分）	链条牵头是否建立工作领导小组，明确牵头单位，职责分工和任务分解等建设推进协调机制	2	建立，2分；未建立，0分		附相关证明文件
	决策方案（2分）	链条牵头是否制定完整的实施方案，建设内容及投资、五统一手段运用、时序安排、保障措施和经验模式总结，是否符合流通领域现代供应链体系建设基本要求	2	科学完整，2分；缺少2项，1分；缺少3项以上，0分		附链条间实施方案
	制度保障（2分）	是否制定项目建设专项资金管理制度，明确符合规范要求的列支范围目录	1	科学制定，1分；未制定，0分		附管理规定
		是否建立涉及供应链体系建设运营的相关指标统计制度、计算方法是否符合规定要求	1	建立，1分；未建立，0分		附相关文件及计算方法
	监督管理（6分）	项目是否有健全的政府审批、备案或集团公司董事会批准文件	2	健全，2分；不健全，0分		附相关证明文件
		项目是否明确责任人并按时限进度督导推进，定期报送进度是否及时	4	责任人、工作措施明确，档案资料管理完善，1分；定期报送及时，3分		由领导小组办公室提供
	知识提升（2分）	加强政策标准培训，提升员工的认知和协同度	2	组织专业培训，1分；会议培训，1分		附文字及图片说明
项目实施评价（13分）		项目是否按照上下游全链条运作要求进行组链；是否建立应用"五统一"手段打通"四化"目标的工作举措	5	链条结构完整，3分；工作举措明确，2分；均无，0分		附文字及图片
		每条供应链是否建立统一的标准体系，是否采用统一物流服务，标准托盘单元物流作业GS1一码到底	6	建立标准体系，1分；统一物流服务，1分；GS1一码到底，4分；均无，0分		附文字及图片说明
		项目实施进度是否根据计划节点任务推进	2	项目实施进度与计划进度一致，2分；落后于计划进度，0分		

· 254 ·

续表

一级指标	二级指标	三级指标	分值权重	评分标准	得分	备注
资金管理与使用评价（10分）	资金投入（7分）	经审计核定的项目实际完成投资额，占项目申报计划投资比例	5	投资达到100%，5分；达到90%，4分；达到80%，3分；达到70%，2分；低于70%，0分		附项目投资清单、订购发票、合同及付款流水等
		项目拉动社会资本投入情况	2	投入达到政府财政补助10倍以上，2分；5-10倍，1分；不足5倍，0分		
	资金管理（3分）	企业是否专款专用，专账管理；项目开具的购货发票、订购合同、银行付款流水及现场实物等凭证是否真实合规	3	专款专用和专账管理，1.5分；票证合规，1.5分		

链主企业名称： 供应链表型：快消品供应链 专家签名：

附表4-1-2 徐州市流通领域现代供应链体系建设绩效评价指标及评分标准

一级指标	二级指标	三级指标	分值权重	评分标准	得分	备注
工作效果评价（63分）	链主企业目标达成（25分）	GS1码标准托盘和周转箱等物流单元标准化率达到85%；在线托盘保有量达到85%；在线运行率达到50%	12	全部达标，得12分；一项达标，得4分；全不达标，0分		附相关证明文件
		是否利用TMS、WMS、OMS管理系统实现采购、仓储、销售统一数据接口，实现供应链全流程一物流服务，促进供应链采购、库存、物流及交易等综合成本的降低	3	达标，3分；不达标，0分		
		是否利用供应链托盘和周转箱效高同系统，带动生产企业成品包装物主动与标准托盘和周转箱尺寸匹配使用	2	达标，2分；不达标，0分		
		装卸货工时效率提高2倍以上；平均库存周转率同比提高10%以上	6	每个指标占2分；不达标，0分		重点供应商产品质量合格率92%以上

续表

一级指标	二级指标	三级指标	分值权重	评分标准	得分	备注
工作效果评价（63分）	链主企业目标达成（25分）	供应链上的仓储、运输、采购和售后服务是否体现绿色化目标	1	达到循环使用目标，1分；未达到，0分		附相关证明文件
		对客户投诉是否建立迅速反馈机制，是否及时有效处理	1	建立，1分；未建立，0分		
		与供应链上的信息平台 WMS、TMS、OMS 管理系统平台完成充分对接	8	完成充分对接，8分；完成一般对接，4分；未完成，0分		附相关证明文件
	协同企业目标达成（20分）	与供应链信息平台系统实现数据的物通对接80%以上；单元物流占供应链物流比例同比提高10%以上；供应链综合成本（采购、库存、物流、交易成本）同比降低20%以上；订单服务满意度（及时交付率、客户测评满意率）80%以上	12	每个指标占3分；不达标，0分		
	标准应用（8分）	链主和协同企业是否结合国标、行标联合制定了有效的供应链标准体系，对降本增效，提高商竞争力有显著的效果	4	体系完整，4分；体系不完整，2分；无体系，0分		
		链主和协同企业实施推广国家、行业标准的数量	4	20以上4分；10-20项，2分；10项以下，0分		
	实际运行效果（5分）	全链条标准器具的配置及管理使用是否规范、资源协同是否共享、数据交互流程是否密合高效	5	规范、高效，5分；基本规范，2分		由领导小组办公室综合评估
	经验模式（5分）	在现代供应链体系建设上，是否形成了具有突出行业特色的方式方法或成熟经验，是否可以学习借鉴现代流通领域供应链推广模式	5	形成特色模式，5分；未形成，0分		附文字说明
加分项（10分）		是否在行业内形成国家、行业、地方、团体标准	5	国家标准，5分；行业标准，4分；地方标准，3分；团体标准，2分		附证明材料（由领导小组办公室组织相关专家认定）
		是否获得国家级、省部级、省厅级奖项	5	国家级奖项，5分；省部级奖项，4分；市厅级奖项，3分		
合计			110	—		—

链主企业名称：　　　　　　　供应链条类型：快消品供应链　　　　　　　专家签名：

附件 4-2：

附表 4-2-1 徐州市流通领域现代供应链体系建设绩效评价指标及评分标准

一级指标	二级指标	三级指标	分值权重	评分标准	得分	备注
工作组织评价（14分）	组织机制（2分）	链条牵头是否建立工作领导小组，明确牵头单位、职责分工和任务分解等项目建设推进协调机制	2	建立，2分；未建立，0分		附相关证明文件
	决策方案（2分）	链条牵头是否制定科学完整的实施方案，建设内容及投资、时序安排，保障措施和经验总结，五统一手段运用，现代供应链体系建设是否符合流通领域基本要求	2	科学完整，2分；缺少2项，1分；缺少3项以上，0分		附链条共同实施方案
	制度保障（2分）	是否制定项目建设供应链专项资金管理制度，明确符合规范要求的列支范围目录	1	科学制定，1分；未制定，0分		附管理规定
		是否建立涉及供应链项目建设的相关指标统计方法、计算方法是否符合规定要求	1	建立，1分；未建立，0分		附相关文件及计算方法
	监督管理（6分）	项目是否有健全的政府审批、备案或集团公司董事会批文件	2	健全，2分；不健全，0分		附相关证明文件
		项目是否明确责任人，并按时限督导推进，定期报送明具体工作措施；档案资料管理是否完善	4	责任人、工作措施明确，档案资料管理完善，1分；定期报送进度及时，3分		由领导小组办公室提供
	知识提升（2分）	加强政策和标准培训，提升员工的认知协同度	2	组织专业培训，1分；会议培训，1分		附文字及图片说明
项目实施评价（13分）		项目是否按照上下游全链条运作要求进行组链；是否建立应用"五统一"手段打通"四化"目标的工作举措	5	链条结构完整，3分；工作举措明确，2分；均无，0分		
		每条供应链是否建立统一的标准体系、是否采用统一物流服务、标准托盘单元物流作业GS1一码到底	6	建立标准体系，1分；统一物流服务，1分；GS1一码到底，4分；均无，0分		附文字及图片说明
		项目实施进度是否根据计划节点任务推进	2	项目实施进度与计划进度一致，2分；落后于计划进度，0分		

257

续表

一级指标	二级指标	三级指标	分值权重	评分标准	得分	备注
资金管理与使用评价（10分）	资金投入（7分）	经审计核定的项目实际完成投资额，占项目申报计划总投资比例	5	投资达到100%，5分；达到90%，4分；达到80%，3分；达到70%，2分；低于70%，0分		附项目投资清单、订购发票、合同及付款流水等
		项目拉动的社会资本投入情况	2	投入达到政府财政补助10倍以上，2分；5~10倍，1分；不足5倍，0分		
	资金管理（3分）	企业是否专款专用、专账管理；购合同、银行付款流水及现场实物等验证依据是否真实合规	3	专款专用和专账管理，1.5分；购合同、票证合规，1.5分		

链主企业名称：　　　　　　　　　供应链类型：药品供应链　　　　　　　　　专家签名：

附表4-2-2　徐州市流通领域现代供应链体系建设绩效评价指标及评分标准

一级指标	二级指标	三级指标	分值权重	评分标准	得分	备注
工作效果评价（63分）	链主企业目标达成（25分）	GS1码标准托盘和周转箱等物流单元标准化率达到85%；在线托盘保有量达到85%；在线运行率达到50%是否利用TMS、WMS、OMS管理系统一物流交易服务，一数据接口，实现供应链全流程采购、仓储、销售统存、物流及交易综合成本的降低	12	全部达标，12分；一项达标，4分；全不达标，0分		附相关证明文件
		是否利用供应链协同系统，带动生产企业成品包装物主动与标准托盘和周转箱尺寸匹配使用	3	达标，3分；不达标，0分		
		装卸货工时效率提高2倍以上，重点供应商产品质量合格率92%以上；平均库存周转率同比提高10%以上	2	达标，2分；不达标，0分		
			6	每个指标占2分；不达标，0分		

258

续表

一级指标	二级指标	三级指标	分值权重	评分标准	得分	备注
工作效果评价（63分）	协同企业达成目标（20分）	供应链上的仓储、运输、采购和管理服务是否体现绿色化目标	1	达到循环使用目标，1分；未达到，0分		
		是否建立药品采购、配送供应链流程可追溯机制	1	建立，1分；未建立，0分		
		与供应链上的信息平台和 WMS、TMS、OMS 管理系统平台完成对接，实现信息协同共享	8	完成充分对接，8分；完成一般对接，4分；未完成，0分		附相关证明文件
		与供应链信息平台实现数据畅通对接比例提高10%以上；供应链综合成本（采购、库存、物流及交易成本）同比降低20%以上；订单服务满意度（及时交付率、客户测评满意度）80%以上	12	每个指标占3分；不达标，0分		—
	标准应用（8分）	链主和协同企业是否合国标、行标联合制定完整、有效的供应链体系，对降本增效、提升竞争力有显著的效果	4	体系完整，4分；体系不完整，2分；无体系，0分		附相关证明文件
		链主和协同企业实施推广国家、行业标准的数量	4	20项以上2分；10~20项，1分；10项以下，0分		附相关证明文件
	实际运行效果（5分）	全链条标准器具的配置及管理使用是否规范、数据交互是否顺畅、资源协同是否共享	5	规范、高效，5分；基本规范，2分		由领导小组办公室综合评估
	经验模式（5分）	在现代供应链体系建设上，是否形成了具有突出行业特色的方式、方法或成熟经验，成为可以学习借鉴的流通领域现代供应链推广模式	5	形成特色模式，5分；未形成，0分		附文字说明
加分项（10分）		是否在行业内形成国家、行业、地方、团体标准	5	国家标准，5分；行业标准，4分；地方标准，3分；团体标准，2分		附证明材料（由领导小组办公室组织相关专家认定）
		是否获得国家级、省部级、市厅级奖项	5	国家奖项，5分；省部级奖项，4分；市厅级奖项，3分		—
合计			110		—	

链主企业名称：　　　　　供应链类型：药品供应链

专家签名：

· 259 ·

附件4-3：

附表4-3-1 徐州市流通领域现代供应链体系建设绩效评价指标及评分标准

一级指标	二级指标	三级指标	分值权重	评分标准	得分	备注
工作组织评价（14分）	组织机制（2分）	链条间是否建立工作领导小组，明确牵头单位，职责分工和任务分解等推进工作协调机制	2	建立，2分；未建立，0分		附相关证明文件
	块策方案（2分）	链条间是否制定科学完整的实施方案，全链条组合、建设内容及投资、保障措施和经验模式总结，是否符合流通领域现代供应链体系建设基本要求	2	科学完整，2分；缺少2项，1分；缺少3项以上，0分		附链条间实施方案
	制度保障（2分）	是否制定项目建设专项资金管理制度，支持范围目录	1	科学制定，1分；未制定，0分		附管理规定
		是否建立涉及供应链体系建设的相关指标统计制度，计算方法是否符合规范要求	1	建立，1分；未建立，0分		附相关文件及计算方法
	监督管理（6分）	项目是否有健全的政府审批、备案或集团公司董事会批准文件	2	健全，2分；不健全，0分		附相关证明文件
		项目是否明确责任人，并按时限进度督导推进，档案资料管理是否完善，定期报送进度是否及时	4	责任人、工作措施明确，档案资料管理完善，1分；定期报送进度及时，3分		由领导小组办公室提供
工作组织评价（14分）	知识提升（2分）	加强政策和标准培训，提升员工的认知和协同度	2	组织专业培训，1分；会议培训，1分		附文字及图片说明
项目实施评价（13分）		"五统一"手段打通"四化"	5	链条结构完整，3分；工作举措明确，2分；均无，0分		
		每条供应链是否建立统一的标准体系，标准托盘单元是否采用统一物流作业GS1一码到底	6	建立标准体系，1分；统一物流服务，1分；GS1一码到底，4分；均无，0分		附相关图片说明
		项目实施进度是否根据计划节点任务推进	2	项目实施进度与计划进度一致，2分；落后于计划进度，0分		附文字及图片说明

· 260 ·

续表

一级指标	二级指标	三级指标	分值权重	评分标准	得分	备注
资金管理与使用评价（10分）	资金投入（7分）	经审计核定的项目实际完成投资额，占项目申报计划总投资比例	5	投资达到100%，5分；达到90%，4分；达到80%，3分；达到70%，2分；低于70%，0分		附项目投资清单
		项目拉动社会资本投入情况	2	投入达到政府财政补助10倍以上，2分；5~10倍，1分；不足5倍，0分		
	资金管理（3分）	企业是否专款专用，专账管理；项目开具的购货发票、订购合同，银行付款流水及现场实物等证据是否真实合规	3	专款专用和专账管理，1.5分；票证合规，1.5分		订购发票、合同及付款流水等

链主企业名称： 供应链类型：农产品供应链

专家签名：

附表4-3-2 徐州市流通领域现代供应链体系建设绩效评价指标及评分标准

一级指标	二级指标	三级指标	分值权重	评分标准	得分	备注
工作效果评价（63分）	链主企业目标达成（25分）	GS1码标准托盘和周转箱物流单元标准化率达到85%；在线托盘保有量达到85%；在线运行率达到50%	12	全部达标，12分；一项达标，4分；全不达标，0分		附相关证明文件
		是否利用TMS、WMS、OMS管理系统实现采购、仓储、销售统一数据接口，实现供应链系统全流程统一物流服务，促进供应链采购、库存、物流及交易等综合成本的降低	3	达标，3分；不达标，0分		
		是否利用供应链高效协同系统，带动生产企业成品包装物主动与标准托盘和周转箱尺寸匹配使用	2	达标，2分；不达标，0分		
		装卸工时效率提高2倍以上；重点供应商产品质量合格率92%以上；平均库存周转率同比提高10%以上	6	每个指标占2分；不达标，0分		
		供应链上的仓储、运输、采购管理服务是否体现绿色化目标	1	达到循环使用目标，1分；未达到，0分		
		是否建立长期稳定的产销基地订单合同关系	1	建立，1分；未建立，0分		

· 261 ·

续表

一级指标	二级指标	三级指标	分值权重	评分标准	得分	备注
工作效果评价（63分）	协同企业目标达成（20分）	与供应链上的信息平台和 WMS、TMS、OMS 管理系统平台完成充分对接，实现信息协同共享	8	完成充分对接，8分；完成一般对接，4分；未完成，0分		附相关证明文件
		与供应链信息平台及系统实现数据的物流畅通对接80%以上；单元化物流占供应链物流比例同比提高10%以上；供应链综合成本（采购、库存、物流、交易成本）同比降低20%以上；订单服务满意度（及时交付率、客户测评意率）80%以上	12	每个指标占3分；不达标，0分		附相关证明文件
	标准应用（8分）	链主和协同企业是否结合国标、行标联合制定完整、有效的供应链协同标准体系，对降本增效、提高竞争力有显著的效应	4	体系完整，4分；体系不完整，2分；无体系，0分		
		链主和协同企业实施推广国家、行业标准的数量	4	20以上，2分；10-20项，1分；10项以下，0分		
	实际运行效果（5分）	全链条标准器具的配置及管理使用是否规范，数据交互是否顺畅、高效	5	规范、高效，5分；基本规范，2分		由领导小组办公室综合评估
	经验模式（5分）	在现代供应链资源协同建设上，货运单元化成为可以学习借鉴的流通领域现代供应链推广方法或成熟经验，是否形成了具有突出行业特色的方式、模式	5	形成特色模式，5分；未形成，0分		附文字说明
加分项（10分）		是否在行业内形成国家、行业、地方、团体标准	5	国家标准，5分；行业标准，4分；地方标准，3分；团体标准，2分		附证明材料（由领导小组办公室组织相关专家认定）
		是否获得国家级、省部级、市厅级奖项	5	国家级奖项，5分；省部级奖项，4分；市厅级奖项，3分		
合计			110	—		—

链主企业名称：　　　　　　　供应链类型：农产品供应链　　　　　　　专家签名：

· 262 ·

附件4-4：

附表4-4-1 徐州市流通领域现代供应链体系建设绩效评价指标及评分标准

一级指标	二级指标	三级指标	分值权重	评分标准	得分	备注
工作组织评价（14分）	组织机制（2分）	链条间是否建立工作领导小组，明确牵头单位、职责分工和任务分解等项目建设推进协调机制	2	建立，2分；未建立，0分		附相关证明文件
	决策方案（2分）	链条间是否制定科学完整的实施方案，建设内容组合、经验模式总结、保障措施和排、投资及技改、五统一手段运用、时序安排是否符合流通领域现代供应链体系建设基本要求	2	科学完整，2分；缺少2项，1分；缺少3项以上，0分		附链条间实施方案
	制度保障（2分）	是否制定项目建设专项资金管理制度，支付范围目录	1	科学制定，1分；未制定，0分		附管理规定
		是否建立涉及供应链运营的相关指标统计制度，计算方法是否符合规定要求	1	建立，1分；未建立，0分		附相关文件及计算方法
	监督管理（6分）	项目是否有健全的政府审批、备案集团公司董事会批准文件	2	健全，2分；不健全，0分		附相关证明文件
		项目是否明确责任人并按期限进度督导推进，档案资料管理是否完善，定期报送进度是否及时	4	责任人、工作措施明确，档案资料管理完善，定期报送进度及时，3分；组织专业结构完整，2分；会议培训，1分；工作举措明确，1分；均无，0分		由领导小组办公室提供
	知识提升（2分）	加强政策和标准培训，提升员工的认知协同度	2			附文字及图片说明
项目实施评价(13分)		项目是否按照上下游运作要求进行组链；是否建立应用"五统一"手段打通"四化"目标举措	5	链条结构完整，3分；工作举措明确，2分；均无，0分		
		每条供应链是否统一的标准体系，是否采用统一物流服务、标准托盘单元物流作业GS1一码到底	6	建立标准体系，1分；统一物流服务，1分；标准托盘，1分；GS1一码到底，4分；均无，0分		附文字及图片说明
		项目实施进度是否根据计划节点任务推进	2	项目实施进度与计划进度一致，2分；落后于计划进度，0分		

· 263 ·

续表

一级指标	二级指标	三级指标	分值权重	评分标准	得分	备注
资金管理与使用评价（10分）	资金投入（7分）	经审计核定的项目实际完成投资额，占项目申报计划总投资比例	5	投资达到100%，5分；达到90%，4分；达到80%，3分；达到70%，2分；低于70%，0分		附项目投资清单、购货发票、合同及付款流水等
		项目拉动社会资本投入情况	2	投入达到政府财政补助10倍以上，2分；5～10倍，1分；不足5倍，0分		
	资金管理（3分）	企业是否专款专用、专账管理；项目开具的购货发票、订购合同，银行付款流水及现场实物等证据是否真实合规	3	专款专用和专账管理，1.5分；票证合规，1.5分		

链主企业名称：　　　　　　　供应链类型：餐饮供应链　　　　　　　专家签名：

附表4-4-2　徐州市流通领域现代供应链体系建设绩效评价指标及评分标准

一级指标	二级指标	三级指标	分值权重	评分标准	得分	备注
工作效果评价（63分）	链主企业目标达成（25分）	GS1码标准托盘和周转箱等物流单元标准化率达到85%；在线托盘保有量达到85%；在线运行率达到50%	12	全部达标，12分；一项达标，4分；全不达标，0分		附相关证明文件
		是否利用TMS、WMS、OMS管理系统平台实现采购、仓储、销售统一数据接口，实现供应链全流程统一物流服务，促进供应链采购、库存、物流及交易等成本的降低	3	达标，3分；不达标，0分		
		是否利用供应链高效协同系统，带动生产企业产成品包装物主动与标准化托盘和周转箱尺寸匹配使用	2	达标，2分；不达标，0分		
		装卸货工时效率提高2倍以上；重点供应商产品质量合格率92%以上；平均库存周转率同比提高10%以上	6	每个指标占2分；不达标，0分		

· 264 ·

续表

一级指标	二级指标	三级指标	分值权重	评分标准	得分	备注
工作效果评价（63分）	链主企业目标达成（25分）	供应链上的仓储、运输、采购和管理服务是否体现绿色化目标	1	达到循环使用目标，1分；未达到，0分		—
		是否建立统一采购机制和产品可追溯机制	1	建立，1分；未建立，0分		—
	协同企业目标达成（20分）	与供应链上的信息平台和WMS、TMS、OMS管理系统平台完成充分对接，实现信息共享	8	完成充分对接，8分；未完成，0分		附相关证明文件
		与供应链信息平台系统实现的数据畅通对接80%以上；供应链综合成本（采购、单元化物流）占供应链物流交易成本同比降低20%以上；物流及交易成本同比降低10%以上；订单服务及时支付率、客户测评满意度80%以上	12	每个指标占3分；不达标，0分		—
	标准应用（8分）	链主和协同企业是否结合国标、行标联合制定完整、协同的标准体系，对降本增效、提高竞争力有显著的效果	4	体系完整，4分；体系不完整，2分；无体系，0分		附相关证明文件
		链主企业是否实施推广国家、行业标准的数量	4	20以上，2分；10~20项，1分；10项以下0分		附相关证明文件
	实际运行效果（5分）	全链条标准器具的配置及管理使用是否规范、数据交互是否紧密高效	5	规范、高效，5分；基本规范，2分		由领导小组办公室综合评估
	经验模式（5分）	在现代供应链体系建设上，是否形成了具有行业特色的方法或成熟经验，成为可以学习借鉴的流通领域现代供应链推广模式	5	形成特色模式，5分；未形成，0分		附文字说明
加分项（10分）		是否在行业内形成国家、行业、地方、团体标准	5	国家标准，5分；行业标准，4分；地方标准，3分；团体标准，2分		附证明材料（由领导小组办公室认定）
		是否获得国家级、省部级、市厅级奖项	5	国家奖项，5分；省部级奖项，4分；市厅级奖项，3分		附证明材料（由领导小组办公室组织相关专家认定）
合计			110			—

链主企业名称：　　　　　　　　　　　供应链类型：餐饮供应链

　　　　　　　　　　　　　　　　　　专家签名：

附件4-5：

附表4-5-1 徐州市流通领域现代供应链体系建设绩效评价指标及评分标准

一级指标	二级指标	三级指标	分值权重	评分标准	得分	备注
工作组织评价（14分）	组织机制（2分）	链条间是否建立工作领导小组，明确牵头单位、职责分工和任务分解等分工建设推进协调机制	2	建立，2分；未建立，0分		附相关证明文件
	决策方案（2分）	链条间是否制定科学完整的实施方案，全链条组合、建设内容及投资、五统一手段运用、时序安排、保障措施和经验模式总结，是否符合流通领域现代供应链体系建设基本要求	2	科学完整，2分；缺少2项，1分；缺少3项以上，0分		附链条间实施方案
	制度保障（2分）	是否制定项目建设专项资金管理制度，明确符合规范列支范围项目目录	1	科学制定，1分；未制定，0分		附管理规定
		是否建立涉及链条建设运营的相关指标统计制度，计算方法是否符合规定要求	1	建立，1分；未建立，0分		附相关文件及计算方法
	监督管理（6分）	项目是否有健全的政府审批、备案或集团公司董事会批准文件	2	健全，2分；不健全，0分		附相关证明文件
		项目是否明确责任人并按时推进督导进度是否完善；档案资料管理工作措施，定期报送进度及时完善	4	责任人，工作措施明确，档案资料管理完善，1分；定期报送进度及时，3分		由领导小组办公室提供
	知识提升（2分）	加强政策和标准培训，提升员工的认知同度	2	组织专业培训，1分；会议培训，1分		附文字及图片说明
项目实施评价（13分）		项目是否按照上下游全链条运行要求进行组链；手段打通"四化"目标；"五统一"的工作举措	5	链条结构完整，3分；工作举措明确，2分；均无，0分		
		每条供应链是否统一的标准体系，是否采用统一物流服务，标准托盘单元物流作业GS1一码到底	6	建立标准体系，1分；统一物流服务，1分；GS1一码到底，4分；均无，0分		附文字及图片说明
		项目实施进度是否根据计划节点任务推进	2	落实于计划实施进度与计划进度一致，2分；落后于计划进度，0分		

· 266 ·

续表

一级指标	二级指标	三级指标	分值权重	评分标准	得分	备注
资金管理与使用评价（10分）	资金投入（7分）	经审计核定的项目实际完成投资额，占项目申报计划总投资比例	5	投资达到100%，5分；达到90%，4分；达到80%，3分；达到70%，2分；低于70%，0分		附项目投资清单、订购发票、合同及付款流水等
		项目拉动社会资本投入情况	2	投入达到政府财政补助10倍以上，2分；5-10倍，1分；不足5倍，0分		
	资金管理（3分）	企业是否专款专用、专账管理；项目开具的购货发票、订购合同、银行付款流水及现场实物等证据是否真实合规	3	专款专用和专账管理，1.5分；票证合规，1.5分		

链主企业名称：　　　　　　　　　供应链类型：电商供应链　　　　　　　　　专家签名：

附表 4-5-2　徐州市流通领域现代供应链体系建设绩效评价指标及评分标准

一级指标	二级指标	三级指标	分值权重	评分标准	得分	备注
工作效果评价（63分）	链主企业目标达成（25分）	GS1码标托盘和周转箱等物流单元标准化率达到85%；在线托盘保有量达到85%；在线运行率达到50%	12	全部达标，12分；一项达标，4分；全不达标，0分		附相关证明文件
		是否利用TMS、WMS、OMS管理系统平台实现采购、销售统一数据接口、库存、物流及交易统一全流程信息系统，实现供应链综合成本的降低	3	达标，3分；不达标，0分		
		是否利用供应链托盘共享高效协同系统，带动主产业产成品包装物主动与标准托盘和周转箱尺寸匹配使用	2	达标，2分；不达标，0分		
		装卸货工时效率提高2倍以上；重点供应商品质量合格率92%以上；平均库存周转率同比提高10%以上	6	每个指标占2分，不达标，0分		
		供应链上的仓储、运输、采购和管理服务是否体现绿色化目标	1	达到循环使用目标，1分；未达到，0分		
		对客户投诉是否建立迅速反馈机制，是否得到及时有效处理	1	建立，1分；未建立，0分		

续表

一级指标	二级指标	三级指标	分值权重	评分标准	得分	备注
工作效果评价（63分）	协同企业达成目标（20分）	与供应链上的信息平台和WMS、TMS、OMS管理系统平台完成充分对接，实现信息协同共享	8	完成充分对接，8分；完成一般对接，4分；未完成，0分		附相关证明文件
		与供应链信息平台系统实现数据畅通对接80%以上；单元化物流占供应链物流比例同比提高10%以上；供应链综合成本（采购、库存、物流及交易成本）同比降低20%以上；订单服务满意度（及时交付率、客户测评满意率）80%以上	12	每个指标占3分；不达标，0分		—
	标准应用（8分）	链主和协同企业是否结合国标、行标联合制定完整、有效的供应链协同标准体系，对降本增效、提高竞争力有显著的效果	4	体系完整，4分；体系不完整，无体系，0分		附相关证明文件
		链主和协同企业实施推广国家、行业标准的数量	4	20以上，2分；10~20项，1分；10项以下，0分		附相关证明文件
	实际运行效果（5分）	全链条标准器具的配置及管理使用是否规范，数据交互是否顺畅，资源协同是否共享，货运单元的流通过程是否紧密高效	5	规范、高效，5分；基本规范，2分；未形成，0分		由领导小组办公室综合评估
	经验模式（5分）	在现代供应链体系建设上，是否形成了具有行业特色的方式、方法或成熟经验，成为可以学习借鉴的流通领域现代供应链推广模式	5	形成特色模式，5分；未形成，0分		附文字说明
加分项（10分）		是否在行业内形成国家、地方、行业、团体标准	5	国家标准，5分；行业标准，4分；地方标准，3分；团体标准，2分		附证明材料（由领导小组办公室组织相关专家认定）
		是否获得国家级、省部级、市厅级奖项	5	国家级奖项，5分；省部级奖项，4分；市厅级奖项，3分		
合计			110	—		—

链主企业名称： 　　　　　　　　　　供应链类型：电商供应链　　　　　　　　　　专家签名：

附件 4-6：

附表 4-6-1 徐州市流通领域现代供应链体系建设绩效评价指标及评分标准

一级指标	二级指标	三级指标	分值权重	评分标准	得分	备注
工作组织评价（14分）	组织机制（2分）	链条间是否建立工作领导小组、明确牵头单位，职责分工和任务分解是否建设推进协调机制	2	建立，2分；未建立，0分		附相关证明文件
	决策方案（2分）	链条间，全链条组合、制定科学完整的实施方案，建设条间组合、保障措施和经验及总结，供应链体系建设是否符合流通领域现代供应链体系建设基本要求	2	科学完整，2分；缺少2项，1分；缺少3项以上，0分		附链条间实施方案
	制度保障（2分）	是否制定项目建设专项资金管理制度，明确符合规范要求的列支范围目录	1	科学制定，1分；未制定，0分		附管理规定
		是否建立及涉及供应链体系建设运营的相关指标统计、计算方法符合规定要求	1	建立，1分；未建立，0分		附相关文件及计算方法
	监督管理（6分）	项目是否有健全的政府审批、备案或集团公司董事会批准文件	2	健全，2分；不健全，0分		附相关证明文件
		项目是否明确责任人并按时限进度督导推进，档案资料管理是否明确责任、工作措施是否完善，定期报送进度是否及时	4	责任人、工作措施明确，档案资料管理完善，3分；定期报送进度及时，1分		由领导小组办公室提供
	知识提升（2分）	加强政策和标准培训，提升员工的认知协同度	2	组织专业培训，1分；会议培训，1分		附文字及图片说明
项目实施评价（13分）		项目是否按照上下游全链条要求进行组链；是否建立打通"四化"目标的工作举措	5	链条结构完整，3分；工作举措明确，2分；均无，0分		
		每条供应链是否建立统一的标准体系，是否采用统一物流服务，标准托盘单元物流作业GS1一码到底	6	建立标准体系，1分；统一物流服务，1分；GS1一码到底，4分；均无，0分		附文字及图片说明
		项目实施进度是否根据计划节点任务推进	2	项目实施进度与计划进度一致，2分；落后于计划进度，0分		

· 269 ·

续表

一级指标	二级指标	三级指标	分值权重	评分标准	得分	备注
资金管理与使用评价（10分）	资金投入（7分）	经审计核定的项目实际完成投资额，占项目申报计划总投资比例	5	投资达到100%，5分；达到90%，4分；达到80%，3分；达到70%，2分；低于70%，0分		附项目投资清单、订购发票、合同及付款流水等
		项目拉动社会资本投入情况	2	投入达到财政补助10倍以上，2分；5~10倍，1分；不足5倍，0分		
	资金管理（3分）	企业是否专款专用，专账管理；项目开具的购货发票、订购合同、银行付款流水及现场实物等凭证是否真实合规	3	专款专用和专账管理，1.5分；票证合规，1.5分		

链主企业名称：　　　　　　　　供应链类型：生产服务型供应链　　　　　　　　专家签名：

附表4-6-2　徐州市流通领域现代供应链体系建设绩效评价指标及评分标准

一级指标	二级指标	三级指标	分值权重	评分标准	得分	备注
工作效果评价（63分）	链主企业目标达成（25分）	GS1码标准托盘和周转箱等物流单元标准化率达到85%；在线托盘保有量达到85%；在线运行率达到50%	12	全部达标，12分；一项达标，4分；全不达标，0分		附相关证明文件
		是否利用TMS、WMS、OMS管理系统、销售采购、库存、物流及交易等流程系统一数据接口，实现供应链全流程综合成本的降低	3	达标，3分；不达标，0分		
		是否利用供应链托盘和周转箱高效协同系统，带动生产企业产成品包装物流动与标准托盘和周转尺寸匹配使用	2	达标，2分；不达标，0分		
		装卸货工时效率提高2倍以上；重点供应商产品质量合格率92%以上；平均库存周转率同比提高10%以上	6	每个指标占2分；不达标，0分		
		供应链上的仓储、运输、采购和管理服务是否体现绿色化目标	1	达到循环使用目标，1分；未达到，0分		

· 270 ·

续表

一级指标	二级指标	三级指标	分值权重	评分标准	得分	备注
工作效果评价（63分）	协同企业达成目标效果（20分）	对客户投诉是否建立迅速反馈机制，是否得到及时有效处理	1	建立，1分；未建立，0分		
		与供应链上的信息平台和供应链对接，实现信息协同共享	8	完成充分对接，8分；完成一般对接，4分；未完成，0分		附相关证明文件
		与供应链信息平台与供应链系统WMS、TMS、OMS管理系统完成占供应链信息系统实现数据的物流对接80%以上；单元化物流占供应链物流比例同比提高10%以上；供应链综合成本（采购、物流及交易成本）同比降低20%以上；订单服务满意度（及时交付率、客户测评满意率）80%以上	12	每个指标占3分；不达标，0分		—
	标准应用（8分）	链主和协同企业是否结合国标、行标联合制定，有效的供应链协同标准体系，对降本增效、提高竞争力有显著的效果	4	体系完整，4分；体系不完整，2分；无体系，0分		附相关证明文件
		链主和协同企业实施推广国家、行业标准的数量	4	20以上，2分；10~20项，1分；10项以下，0分		附相关证明文件
	实际运行效果（5分）	全链条标准器具标准配置及管理使用是否规范，数据交互是否充分，资源协同是否形成	5	规范、高效，5分；基本规范，2分；不规范，0分		由领导小组办公室综合评估
	经验模式（5分）	在现代供应链体系建设上，是否形成了具有行业特色的方式、方法或成熟经验，成为可以学习借鉴的流通领域现代供应链推广模式	5	形成特色模式，5分；未形成，0分		附文字说明
加分项（10分）		是否在行业内形成国家、行业、地方、团体标准	5	国家标准，5分；行业标准，4分；地方标准，3分；团体标准，2分		附证明材料（由领导小组办公室组织相关专家认定）
		是否获得国家、省部级、市厅级奖项	5	国家级奖项，5分；省部级奖项，4分；市厅级奖项，3分		
合计			110	—		—

链主企业名称：　　　　　　　　　　　　供应链类型：生产服务型供应链　　　　　　　　　专家签名：

· 271 ·